제3판

알기쉬운 C언어

C언어의 소개
C의 기초
변수
식과 연산자
조건과 판단문
반복문
함수
포인터
배열
실전 프로그래밍
여러가지 데이터 형
파일 입출력

한광록, 김환구, 한대현 공저

D.B.Info

머리말

1978년 Brain Kernighan와 Dennis Ritchie가 쓴 "The C Programming Language"라는 책이 처음 나온 이후 C 언어가 널리 일반 프로그래머들에게 알려지게 되었고, 이제는 C 언어는 거의 모든 컴퓨터에서 사용 가능해졌으며 PC에서도 가장 널리 사용되는 언어 중에 하나가 되었다. 그 후 1983년 모든 컴퓨터 기종에서 실질적으로 이용될 수 있도록 개선된 C 언어의 컴파일러가 작성되었는데 이것이 ANSI C이다. C 언어는 다른 프로그래밍 언어에 비하여 다양한 언어적 특성을 포함하고 있는데 이러한 성질이 곧 C 언어의 강력한 장점이 되었다.

C 언어가 프로그래밍 언어로서 일반화되고 그 필요성이 날로 증가함에 따라 주변에서 많은 C 언어 교재들이 출판되고 있지만 내용이 단편적이거나 혹은 독자 스스로 공부하기 어렵고 너무 많은 분량을 다루고 있다고 생각된다.

본 교재는 저자들이 강의를 통하여 느낀 경험을 바탕으로 C 언어를 처음 배우려고 하는 독자가 혼자서도 쉽게 C 언어를 이해하고 두려움 없이 접근하여 스스로 프로그램을 작성할 수 있도록 교재를 구성하였다. 또한 이 교재는 대학생들의 프로그래밍 언어 교재로 사용 가능하도록 집필하였기 때문에 적절하게 그 분량을 조절하였고 가능한 한 이해하기 쉽게 도표와 그림을 통해 설명하려고 노력하였다.

단원의 구성은 전체적으로 C 언어의 역사로부터 시작해서 총 12개의 장으로 구성되어 있으며, 각 장은 절과 주제의 작은 단위로 구성되어 있다. 초보자를 위하여 C 언어의 기초 지식을 자세하게 설명하고 이 지식을 기반으로 하여 프로그램 작성 과정 그리고 실행 결과 등을 예를 들어 설명하였다. C 언어에 어느 정도 익숙한 사용자의 경우에는 자신이 원하는 부분만을 선택적으로 학습하면 될 것이고, 처음으로 C 언어를 접하는 사람들은 1장부터 차례로 공부하면 될 것이다. 예제를 중심으로 개념과 원리를 알기 쉽도록 구성되었으며 내용은 대략 다음과 같다.

제1장 : C 언어의 역사, 용도, 특성 및 개발 단계의 기본 이론을 학습하게 된다. C 언어의 개발자와 계보 그리고 현재 사용되고 있는 다양한 C 언어용 컴파일러에 대하여 설명한다.

제2장 : 코드의 기술 및 프로그램 작성을 위해 C의 문법을 알아야 한다. 이 장에서는 C 언어 문법의 기본을 학습한다.

제3장 : 정말로 프로그래밍 언어의 기능에 가장 기본이 되는 「변수」의 쓰임에 대해 학습한다.

제4장 : C에서는 연산을 간단하게 하기 위해서 연산자라는 기능을 준비해 두고 있다. 이 장에서는 여러 가지 연산자를 사용하는 방법에 대하여 학습한다.

제5장 : 복잡한 명령문을 통합하여 처리하고 제어하기 위하여 특정한 상황에 따라 처리를 제어하는 조건과 판단문을 학습한다.

제6장 : 반복문을 사용하면 같은 처리를 몇 번이고 반복적으로 처리할 수 있기 때문에 프로그램 제어에 편리한 반복문에 대하여 설명한다.

제7장 : 프로그램이 커지게 되면 프로그램 코드 내의 여러 곳에서 같은 처리를 해야만 하는 경우가 있다. 큰 프로그램을 작성하기 위하여 특정한 처리를 정리하여 두고, 나중에 그 처리를 호출하여 사용하는 「함수」라는 기능에 대하여 학습한다.

제8장 : C에서는 메모리 상에 위치를 직접 나타내기 위하여 포인터라는 기능이 있다. 이 장에서는 이 포인터의 의미와 그 사용 방법에 대하여 설명한다.

제9장 : 배열을 사용하면 많은 데이터를 처리하는 복잡한 코드를 간결하게 기술할 수 있기 때문에 이 장에서는 배열의 구조 및 사용 방법에 대하여 설명한다.

제10장 : 보다 큰 규모의 프로그램을 작성하기 위하여 코드 중에 많은 변수, 배열, 함수들을 처리하게 된다. 이 장에서는 큰 프로그램을 작성하기 위하여 필요한 지식을 학습한다.

제11장 : 프로그램을 작성하는 사용자가 결정할 수 있는 특별한 데이터형에 대하여 학습한다. 여러 가지 형을 사용하여 변형된 C 프로그램을 작성할 수 있게 된다.

제12장 : 파일의 열기와 닫기, 읽고 쓰기에 대하여 학습하고 간단한 성적 처리 프로그램을 통하여 파일에서 읽고 쓰는 방법에 대하여 학습한다.

이와 같이 구성된 알기쉬운 C 언어를 통하여 C 언어를 쉽게 이해하고 친숙해짐으로서 C 언어에 대해 자신감을 갖고 C 언어로 프로그램을 작성하는 능력을 배양하는데 도움이 되기를 바란다.

2008년 3월

저자 일동

차 례

chap 1 C 언어의 소개 / 15

chap 2 C의 기초 / 33

chap 5 조건과 판단문 / 129

chap 6 반복문 / 165

chap 9 배열 / 255

chap 10 실전 프로그래밍 / 295

chap 11 여러 가지 데이터형 / 327

제 1 장

C 언어의 소개

1.1 C 언어의 역사

1.1.1 C 언어 개발자와 개요

C 언어는 1972년 Dennis Ritchie와 Ken Thompson에 의해 개발되었다.

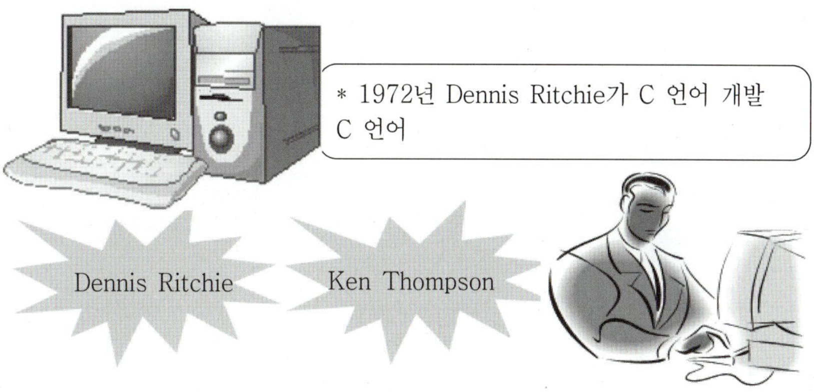

그림 1-1 C 언어 개발자

1.1.2 C 언어의 계보와 발전 과정

C 언어의 계보는 다음과 같으며 C 언어의 이름은 B 언어 다음에 개발되었기 때문에 C 언어라고 명명된 것이 흥미롭다.

1978년 C 언어의 책이 처음 나온 이후 C 언어가 널리 알려지게 되었다. 이젠 C 언어는 거의 모든 컴퓨터에서 사용 가능해졌으며 PC에서도 가장 널리 사용되는 언어 중의 하나가 되었다. PC에서 대표적인 C 언어 컴파일러로는 Turbo C, Borland C, MS C, WATCOM C, MS Visual C++ 등이 있으며 Unix나 Linux용 C 컴파일러인 gcc 등이 있다.

ALGOL 60
(1960년 International Committee 제작)

↓

CPL (Combined Programming Language)
(1963년 International Committee 제작)

↓

BCPL (Basic CPL)
(1967년 캠브리지의 Martin Richards 제작)

↓

B 언어
(1970년 벨 연구소의 Ken Thompson 제작)

↓

C 언어
(1972년 벨 연구소의 Dennis Ritchie 제작)

↓

"The C Programming Language"
(1978년 Kerninghan과 Ritche가 C 언어 책을 펴냄)
→ 이후 C 언어가 널리 알려짐

● C에 대한 관심

1978년 Brain Kernighan과 Dennis Ritchie가 "The C Programming Language(Prentice Hall)"를 쓴 이후 C 언어에 대한 관심이 폭발적으로 고조됨

● DOS(PC)
- Borland사(Turbo C)
- Microsoft사(MS-C)
- WATCOM사(WATCOM C)

● Windows
- Visual C++
- Borland C/C++

● Unix/Linux — gcc, cc

그림 1-2 C 언어의 발달과정

C 언어는 1978년 Brain Kernighan와 Dennis Ritchie가 "The C Programming Language(Prentice Hall)"를 쓴 이후 C에 대한 관심이 폭발적으로 고조되게 되었다. 그 후 1983년 모든 컴퓨터 기종에서 실질적으로 이용될 수 있도록 개선된 C 언어의 컴파일러가 작성되었는데 이것이 ANSI C이다. C 언어는 다른 프로그래밍 언어에 비하여 다양한 언어적 특성을 포함하고 있는데 이러한 성질이 곧 C 언어의 강력한 장점이다.

1.2 C 언어의 특성

이 절에서는 C 언어가 널리 사용되게 된 이유에 대해서 알아보자. C 언어는 다른 기종으로의 이식성과 빠른 실행 속도로 인해 많은 사람들에게 각광받게 되었다.

1.2.1 C 언어의 특성

C 언어는 강력하면서도 이식성이 높다. C 언어는 컴퓨터의 세밀한 부분까지도 직접 제어할 수 있으므로 어느 언어보다도 강력하다. 또한 일단 작성된 프로그램은 컴퓨터 기종과 무관하게 수정 없이 실행이 가능하므로 이식성이 아주 높다.

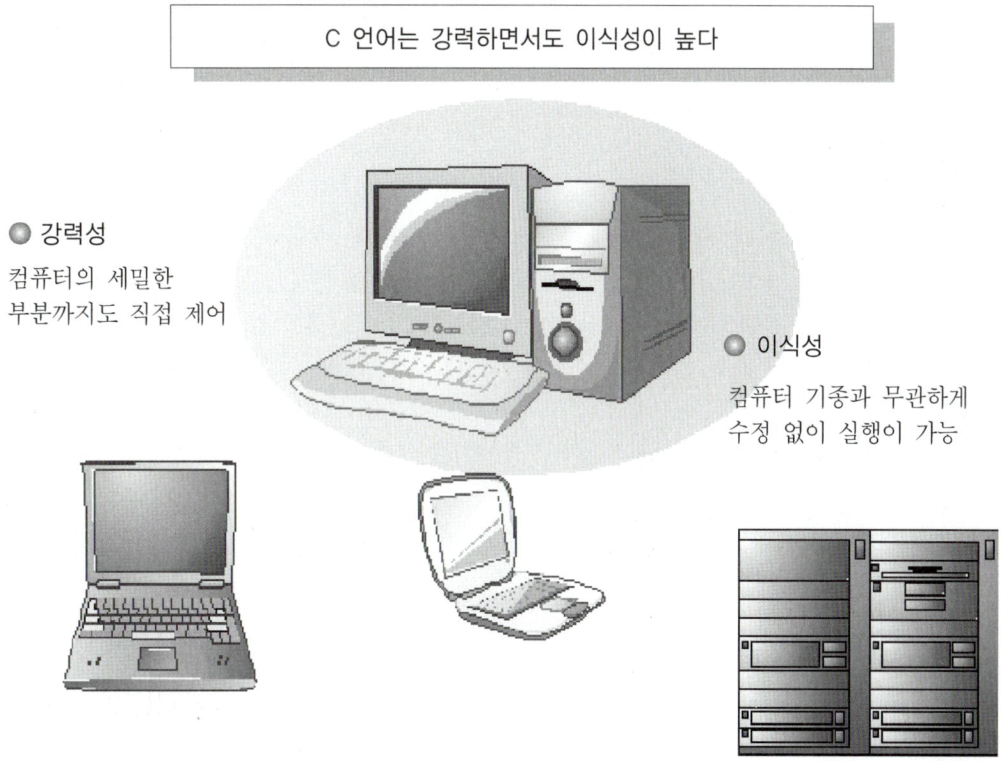

그림 1-3 이식성이 높은 C 언어

C 언어는 프로그램 코드의 양이 다른 언어에 비해 작기 때문에 효율인 언어라 할 수 있다.

C 프로그램은

크기 면에서 콤팩트(compact)하고

속도 면에서 빠르다.

◎ C 언어의 장점

1. C는 효율적이다.
2. C는 이식하기 편리한 언어이다.
3. C는 강력하고 융통성이 많다.
4. C는 미세한 제어를 한다.
5. C는 친근하다.

그림 1-4 C 언어의 효율성

이렇게 C 언어는 간단하면서도 효율성이 높고, 다른 언어와의 이식성이 강하기 때문에 C 언어의 활용 분야는 매우 다양하다.

1.2.2 C 언어의 이용 분야

C 언어는 이용 분야가 광범위하다.

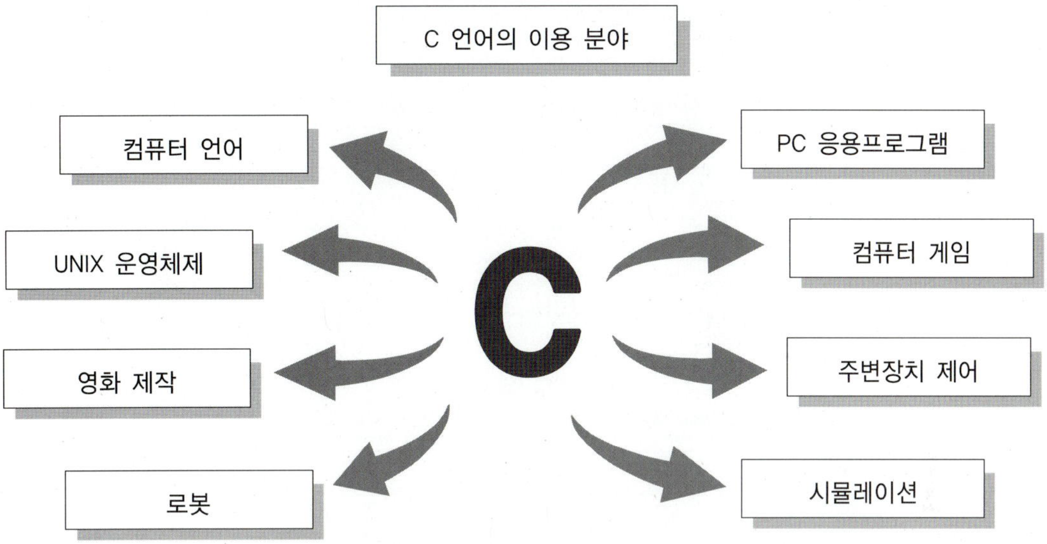

그림 1-5 C 언어의 응용 분야

PC 응용 프로그램부터 유닉스 운영 체제, 게임 소프트웨어와 영화 제작 그리고 주변장치 제어와 로봇까지 C 언어의 용도는 거의 컴퓨터로 할 수 있는 모든 것이라고 말할 수 있다.

1.2.3 C 언어의 개발 단계

프로그램 개발 단계는 모두 7단계로 나누어 볼 수 있다. 목적 정의 단계는 요구 분석과 시스템 분석을 통하여 프로그램이 가져야 할 기능을 정확히 정의하고 설계 단계에서는 분석된 기능을 처리할 수 있도록 프로그램의 구조를 설계한다. 소스 프로그램을 작성하고 컴파일을 통하여 목적 코드를 생성한 다음 프로그램이 설치될 대상 기계에 인스톨하여 실행시킨다. 성공적으로 실행이 되면 설계된 기능들을 만족하는지를 테스트하고 디버깅하는 과정을 거침으로써 개발이 끝나게 된다. 맨 마지막에 유지 보수 단계는 프로그램을 완성하여 상용화한 후에 발생되는 에러나 추가적인 변경 사항을 처리하는 단계이다.

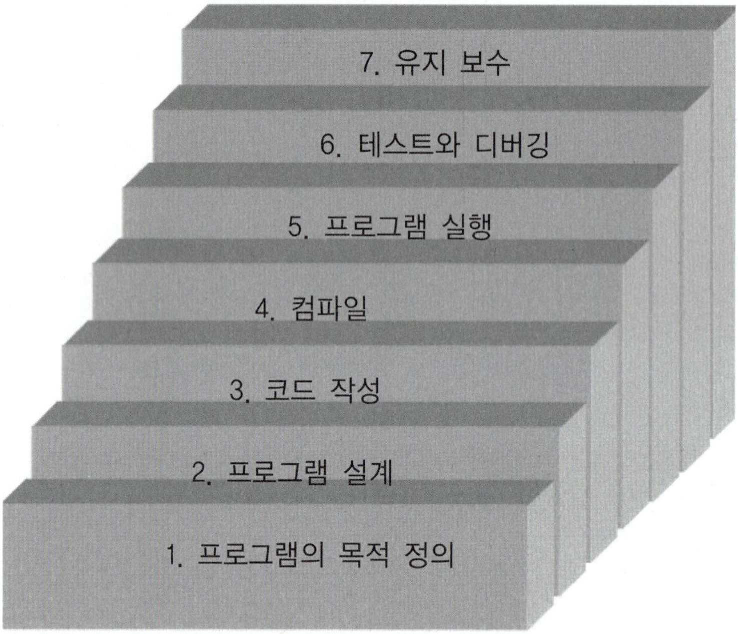

그림 1-6 프로그램 개발 단계

1.3 C 언어 컴파일 방법

C 프로그램을 작성하기 위해서는 우선 C 컴파일러(compiler)가 필요하다. C 컴파일러란 C 소스 프로그래밍을 하는 일반적인 과정은 다음과 같다.

① 에디터를 이용하여 C 소스 파일을 작성한다. C 소스 파일은 일반적인 텍스트 파일이다.
② C 컴파일러를 이용하여 컴파일을 한다. 이때 C 소스 파일에 에러가 있을 경우 컴파일 중 에러가 발생하기도 한다. 이러한 경우에는 다시 소스 파일을 수정한 후 컴파일한다. 이러한 과정을 디버깅(debugging)이라 한다.
③ 컴파일이 완료되면 실행 파일이 생성된다

운영체제나 자신의 환경에 따라 다양한 C 컴파일러를 이용할 수 있지만, 일반적으로 다음 두 가지 컴파일러가 많이 사용된다.

(1) gcc(혹은cc) : Unix 운영체제에 기본적으로 포함되어 있는 C 컴파일러이다. gcc나 cc는 무료로 사용할 수 있는 장점이 있다. 하지만, 일반적으로 명령어 입력 방식으로 수행이 되고, 통합 환경이 따로 제공되지 않으므로 에디터나 디버거 등은 자기가 편한 것으로 사용해야 한다.(일반적으로 Unix에서는 에디터로는 vi를 사용하고, 디버거로는 gdb라는 프로그램을 사용한다.)

(2) Microsoft Visual C++ : Windows 환경에서 많이 이용되는 컴파일러이다. 상용 프로그램이기 때문에 정식 사용자만 이용할 수 있다. 단순한 C 프로그래밍 이외에도 Windows 프로그래밍, COM 프로그래밍 등 다양한 응용에 사용할 수 있다. GUI 환경의 통합 개발 환경을 제공하기 때문에, 처음 사용하는 사용자에게는 편리할 수 있다.

그럼 이제 두 컴파일러를 이용하여 C 프로그램을 컴파일하는 방법을 알아보기로 한다. 본 교재에서 과제나 실습 때 제작할 C 프로그램은 대부분 간단한 프로그램이므로, 컴파일을 하는 간단한 방법만을 예를 통해서 살펴보기로 한다.
여기서 작성할 프로그램은 간단히 화면에 "Hello World ^_^" 라는 문장을 출력하는 프로그램이다. 프로그램의 소스는 다음과 같다.

```
#include <stdio.h>
main()
{
        printf("Hello World ^_^\n");
        return 0;
}
```

1.4 gcc를 이용한 C 프로그래밍

자신의 컴퓨터에 Linux가 설치되어 있거나, Unix(혹은 Linux)를 이용할 수 있는 계정을 가지고 있는 사람은 gcc를 이용할 수 있다. 우선 터미널에서 다음과 같이 gcc라고 입력을 하면 그림1-17과 같은 화면이 나타난다. 계정을 가진 사람은 telnet 등을 이용하여 Login을 하면 이용할 수 있고 Windows 환경의 경우 MS-DOS창이나 명령 프롬프트 등을 실행하면 된다.

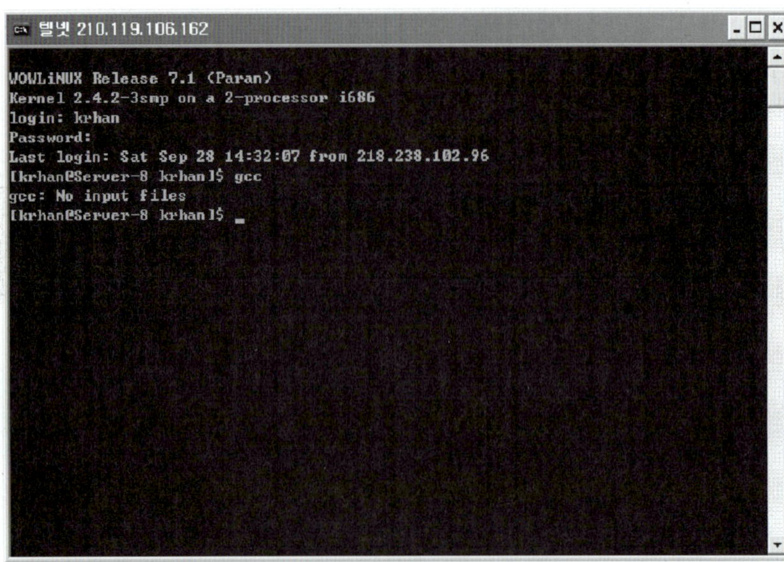

그림 1-7 Linux 환경의 화면

이제 gcc를 이용하여 C 프로그램을 수행해보도록 한다.

1.4.1 소스 파일 작성

우선, 에디터를 실행하여 소스 프로그램을 그림 1-8과 같이 입력한다. 여기서는 Unix의 vi 에디터를 이용하기로 한다(자세한 vi 사용법은 vi 매뉴얼을 참고하기 바람). 다음과 같이 입력하면 vi를 이용하여 hello.c라는 파일을 만들 수 있다.

vi에서 다음과 같이 입력하고 저장을 한 후 vi를 종료한다.

```
#include <stdio.h>
main(void)
{
        printf("Hello World ^_^\n");
        return 0;
}
```

그림 1-8 vi 에디터에 의한 프로그램 입력

1.4.2 컴파일

이제 소스 파일을 컴파일해야 한다. gcc 프로그램의 명령어 인자는 다음과 같다

```
gcc -o <실행 파일 이름><소스 파일 이름들>
```

여기서는 다음과 같이 입력하면 된다

```
gcc -o hello.out hello.c
```

이 명령은 hello.c를 컴파일하여 hello.out이라는 실행 파일을 만들라는 의미이다. 소스 파일이 여러 개일 때는 여러 개의 파일 이름을 모두 적어주면 된다. 아무런 에러가 없이 gcc가 끝났다면 이제 디렉토리에 hello.out이라는 실행 파일이 새로 생겼을 것이다.

1.4.3 프로그램 실행

```
./hello.out
```

위와 같이 hello.out을 수행해보면 Hello World ^_^ 라는 문장이 출력될 것이다.

1.4.4 gcc 이용 요약

지금까지의 내용을 정리하면 다음과 같다.

```
[krhan@Server-8 krhan]$ vi hello.c
[krhan@Server-8 krhan]$ ls
  hello.c
[krhan@Server-8 krhan]$ more hello.c
          #include <stdio.h>
          int main(void)
          {
          printf("Hello World ^_^\n");
          return 0;
          }
[krhan@Server-8 krhan]$ gcc -o hello.out hello.c
[krhan@Server-8 krhan]$ ls
  hello.c hello.out
[krhan@Server-8 krhan]$ ./hello.out
  Hello World ^_^
[krhan@Server-8 krhan]$
```

그림 1-9 gcc 컴파일러에 의한 프로그램 진행과정

1.5 Visual C++을 이용한 C 프로그래밍

Visual C++은 Microsoft 사의 상용 소프트웨어이다. Visual C++를 사용할 수 있다면 다음 예와 같이 간단하게 C 프로그램을 작성할 수 있다. 여기서는 영문 Visual C++ 6.0을 기준으로 하겠다. 다른 버전의 경우에도 이와 유사하게 수행을 하면 큰 어려움 없이 프로그램을 작성할 수 있을 것이다.

1.5.1 Visual C++ 실행

「시작버튼>프로그램」 아래의 메뉴를 선택하여 Microsoft Visual C++을 실행한다. 프로그램이 수행되면 다음과 같이 Visual C++이 나타날 것이다.

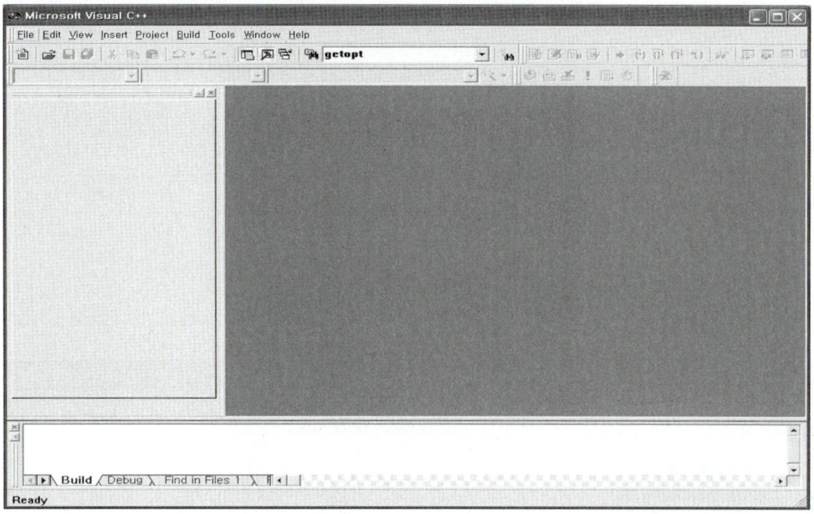

그림 1-10 Visual C++ 시작 화면

1.5.2 새 프로젝트 생성

① 프로젝트라는 것은 하나의 실행 프로그램을 만들기 위한 여러 개의 소스 파일들의 모음이라고 생각하면 된다. 따라서 새로운 프로그램을 작성하기 위해서는 프로젝트를 새롭게 생성해야 한다. 우선, 상단의 File 메뉴를 선택한 후 File 메뉴 아래의 New 메뉴를 선택하면 다음과 같은 다이얼로그 박스가 나타난다.

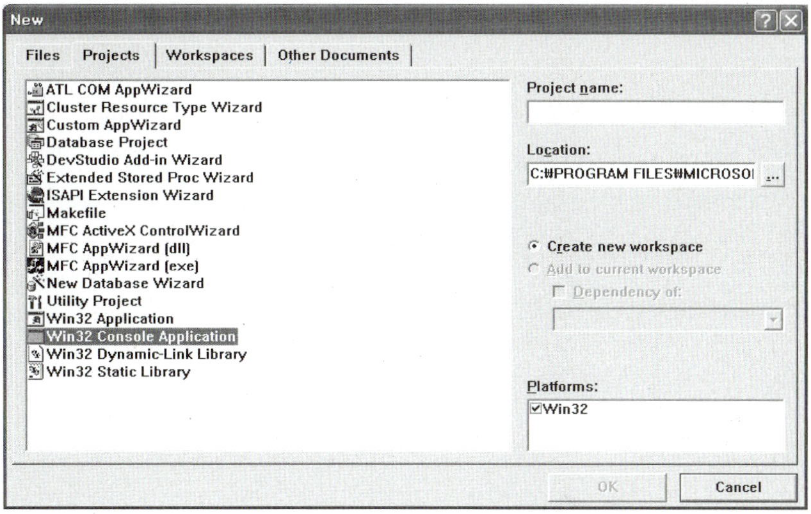

그림 1-11 프로젝트 시작 화면

여기서 그림과 같이 "Win32 Console Application"을 선택하고, 우측의 Project Name에 원하는 프로젝트의 이름을 적어준다. 여기서는 간단히 hello라고 붙여보기로 한다. 그리고 프로그램 파일들이 저장될 디렉토리(Location)를 선택한 후 "OK" 버튼을 누른다.

② 다음으로 Console Application의 종류를 선택하는 창에서 다음과 같이 "An empty project"를 선택하고 "Finish" 버튼을 누른다.

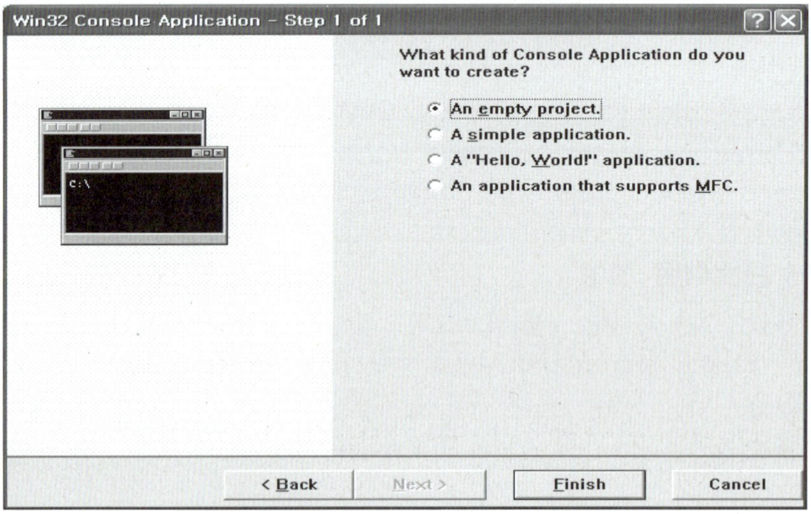

그림 1-12 empty project 선택

③ 이제 새로운 프로젝트가 생성되었다는 메시지가 나타날 것이다. "OK" 버튼을 누르면 다음과 같이 Visual C++의 화면이 달라지게 된다. 좌측의 트리 창에서 FileView를 선택하면 아래 그림과 같이 hello라는 프로젝트에 해당하는 파일들이 나타난다. 아직 아무런 파일도 추가하지 않았기 때문에 파일은 하나도 없을 것이다.

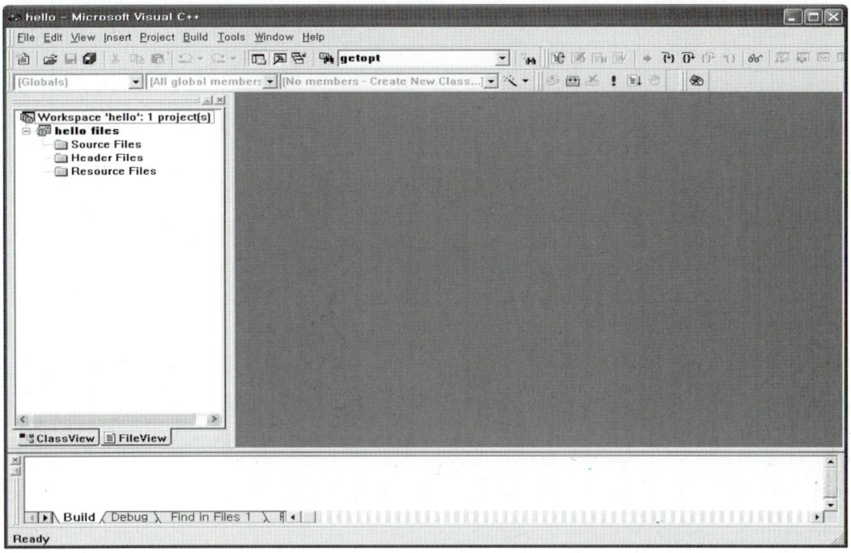

그림 1-13 프로젝트 생성 결과 화면

1.5.3 소스 파일 추가

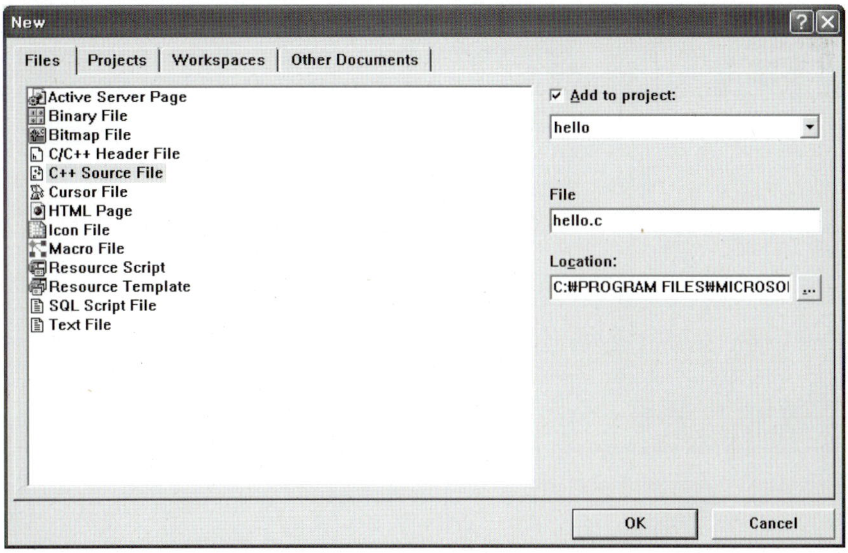

그림 1-14 소스 파일 추가를 위한 파일 이름 입력

C 소스 파일을 추가하기 위해서는, 다시 File 메뉴의 New 항목을 선택하여 다이얼로그 박스에서 위 그림과 같이 C++ Source File을 선택하고, Add to project 항목을 선택한 후(기본값이 선택되어져 있을 것이다.), File 이름을 적어주고 "OK" 버튼을 누른다. 여기서는 hello.c라는 파일 이름으로 입력하기로 한다. 이것은 hello.c라는 파일을 새로 만들어서 hello라는 프로젝트 속에 추가하겠다는 뜻이다.(같은 방법으로 Header 파일이나 Source 파일을 더 추가할 수도 있다.)

1.5.4 소스 파일 편집

"OK" 버튼을 누르면 화면에 다음 그림과 같이 hello.c라는 파일에 해당하는 편집창이 나타날 것이다. 여기에 다음 그림과 같이 C 프로그램을 입력한다. 소스 파일은 위의 예와 같다. 여기의 편집창은 C 언어를 위한 전용 에디터이므로 C 함수의 문법을 알려준다든지 C 언어에서 사용되는 단어들의 색깔을 다르게 표시해주는 기능이 있으므로 보다 쉽게 프로그램을 작성할 수 있을 것이다.

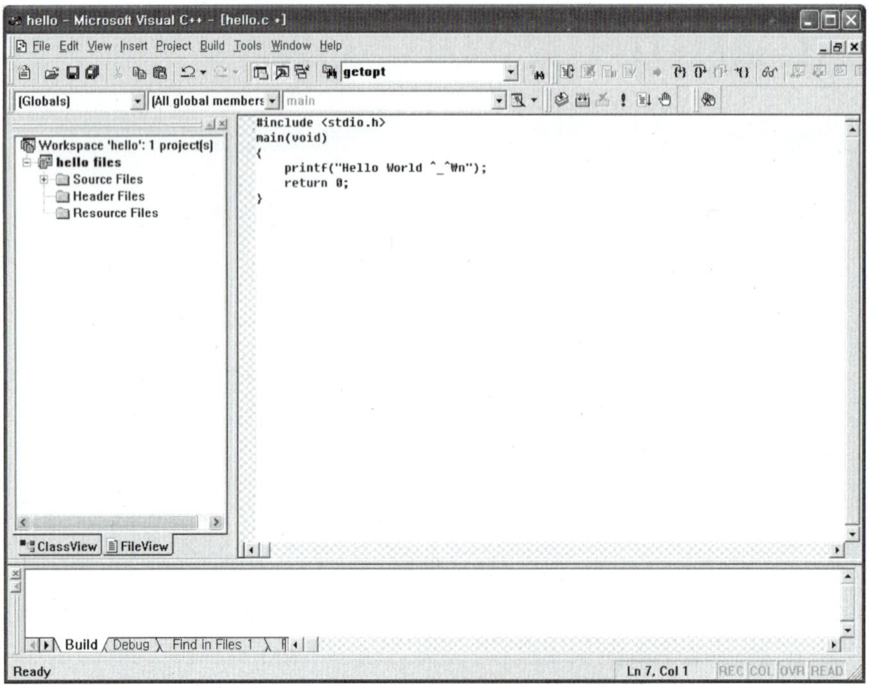

그림 1-15 소스 파일 편집 화면

1.5.5 컴파일

소스 파일의 편집이 끝났으면 File 메뉴의 Save를 눌러 저장을 한 후, Build 메뉴의 "Build hello.exe" 메뉴(프로젝트의 이름에 따라 실행 파일의 이름이 나타난다.)를 누르면 컴파일(컴파일+링킹)이 된다. 여기서 에러가 발생하면 하단의 Output창에 에러가 나타나고, 아무런 에러가 없다면 아래 그림과 같이 hello.exe가 에러 없이 생성되었음이 하단의 output 창에 나타난다. 에러가 발생한 경우에는 에러 메시지를 확인하고 편집창에서 소스를 수정하여 디버깅을 한 후 다시 컴파일을 시도한다.

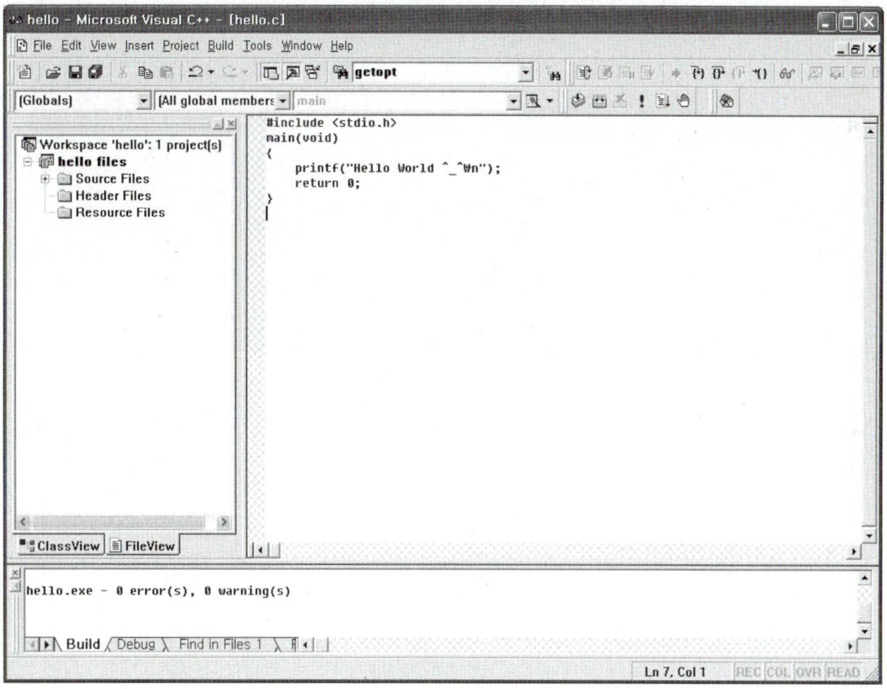

그림 1-16 입력 완료된 소스 파일

1.5.6 프로그램 실행

Build 메뉴의 "Execute hello.exe" 메뉴를 선택하면 프로그램이 실행된다. 실행이 되면 다음과 같은 실행화면을 볼 수 있다.

프로젝트 디렉터리 아래에 Debug 디렉터리(혹은 Release 디렉터리) 아래에 가면 hello.exe라는 실행 파일이 생성되어 있을 것이다. 이 파일을 실행하여도 같은 결과를 얻을 수 있다(Prompt Application이라서 수행이 끝나고 바로 창이 닫힐 수도 있다. 이 경우는 Dos Prompt 창을 직접 띄워서 명령행 모드에서 직접 프로그램을 실행하면 된다).

그림 1-17 프로그램 실행 경과 화면

제 2 장

C의 기초

2.1 화면 출력

2.1.1 새로운 코드의 입력

제1장에서는 화면에 한 줄을 표시하는 프로그램을 작성하였다. 컴퓨터에 작업 명령을 수행시키려면 어떻게 해야 할까? 이 장에서는 여러 줄을 표시하는 프로그램을 작성하도록 한다. 아래의 프로그램 코드를 에디터로 입력하여 보관하도록 한다.

Sample1.c

```
//화면에 문자열을 출력하는 코드
 #include <stdio.h>


 int main ()
 {
    printf("Hello World! \n");
    printf("C 세계로 출발합니다! \n") ;

   return 0;
 }
```

;(세미콜론)이나 { } (중괄호)의 위치는 바르게 입력되어 있는가? 입력이 완료되면 제1장에서 설명한 순서대로 컴파일을 하여 실행을 한다. 화면에는 다음과 같이 두 줄의 결과가 나타나게 될 것이다.

Sample1.c의 실행 화면

```
Hello World!
C 세계로 출발합니다!
```

2.1.2 간단한 출력 프로그램

화면에 문자를 출력하는 프로그램과 사용자에게 두 수를 입력받아 더한 결과를 출력하는 프로그램을 학습해 보자. 다음과 같이 간단한 출력 프로그램을 입력해 보도록 한다.

Sample2.c ▶ 간단한 출력 프로그램

```
#include 〈stdio.h〉         ● 표준 입출력 함수 라이브러리(헤더 파일)

main () ●                   모든 C 프로그램은 main() 함수로부터 시작한다.
{ ●                         함수의 시작을 나타낸다.

   printf("C와의 만남 ＼n") ;

} ●                         함수의 끝을 나타낸다.
```

Sample2.c의 실행 화면

```
C와의 만남
```

모든 C 언어 프로그램은 main() 함수로부터 시작되고 printf()에서는 인용부호 내의 문자가 화면에 출력된다. C 언어에서 한 문장이 끝이 나면 반드시 세미콜론(;)을 붙인다. 'C와의 만남'을 출력하는 프로그램은 출력 함수 printf()를 사용하고 이 printf() 함수는 괄호 안의 " " 속의 내용을 화면에 출력한다. printf() 함수는 표준 출력 함수로써 헤더 파일인 <stdio.h>에 있다. 따라서 printf() 함수를 이용하기 위해서는 반드시 <stdio.h>를 헤더 파일에 include 해야 한다. 그리고 'C와의 만남'을 세 줄에 걸쳐서 출력하고 싶은 경우에는 특수기호인 '\n'을 출력하려는 위치에 포함시키면 된다.
줄을 바꾸어서 출력하고자 할 때는 특수 기호인 '\n'을 사용하면 된다.

2.1.3 행 바꾸기

C 언어에서 printf() 함수를 이용하여 출력하는 경우에 새로운 행으로 바꾸기 위하여 newline 문자인 '\n'을 추가한다. 다음 코드를 살펴보자.

Sample3.c ▶ \n을 이용한다.

```
#include <stdio.h>
main ()
{
   printf("C와의 만남 \n");
   printf("C와의 만남 \n");
   printf("C와의 만남 \n");

 }
```

\n은 새로운 행에 출력하라는 특수기호로 출력시에 화면에 나타나지는 않는다.

Sample3.c의 실행 화면

```
C와의 만남
C와의 만남
C와의 만남
```

Sample3의 실행 화면에서 '\n'을 추가하면 새로운 행이 시작되는 것을 알 수 있다. Sample3을 다음과 같이 변경하면 하나의 printf() 함수를 사용하여 간단히 코드를 작성할 수 있다.

```
printf("C와의 만남\nC와의 만남\nC와의 만남\n");
```

위 코드의 실행 결과는 Sample3과 일치한다.

새로운 행을 바꾸기 위해서는 '\n'문자를 사용한다.

2.1.4 화면 출력

sample1.c는 제1장과 마찬가지로 화면에 문자를 표시하는 C 코드이다. 화면에 문자 등을 나타내는 것을 프로그래밍의 세계에서는 화면 출력이라고 한다.
따라서 본 교재에서는 먼저 문자열이나 숫자 값 등을 화면에 출력하기 위한 프로그램을 생각하면서 다음과 같은 코드를 살펴보자.

화면 출력 구문

```
#include <stdio.h>


int main ( )
{
 printf("출력하려는 문자열·숫자 값 등") ;


 return 0;
 }
```

printf() 함수 내의 " " 속에 출력하려는 문자열이나 숫자 값 등을 입력한다.

이 코드가 화면에 문자열이나 숫자를 출력하는 코드의 기본형이다. 지시선을 붙인 행이 컴퓨터에게 화면 출력을 지시하는 부분이다. 즉, 밑줄 친 부분에 문자열이나 숫자를 기술하면 그것이 화면에 출력된다.

표준 출력이란 지금 사용하고 있는 컴퓨터의 화면 장치라는 것을 의미한다. 그리고 printf() 함수는 화면에 문자열을 출력하는 것을 의미한다. 즉, printf("…");라는 행은 컴퓨터에게

문자열을 화면에 출력하는 처리를 수행하도록 한다.

printf("A");

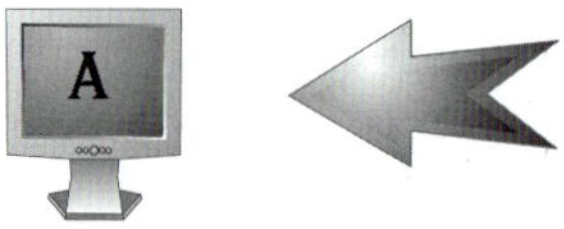

printf( )라는 함수를 사용하면 문자열이나 숫자 값을 연속적으로 출력시킬 수도 있다.

2.2 코드의 내용

2.2.1 프로그램 코드의 처리 흐름

이 장의 처음에서 입력한 Sample1.c의 내용을 상세하게 살펴보기로 한다. Sample1.c의 코드를 자세히 살펴보자. 이 코드는 어떠한 처리를 컴퓨터에게 지시하는 것일까?

Sample1.c의 내용

```
// 화면에 문자를 출력하는 코드          ● 주석문 코드
#include <stdio.h>                      ● printf()를 사용하기 위하여 기술한다.

int main ( )                            ● main()함수의 시작부분이다.
 {
   printf("Hello World! \n");           ● 최초로 실행된다.
   printf("C세계로 출발합니다! \n");    ● 다음에 실행된다.

   return 0;                            ● main()함수의 종료부분이다.
 }
```

2.2.2 main() 함수

먼저 이 코드의 지시가 어느 부분에서 시작하고 어느 부분에서 끝나는지를 알아 둘 필요가 있다.

가장 먼저 다음과 같이 작성된 코드를 살펴본다.

```
int main()
```

C 프로그램은 원칙적으로 이 main()이라고 작성된 부분부터 처리를 행하도록 되어 있다.

다음은 Sample1.c의 아래서 두 번째 행을 살펴보자.

```
return 0;
```

이 부분의 처리를 행하면 프로그램이 종료된다.

중괄호{}로 싸여진 부분은 블록(block)이라고 부른다. 이 블록은 프로그램의 본체가 되는 중요한 부분이기 때문에 main() 함수(main function)이라고 부른다. 「함수」라고 하는 용어의 의미에 대해서는 제7장에서 자세히 설명하기 때문에 기억해 두기 바란다.

```
int main ( )
{
   ...
   return  0;
}
```

main() 함수(프로그램의 본체)이다.

main() 함수는 프로그램의 본체가 된다.

2.2.3 한 명령문씩 처리

여기서는 main() 함수의 중심을 살펴보기로 한다. C는 하나의 작은 처리 단위를 문(statement)이라고 하고, 마지막에 세미콜론(;)의 붙인다. 그리고 이 문이 앞에서부터 차례로 한 명령문씩 처리된다.

즉, 이 프로그램이 실행되면 main() 함수 내의 두 개의 명령문이 다음과 같은 순서로 처리된다.

```
printf("Hello World! \n");  // ← 최초로 실행된다.
printf("C 세계로 출발합니다!\n"); // ← 다음에 실행된다.
```

앞에서 설명한 바와 같이 printf("…")이라고 하는 문은 화면에 문자열을 출력하기 위한 코드이다. 그리고 이 명령문이 실행되면 화면에 두 줄의 문자열이 출력될 것이다.

명령문의 마지막에는 세미콜론을 붙인다.
명령문은 원칙적으로 앞에서부터 차례로 처리된다.

```
...
int main( )
{
 printf("Hello World! \n");
 printf("C 세계로 출발합니다!\n");

 return 0;
}
```

그림 2.1 프로그램의 처리

▶ 프로그램을 실행하면 원칙적으로 한 명령문씩 처리된다.

2.2.4 코드를 읽기 쉽게 작성

Sample1의 main() 함수는 여러 행에 걸쳐서 작성되어 있다. 이것은 C의 코드가

> 명령문의 도중이나 프로그램 중에서 행을 바꿔도 괜찮기 때문이다.

따라서 Sample1의 코드는 main() 함수를 여러 행으로 나누어서 읽기 쉽게 작성되어 있다. 또 C 코드에서는 의미가 있는 용어들 사이는 될 수 있으면 자유롭게 공백이나 행을 바꾸어 입력할 수 있다.

즉,

> intmain() 같은 표현은 잘못된 기술이지만,

```
int      main(){
              printf();
```

등과 같이 공백을 입력하거나 행을 바꾸어 작성해도 무관하다.

Sample1에서는 프로그램 부분을 알기 쉽게 하도록 「 { 」부분에서 행을 바꾸고, 내부의 행의 앞부분을 약간 들여 써서 작성했다. 하지만 printf(" ")문으로 출력하는 문자열의 중간에서 행을 바꿔서는 안 된다. 코드 중에서 문자를 들여 쓰는 것을 들여쓰기(indent)라고 한다. 들여쓰기는 행의 선두에서 Space 키나 Tab 키를 사용한다.

이제부터 순차적으로 복잡한 코드를 다루어 나가기로 한다. 들여쓰기를 사용하여 코드를 읽기 쉽게 작성할 필요가 있다.

```
...
int main()
{
|———————|printf(" ...  ");
    ↖
}         indent
```

코드를 읽기 쉽게 하기 위하여 들여쓰기나 행을 바꾼다.

2.2.5 주석문 작성

main() 함수, 즉 프로그램의 본체를 이해할 수 있을까?

다음에 프로그램 본체 이외의 코드를 살펴보자. 먼저 main() 함수 앞에 입력된 '//'기호가 있는 행에 주목해보자. 실제로 C 컴파일러는

'// 기호에서 그 행의 끝까지를 무시하고 처리한다.'

따라서 '//' 기호 다음에는 프로그램의 실행에 직접 관계가 없는 프로그램 작성자의 생각이나 참조 사항을 메모 형식으로 입력해 둘 수가 있다. 이것을 주석문(comment)라고 한다. 대개 이 코드의 내용을 메모해 두면 편리할 때가 많다.
Sample1에서는 이와 같이 코드의 앞에 주석문을 기술하였다.

```
// 화면에 문자를 출력하는 코드
        ↑
        └────────── 이 부분은 무시하고 처리된다.
```

C만이 아니고 대부분의 프로그램 언어는 사람이 명확하게 읽기 쉬운 언어는 아니기 때문에 이와 같은 주석문을 기록함으로써 읽기 쉬운 코드를 작성할 수 있다.

주석문을 작성하여 코드의 내용을 이해하기 쉽게 만든다.

2.2.6 또 다른 주석문 사용 방법

또한 주석문을 작성하는 데는 '//' 기호 이외에 '/* … */' 기호를 사용하는 형식이 있다.

```
/* 화면에 문자를
   출력하는 코드 */
```

여러 행에 걸쳐서 주석문을 작성한다.

/* … */의 경우에는 /*에서 시작하여 */에 포함되어 있는 모든 부분이 행에 관계없이 주석문이 된다. 따라서 /* … */ 기호를 사용하는 경우에는 여러 행에 걸쳐서도 주석문을 작성할 수 있다.

Sample1과 같이 //을 사용하는 형식은 주석문 기호에서 행의 끝까지를 무시하기 때문에 여러 행의 주석을 입력할 수 없다. 여러 행의 주석문을 작성하기 위해서는 각행마다 '//'의 기호로 시작해야 한다. C는 두 가지 중에서 어떤 형식의 주석문을 사용해도 상관이 없다.

2.2.7 파일의 include

마지막으로 코드의 맨 앞부분을 살펴보기 바란다.

```
#include <stdio.h>
```

이 #으로 시작하는 행은 화면에 표시를 수행하는 기능이 작성되어 있는 「stdio.h」을 컴파일 하기 전에 읽어 들이는 처리를 나타내고 있다.

stdio.h란 화면에 출력하는 기능 등에 대하여 정해진 파일임을 나타내고 있다. 화면에 표시하는 프로그램을 작성할 때는 반드시 stdio.h을 포함시켜야 한다. stdio.h을 읽어 들이지 않으면 화면에 표시를 하기 위하여 printf() 기능을 제대로 수행할 수 없게 되기 때문이다.

stdio.h을 나타내는 파일은 C 개발환경에서 표준으로 준비하고 있기 때문에 프로그래머 스스로 준비할 필요가 없이 단지 #include <stdio.h>를 사용하여 포함시키기만 하면 된다. stdio.h와 같이 컴파일하기 전에 먼저 읽어 들이는 파일을 헤더 파일(header file)이라고 한다. 또한 #이 붙여진 행은 컴파일러에 포함되는 프리프로세서(preprocessor)라는 특별한 부분에 의하여 다른 코드를 번역하기 전에 읽어 들이게 된다. #이 붙여진 행은 마지막에 세미콜론을 붙이지 않는다.

다른 파일을 읽어 들이는 것을 include라고 한다.
화면에 표시를 하기 위하여 stdio.h을 include 한다.

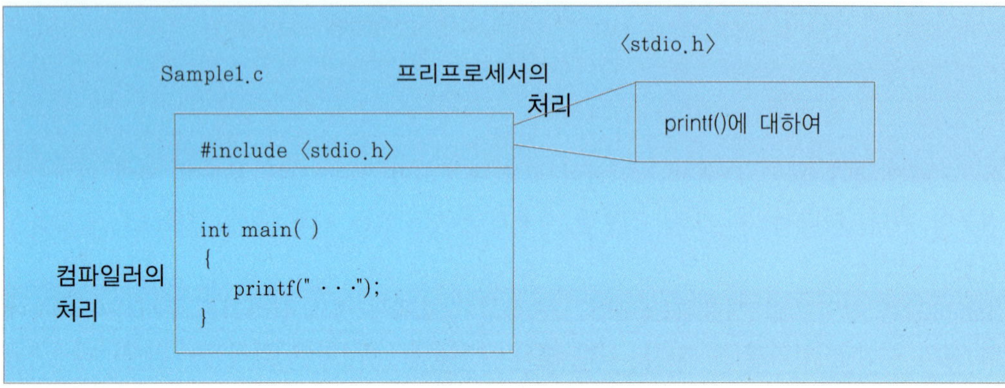

그림 2-3 include

▶ 다른 파일을 읽어 들이는 것을 include라고 한다.

2.3 문자열과 숫자

2.3.1 리터럴(literal)이란?

2.2 절에서 화면에 문자열을 출력하는 간단한 코드를 학습하였다. 그래서 이절에서는 지금까지 학습한 코드를 이용하여 C 언어의 문자 · 숫자 · 문자열의 작성 방법을 학습하기로 한다. 먼저 다음과 같은 코드를 작성하여 보자.

Sample4.c

```
#include <stdio.h>


int main( )
{
   printf("%c \n", 'A');
   printf("%s \n", "Hello World!");
  printf("%d \n", 123);

  return  0;
}
```

문자를 출력한다.

문자열을 출력한다.

숫자 값을 출력한다.

Sample4의 실행 화면

```
A
Hello World!
123
```

Sample4에서는 여러 가지 문자와 숫자가 출력되어 있다. 이 코드 가운데 'A'나 "Hello World", 123라고 하는 특정한 문자나 숫자의 표기를 C에서는 리터럴(literal)이라고 부른다. printf() 함수 내의 %d, %c, %s 등의 기호는 형식 변환자들로서 뒤에 자세히 다루게 된다.

2.3.2 리터럴

어떤 값을 나타내기 위하여 이용되는 C의 단어와 같은 것이라고 생각해도 좋을 것이다. 리터럴은 다음과 같은 4 종류로 분류된다. 이하에서 이들 리터럴에 대하여 하나씩 살펴보기로 하자.

문자 리터럴
문자열 리터럴
숫자 리터럴
논리 리터럴(제6장에서 설명)

2.3.3 다양한 토큰

한국어나 영어로 말하는 사람의 언어가 단어의 조합으로 이루어진 것처럼 C 언어도 단어와 같은 용어를 조합하여 구성되어 있다. 리터럴은 C에서 사용되는 여러 가지 단어 중의 하나이다.

단어, 즉 어떤 특정한 의미를 갖는 문자(또는 그 조합)를 C에서 토큰(token)이라고 부른다. 토큰은 그 기능에 따라 다음과 같은 종류로 분류될 수 있다.

리터럴(literal)
키워드(key word)
식별자(identifier)
연산자(operator)
구별자(punctuator)

이 장에서는 리터럴에 대하여 학습한다. 식별자와 키워드는 제3장에서, 연산자는 제4장에서 학습하게 된다.

2.3.4 문자 리터럴

문자 리터럴은 다음과 같이 두 가지 종류로 나누어 취급한다.

하나의 문자
문자열(문자의 나열)

먼저 하나의 문자를 나타내는 방법을 배우도록 한다. 하나의 문자는 문자 리터럴(character literal)이라고 한다. 이것은

```
'H'
'a'
```

등과 같이 ' '로 감싸는 코드 가운데에 기술한다. Sample4에서는 'A'가 문자에 해당된다. 한글의 취급은 약간 차이가 있기 때문에 여기서는 영문자만을 문자로 생각하기로 한다. Sample4의 실행 결과에서 알 수 있는 바와 같이 화면에는 ' '가 없이 출력된다는 것을 명심하기 바란다.

하나의 문자는 ' '로 감싸서 표기한다.

'H' ← 문자

2.3.5 Escape Sequence

그런데 문자 가운데는 키보드에서 입력할 수 없는 특수한 문자도 있다. 이와 같은 문자에 대해서는 \(back slash)를 붙여서 두 개의 문자를 서로 조합시킴으로서 하나의 문자로 나타낼 수가 있다. 이것을 Escape Sequence라고 한다. Escape Sequence에는 표 2-1과 같은 것이 있다.

표 2-1 Escape Sequence

Escape Sequence	의미하는 문자
\a	경고음
\b	공백문자(space)
\f	새로운 페이지(form feed)
\n	새로운 행(new line)
\r	return
\t	수평 탭
\v	수직 탭
\\	\
\'	'
\"	"
\?	?
\0ooo	8진수 ooo 문자코드를 갖는 문자 (o은 0~7의 숫자)
\xhh	16진수 hh 문자코드를 갖는 문자 (h은 0~9의 숫자와 A~F의 영문자)

참고로 사용하는 환경에 따라 ₩가 ＼(back slash)로 표시되는 경우가 있다는 것을 주의하기 바란다. 시험적으로 Escape Sequence를 사용하여 화면에 출력하는 코드를 작성해 보도록 한다. 다음 코드를 입력해 보자.

Sample5.c ▶ Escape Sequence를 사용한다.

```
#include <stdio.h>

int main ( )
{
      printf("원화 기호를 표시한다. : '\₩' '\n'");
      printf("작은 따옴표를 표시한다. : '\'' '\n'");

return  0;
}
```

Escape Sequence를 사용한다.

Sample5의 실행 화면

```
원화 기호를 표시한다. : \
작은 따옴표를 표시한다. : '
```

「\₩」나 「\'」로 기술한 부분이 「₩」나 「'」로 출력되는 것을 알 수 있다.

Escape Sequence를 사용하면 특수한 문자를 나타낼 수가 있다.

'\₩' → ₩

2.3.6 문자 코드

문자에 대하여 좀 더 자세히 살펴보기로 한다. 실제로 컴퓨터 내부에서는 문자도 숫자로 취급하고 있다. 이와 같은 각 문자의 모양에 대응하는 숫자 값을 문자 코드(character code)라고 한다. 문자 코드의 종류에는 여러 가지가 있지만 대표적인 것이 ASCII 코드와 Unicode가 있다.

어떤 문자 코드가 사용될 것인가는 사용되고 있는 환경에 따라 다르다. Escape Sequence를 사용하여 「\ooo」「\xhh」(표 2-1)를 출력하면 지정된 문자 코드에 대응하는 문자가 출력된다. 다음과 같은 코드를 실행해 보자.

Sample6.c ▶ 문자 코드를 사용한다.

```
#include <stdio.h>

int main ( )
    {
        printf("8진수 101의 문자 코드를 갖는 문자는 \0101이다.\n");
        printf("16진수 61의 문자 코드를 갖는 문자는 \x61이다.\n");
        return 0;
    }
```

문자 코드를 지정한다.

ASCII 코드로 문자가 처리되는 경우에는 다음과 같이 출력된다.

Sample6의 실행 화면

```
8진수 101의 문자 코드를 갖는 문자는 A이다.
16진수 61의 문자 코드를 갖는 문자는 a이다.
```

ASCII 코드에서는 8진수 「0101」이 A, 16진수 「61」이 a에 대응하고 있다. 따라서 위와 같이 「A」와 「a」가 출력된다. 이 프로그램은 사용하는 환경이 다른 문자 코드를 사용하는 경우에는 위와 같이 출력되지 않을 경우도 있음을 주의하기 바란다. 또한 8진수와 16진수에 대해서는 이 장의 마지막에서 설명하고 있다.

문자 코드를 지정해서 문자를 출력할 수 있다.

'\Ø1Ø1' → A

2.3.7 문자열 리터럴

한 문자가 아니고 여러 개의 문자를 나열한 것을 문자열 리터럴(string literal)이라고 한다. C에서는 문자열은 문자와 다르게 ' '이 아니고, " " 기호로 감싸서 기술한다.

예를 들면, 다음과 같은 표기가 문자열이다.

```
"Hello"
"Goodbye"
```

화면에 출력되는 문자열은 " "가 붙지 않는다. 문자열에 대해서는 제9장에서 자세히 배우기로 한다.

"Hello" ← 문자열

문자열은 " "로 감싸서 표기한다.
문자와 문자열의 취급은 다르다.

2.3.8 숫자 리터럴

C 코드에는 숫자 값을 표기할 수 있다. 숫자 값에는 다음과 같은 종류가 있다.

정수 리터럴(integer literal) 1, 3, 100 등
부동소수점수 리터럴(floating literal) 2.1, 2.14, 59.8 등

숫자 리터럴은 ' '나 " "로 감싸지 않는다는 것에 주의하기 바란다.

정수 리터럴은 일반적인 숫자 값의 표기법 이외에도 다양한 표기 방법이 있다. 예를 들면 8진수, 16진수로 숫자 값을 표기할 수 있다.

8진수 … 숫자의 앞에 0을 붙인다.
16진수 … 숫자의 앞에 0x를 붙인다.

즉, C에서는 다음과 같은 방법으로 숫자를 표기한다.

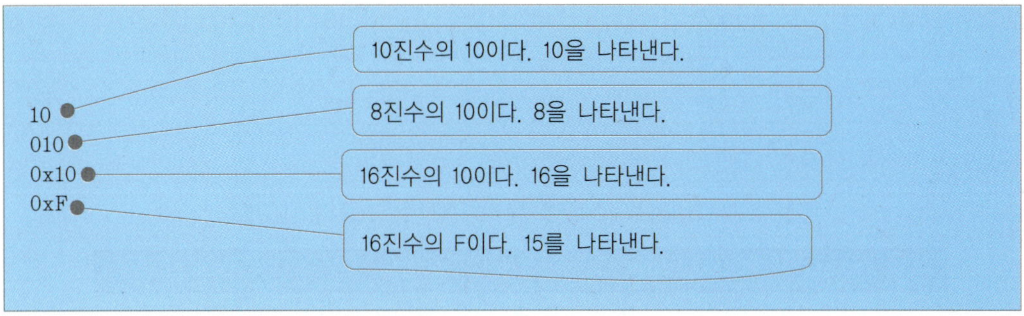

그러므로 여러 가지 표기방법을 사용하여 숫자를 출력해 보기로 하자.

Sample7.c ▶ 정수의 다양한 표기방법

```
#include <stdio.h>

int main ( )
{
   printf("10진수의 10은 %d이다. \n", 10) ;
   printf("8진수의 10은 %d이다. \n", 010);
   printf("16진수의 10은 %d이다. \n", 0x10);
   printf("16진수의 F는 %d이다. \n", 0xF);

return 0;
}
```

10진수 이외의 표기를 사용하고 있다.

sample7의 실행 화면

```
10진수의 10은 10이다.
8진수의 10은 8이다.
16진수의 10은 16이다.
16진수의 F는 15이다.
```

10진수, 8진수, 16진수로 표기한 「10」을 출력해 보았다. 10진수로 나타내면 8진수의 「10」은 8, 16진수로 나타내면 「10」은 16이 된다. 숫자의 값은 " "로 표시하지 않는다. 다양한 숫자 표기법을 사용해도 화면에는 10진수로 출력하게 된다.

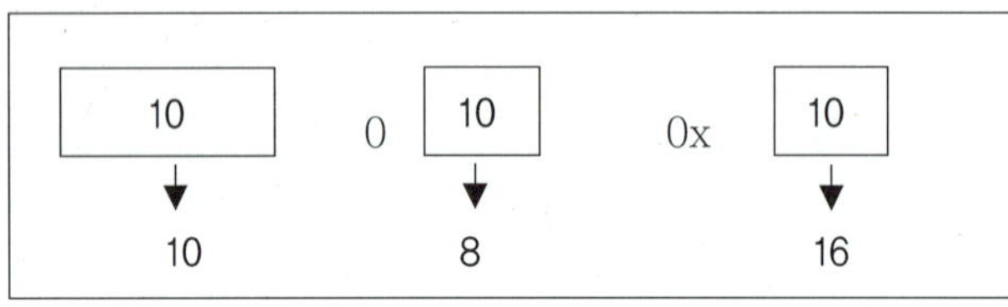

표 2-2 10진수 숫자의 2진수, 8진수, 16진수 표기

10진수	2진수	8진수	16진수
0	0	0	0
1	1	1	1
2	10	2	2
3	11	3	3
4	100	4	4
5	101	5	5
6	110	6	6
7	111	7	7
8	1000	10	8
9	1001	11	9
10	1010	12	A
11	10011	13	B
12	1100	14	C
13	1101	15	D
14	1110	16	E
15	1111	17	F
16	10000	20	10
17	10001	21	11
18	10010	22	12
19	10011	23	13
20	10100	24	14

2.4 리터럴에 따른 출력

이 절에서는 printf()를 사용하여 정수와 부동소수점수, 문자 데이터형에 데이터를 출력하는 방법을 알아보자.

2.4.1 형식 변환자

리터럴을 출력하기 위해서는 출력될 데이터형에 맞는 형식 변환자를 지정해주어야 한다. 표 2-3은 출력되는 리터럴과 형식 변환자를 나타내고 있다.

표 2-3 리터럴과 형식 변환자

형식 변환자	출력 리터럴
%d	10진수 정수
%f	10진수 부동소수점수
%e	부동소수점수(과학적 표기)
%o	8진수로 변환
%x	16진수로 변환
%u	부호 없는 10진 정수
%g	%e나 %f 중에서 짧게 출력되는 형식으로 변환
%p	어드레스로 변환
%c	한 개의 문자
%s	문자열

또한 표 2-4는 표 2-3의 형식 변환자를 printf() 함수에서 사용하는 방법을 보여주고 있다.

표 2-4 printf() 함수에서 형식 변환자의 사용

출력 리터럴	printf() 함수의 예
정수	printf("%d는 정수이다.\n", 20)
부동소수점수	printf("%f는 부동소수점수이다.\n", 20.67)
문자	printf("%c는 문자이다.\n", 'c')
문자열	printf("%s는 문자열이다.\n", "Hello C")

2.4.2 변수의 출력

printf() 문으로 변수의 내용을 출력하려면 출력되는 변수의 형태를 미리 지정해 주어야 한다. 변수 형태는 형식 변환자로 정해 준다.

형식 변환자는 출력될 변수의 데이터 형(date type)과 출력될 위치를 지정해 주는 역할을 한다. 출력될 변수가 여러 개일 경우에 각 변수에 대한 형식 변환자가 따로 따로 있어야 하고 변수와 형식 변환자가 순서대로 대응되어야 한다. 정수 출력의 형식 변환자는 %d이고, 부동소수점수의 출력 형식 변환자는 %f이다. 그리고 문자 출력의 경우는 %c이고, 문자열의 출력시에는 %s를 사용한다.

2.4.3 정수형 변수의 출력을 위한 형식 변환자

다음 프로그램은 정수형 변수의 출력 코드이다.

Sample8.c ▶정수의 변수를 출력한다.

```
#include <stdio.h>
main()
{
        int num;
        short int num1;
        long int num2;
       num = 10;
       num1 = 20;
       num2 = num + num1;
       printf("%d과 %d의 합은 %d입니다.\n", num, num1, num2);
}
```

Sample8의 실행 화면

```
10과 20의 합은 30입니다.
```

출력되는 변수가 여러 개인 경우 변수를 콤마로 분리한다. 형식 변환자도 변수의 개수만큼 있어야 한다.

형식 변환자는 차례로 대응한다.

첫 번째 %d → num
두 번째 %d → num1
세 번째 %d → num2

2.4.4 부동소수점수 변수의 출력

부동소수점수에 대한 변수의 출력을 위한 형식 변환자는 %f이다. 다음 프로그램은 부동소수점수의 변수를 출력하는 코드이다.

Sample9.c ▶부동소수점수의 변수를 출력한다.

```
#include <stdio.h>
main()
{
        float num1;
        float num2;

        num1 = 10.5;
        num2 = -20.0;

        printf("%5.2f와 %5.2f는 부동소수점수입니다.\n", num1, num2);
}
```

Sample9의 실행 화면

```
10.5와 -20.0는 부동소수점수입니다.
```

부동소수점의 변환자는 %f이고 출력되는 변수가 여러 개일 경우 순서대로 대응한다.

2.4.5 문자 변수의 출력

문자 변수의 출력을 위한 형식 변환자는 %c이다. 다음 프로그램은 문자의 변수를 출력하는 코드이다.

Sample10.c ▶문자의 변수를 출력한다.

```
#include <stdio.h>
main()
{
        char ch1;
        char ch2;

        ch1 = 'a';
        ch2 = 'O';

        printf("%c와 %c는 문자입니다.\n", ch1, ch2);
}
```

Sample10의 실행 화면

```
a와 O는 문자입니다.
```

문자 출력의 형식 변환자는 %c이고 출력되는 변수가 여러 개일 때는 순서대로 대응한다.

2.4.6 문자열 변수의 출력

문자열의 출력 시에는 %s를 사용한다. 다음 프로그램은 문자열의 변수를 출력하는 코드이다.

Sample11.c ▶문자열의 변수를 출력한다.

```
#include <stdio.h>
main()
{
        char str1[10] = "Hello";
        char str2[10] = "World!";

        printf("%s와 %s는 문자열입니다.\n", str1, str2);
}
```

Sample11의 실행 화면

```
Hello와 World는 문자열입니다.
```

2.4.7 printf() 함수의 정리

출력을 위한 함수로는 printf() 함수가 있다는 것을 앞에서 이미 설명하였다. 이 printf() 함수의 형식은 다음과 같다.

```
printf("형식자1, 형식자2, 형식자,3, …", 변수1, 변수2, 변수3, …)
```

printf() 함수는 형식자들로 구성된 문자열과 출력하고자 하는 변수들을 인자로 갖는다. 각 형식자들의 형태와 의미는 앞의 표 2-3에 나타내었다.

형식자는 %d와 데이터형으로 이루어지고, 변수를 형식자에 맞게 출력한다.

아래의 프로그램은 printf() 함수를 이용한 출력을 보여준다.

Sample12.c ▶다양한 데이터형으로 출력한다.

```
#include <stdio.h>
main()
{
    int a = 10;
    float b = 10.0;
    char d = 'a';
    char str[10] = "Hello";

    printf("%d %o %x \n", a, a, a);
    printf("%f %e \n", b, b);
    printf("%c %s \n", d, str);

}
```

- printf("%d %o %x \n", a, a, a); : 정수 a를 정수, 8진수, 16진수로 출력한다.
- printf("%f %e \n", b, b); : 실수 b를 부동소수점수, 과학적 표기용 실수로 출력한다.
- printf("%c %s \n", d, str); : 문자 d와 문자열 str을 출력한다.

Sample12의 실행 화면

```
10 12 a
10.000000 1.00000e+01
a Hello
```

결과의 첫 행에서 같은 숫자를 8진수, 10진수, 16진수로 출력하였고 다음 행에서는 부동 소수점 실수와 과학 표기용 실수의 형태로 출력하였다. 마지막 행은 단일 문자와 문자열을 출력하고 있다.

2.4.8 printf() 에서 변환 문자의 형식 지정

printf() 함수의 인용부호 내에서 형식 지정을 할 수 있다. 형식 지정은 형식자 앞에 인쇄될 자릿수와 자릿수 내에서 출력 위치를 지정하기 위해 부호를 사용한다. printf() 함수에서는 변환 문자를 사용하여 데이터를 형식에 맞추어 출력할 수 있다.

변환 문자의 형식 지정 구문

```
printf("%_f  …  \n", a);
          |
          ↓
     [Flag][m][.][n][l]
```

위와 같이 형식 지정자를 사용함으로서 출력하려는 내용을 형식에 맞추어 출력할 수 있다. 형식을 지정하는 Flag, m, n, l의 내용을 표 2-5에 나타내었다.

표 2-5 형식 지정의 내용

선택	의 미	예
Flag	+ 숫자 앞의 부호를 표시한다. - 왼쪽정렬을 한다. 0 숫자 앞부분의 공백을 0으로 채운다.	printf("%-5d …
m	데이터가 표시될 폭의 크기를 나타낸다.	printf("%10d …
.	필드폭과 문자수 또는 소수점 이하의 자릿수와의 구별을 표시한다.	printf("%10.5f …
n	숫자인 경우 소수점 이하의 자리수, 문자열인 경우는 문자의 처음부터 취하는 폭의 크기를 나타낸다.	printf("%10.5f … printf("%10.5s …
l	대응하는 인수를 long으로 표시한다.	printf("%ld …

데이터가 표시되는 폭을 정할 때 자료보다 폭이 넓으면 빈칸을 출력하지만 좁으면 폭을 무시하고 자료의 크기만큼 출력한다. printf() 함수의 부동소수점수의 지정자는 %f를 사용하고 전체 자릿수와 소수점의 위치, 소수부의 자릿수를 지정하는데 사용하게 된다. 그리고 중요한 것은 폭을 적게 지정해도 문자열만큼은 출력된다는 것이다.

2.4.9 변환 문자 형식 지정에 의한 정수 출력

변환 문자의 형식 지정에 의한 실제 코드를 작성해보자.

Sample13c ▶변환 문자 형식 지정자에 의한 정수 출력

```
#include <stdio.h>
main()
{
        printf("/%d/\n", 336);
        printf("/%2d/\n", 336);
        printf("/%10d/\n", 336);
        printf("/%010d/\n", 336);
        printf("/%-10d/\n", 336);
        printf("/%ld/\n", 336);

}
```

- 크기는 2이지만 출력 정수는 3자리로 맞춰서 출력한다.
- 오른쪽으로 출력되고 앞은 공백으로 채운다.
- 공백은 0으로 채운다.
- 왼쪽부터 출력되고 나머지는 공백으로 채운다.
- 336을 long int형으로 변환하여 출력한다.

Sample13의 실행 화면

```
/336/
/336/
/       336/
/0000000336/
/336       /
/-2096816/
```

2.4.10 변환 문자 형식 지정에 의한 부동 소수점수의 출력

변환 문자의 형식 지정에 의한 부동소수점수의 출력에 대한 실제 코드를 작성해보자.

Sample14.c ▶변환 문자 형식 지정자에 의한 부동소수점수 출력

```
#include <stdio.h>
main()
{
        float value = 1.234560;
        printf("/%f/\n", value);
        printf("/%7.1f/\n", value);
        printf("/%7.5f/\n", value);
        printf("/%8.3f/\n", value);
        printf("/%1.1f/\n", value);
        printf("/%2.0le/\n", value);
        printf("/%2.2le/\n", value);

}
```

Sample14의 실행 화면

```
/1.234560/
/       1.2/
/1.23456/
/   1.235/
/1.2    /
/          1e+00/
/       1.23e+00/
```

2.4.11 변환 문자 형식 지정에 의한 문자열의 출력

변환 문자의 형식 지정에 의한 문자열의 출력에 대한 실제 코드를 작성해보자.

Sample15.c ▶변환 문자 형식 지정자에 의한 문자열 출력

```
#include <stdio.h>
main()
{
        char str[7] = "string";

        printf("/%2s/\n", str);
        printf("/%10s/\n", str);
        printf("/%10.5s/\n", str);
        printf("/%-10.5s/\n", str);

}
```

- `printf("/%2s/\n", str);` : 크기는 2이지만 문자열 크기만큼 출력된다.
- `printf("/%10s/\n", str);` : 10개 크기의 폭에 문자열이 오른쪽 정렬로 출력된다.
- `printf("/%10.5s/\n", str);` : 10개 크기의 폭에 문자열의 처음부터 5 문자만 오른쪽 정렬로 출력된다.
- `printf("/%-10.5s/\n", str);` : 10개 크기의 폭에 문자열의 처음부터 5 문자만 왼쪽 정렬로 출력된다.

Sample15의 실행 화면

```
/string/
/    string/
/     strin/
/strin     /
```

2.4.12 변환 문자를 이용한 데이터 변환 출력

변환 문자를 사용하면 동일한 데이터라도 다른 형식으로 변환되어 출력할 수 있다. 다음 코드를 살펴보자.

Sample16.c ▶변환 문자를 이용한 데이터 출력 변환

```
#include <stdio.h>
main()
{
        printf("%d\n", 80);
        printf("%o\n", 80);
        printf("%x\n", 80);
        printf("%u\n", -80);
        printf("%d\n", -80);
        printf("%c\n", 80);
}
```

80을 정수로 출력한다.

80을 8진수로 출력한다.

80을 16진수로 출력한다.

0~32767은 양수이고, 32768~65535까지는 음수이다. 그래서 -1은 65535, -2는 …

-80을 정수로 출력한다.

ASCII값 80에 해당하는 문자를 출력한다.

Sample16의 실행 화면

```
80
120
50
65456
-80
P
```

2.5 예제

예제1 이름을 모니터 화면에 표시하는 C 프로그램을 작성하시오

```
#include <stdio.h>

void main() /*메인함수 선언*/
{
printf("나의 이름은 홍길동입니다.\n");
}
```

결과

```
나의 이름은 홍길동입니다.
Press any key to continue
```

예제2 정수를 입력받아서 그 수를 출력하는 프로그램을 작성하시오.

```
#include <stdio.h>

main()
{
    int num;

    num = 100;

    printf("the value is %d\n", num);
}
```

결과

```
the value is 100
Press any key to continue
```

제 3 장

변수

3.1 변수

프로그램을 실행할 때 프로그램은 컴퓨터에게 여러 가지 값을 기억시키면서 처리를 한다. 예를 들면,

사용자가 입력한 값을 화면에 출력한다.

이와 같은 간단한 프로그램에 대하여 생각해 보자. 사람의 경우에는 서점에서 책의 값(숫자)을 기억하고, 나중에 그 값을 종이에 기록할 수 있다. 마찬가지로 컴퓨터도 숫자 값을 어딘가에 기억하여 두고 화면에 출력할 수가 있다. 이처럼 값을 기억하는 기능은 변수(variable)가 담당하고 있다.

컴퓨터는 여러 가지 값을 기억하여 두기 때문에 내부에 메모리(memory)라고 하는 장치를 갖고 있다. 변수란 메모리를 이용하여 값을 기억하여 두는 구조이다.
변수의 개념을 이해하기 위하여 다음 그림을 살펴보자. 변수는 아래 그림의 상자와 같은 것이라고 생각할 수 있다. 변수를 사용하면 마치

변수라고 하는 상자에 값을 집어넣는 것과 같이 특정한 값을 메모리에 기억시킬 수 있다.

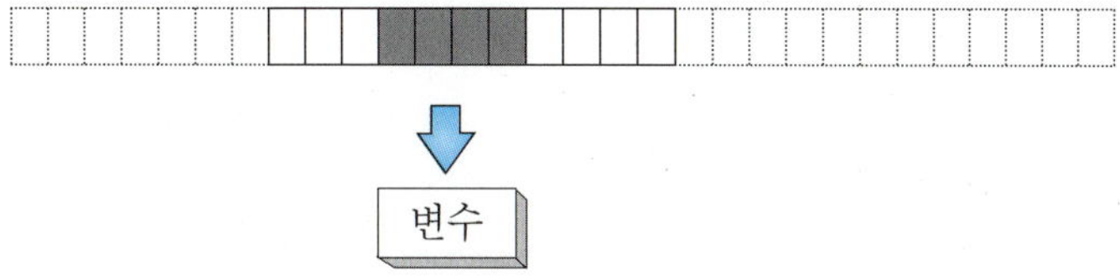

그림 3-1 변수

▶ 변수에는 여러 가지 값을 기억시킬 수 있다.

이 장에서 변수의 기능을 자세히 살펴보기로 하자.

3.2 식별자

3.2.1 변수의 이름이 되는 식별자

코드 가운데서 변수를 다룰 때는 먼저 다음과 같은 두 가지 일을 결정해야 한다.

(1) 변수에 이름을 붙인다.
(2) 변수의 데이터형(data type)을 지정한다.

먼저 (1)번 항에 대하여 설명한다.

변수를 사용하는 데는 변수에 특정한 이름을 붙여둘 필요가 있다. 변수의 이름은 우리가 적당히 선택하여 결정할 수가 있다.

예를 들면, num이라는 문자를 생각해 낼 수 있다. 이와 같은 문자의 조합은 변수의 이름이 될 수 있다. 변수의 이름으로 사용되는 문자나 숫자의 조합(token)을 식별자(identifier)라고 한다. num은 식별자의 하나이다.

단, 식별자에는 다음과 같은 규칙이 있다.

영문자, 숫자, _ 중 어떤 것도 사용 가능하다. 특수한 기호는 포함할 수 없다.
길이는 제한이 없다. 단, 환경에 따라 31 문자까지 제한되는 것도 있다.
C에서 예약하고 있는 키워드(key word)을 사용할 수 없다. 주요한 키워드로서 return 등이 있다.
숫자로 시작할 수 없다.
대문자와 소문자는 구별한다.

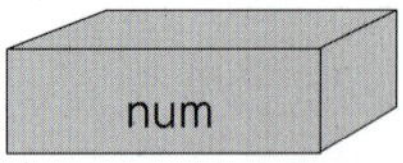

그림 3-2 변수에 이름을 붙인다.
▶ 변수의 이름에는 식별자를 사용한다.

위의 규칙에 적합한 식별자의 예를 몇 가지 들어 보도록 한다. 다음과 같은 이름은 변수의 이름으로 사용할 수가 있다.

```
a
abc
id_example
test1
```

한편 다음과 같은 식별자는 올바른 형태가 아니기 때문에 변수 이름으로 사용할 수 없다. 잘못된 부분을 확인하여 수정해보기 바란다.

```
12a      숫자는 처음에 올 수 없다.
return   C의 예약어는 사용할 수 없다.
is-a     특수 문자는 사용할 수 없다.
```

변수의 이름은 식별자의 규칙에 맞춰서 자유롭게 작성할 수 있다. 단, 어떤 값을 기억할 변수인가를 확실히 알 수 있는 이름을 붙이는 것이 좋을 것이다.

변수명에는 식별자를 사용한다. 알기 쉽고 쓰기 쉬운 이름을 붙일 것

3.3 데이터형(Data Type)

3.3.1 데이터형의 구조

다음에는 변수의 데이터형에 대하여 학습하기로 한다. 변수에는 값을 기억시킬 수 있다. 이 값에는 몇 가지 종류가 있다. 값의 종류를 데이터 형(data type) 또는 형이라고 한다. 아래의 표를 살펴보자. C에는 이와 같은 기본적인 형(기본형)이 있다.

표 3-1 C의 주요한 기본형의 예

종류	이름	크기	기억할 수 있는 값의 범위
논리형	bool	1byte	true 또는 false
문자형	char	1byte	영문 숫자 1 문자, −128~127
	unsigned char	1byte	영문 숫자 1 문자(부호 없음), −128~127
정수형	short int	2byte	정수 −32768~32767
	unsigned short int	2byte	정수(부호 없음) 0~65535
	int	4byte	정수 −2147483648~2147483647
	unsigned int	4byte	정수(부호 없음) 0~4294967295
	long int	4byte	긴 정수 −2147483648~2147483647
	unsigned long int	4byte	긴 정수(부호 없음) 0~4294967295
부동소수점형	float	4byte	부동 소수점수 3.4E−38~3.4E+38
	double	8byte	배정도 부동소수점수 1.7E−308~1.7E+308
	long double	8byte	확장형 배정도 부동소수점수 1.7E−308~1.7E+308

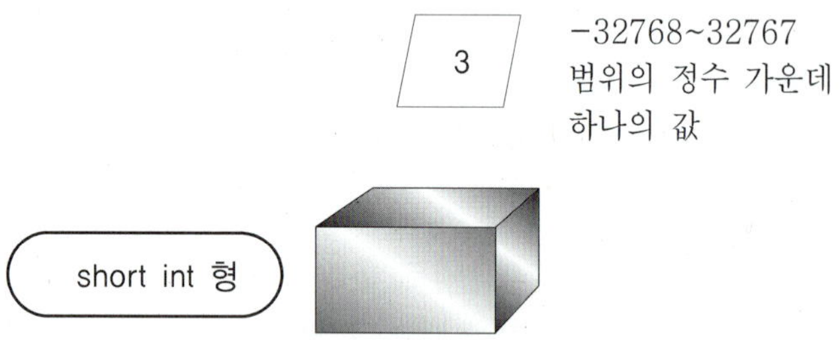

그림 3-3 데이터형

▶ 변수를 취급하는 데는 데이터형을 지정할 필요가 있다.

변수를 사용하기 위해서는 어떤 형의 값을 기억시키기 위한 변수인가를 미리 결정해 둘 필요가 있다. 예를 들어 그림 3-3에서는

short int 형의 데이터를 기억시킬 수 있는 변수를 나타내고 있다.

이와 같은 변수를 사용하면 -32768~32767까지 범위의 정수 가운데 어느 한 값을 기억할 수 있다.

short int 형의 변수에는 소수점 이하의 자리수를 갖는 3.14 등의 값을 기억시킬 수 없다. 이와 같은 값을 기억시킬 경우에는 소수점 이하의 값을 나타내는 double 형 등의 변수를 사용해야만 한다.

또 표 3-1의 크기 항목은 기억하는 값이 어느 정도의 메모리를 필요로 하는가를 나타낸다. 일반적으로 크기가 클수록 나타낼 수 있는 값의 범위는 넓게 된다. 예를 들면, double 형의 값은 int 형의 값보다 많은 메모리를 필요로 하지만 나타낼 수 있는 값의 범위가 넓게 된다.

또한 C 기본형의 크기는 환경에 따라 차이가 있는 경우가 있다. 표 3-1에 나타낸 크기의 예와 기억할 수 있는 값의 범위를 예로 생각하기 바란다. 상세한 내용은 사용하는 도구의 메뉴얼을 참조하기 바란다.

3.4 변수의 선언

3.4.1 변수의 선언

변수의 이름과 형이 결정되면 즉시 코드 가운데서 변수를 사용해 보자. 변수를 사용하려면 먼저 변수를 준비하는 작업이 필요하다. 이 작업을

변수를 선언한다(declaration)고 한다.

변수는 다음과 같이 선언한다.

변수 선언 구문

```
데이터형 식별자;
```

3.2절과 3.3절에서 설명한 데이터형과 식별자(변수명)을 지정하게 된다. 변수의 선언은 하나의 명령문으로 행하기 때문에 마지막에 세미콜론을 붙인다. 실제로 변수를 선언하는 코드는 다음과 같다.

```
int num ;
char c ;
double db, dd ;
```

① int 형의 변수 num이다.
② char 형의 변수 c이다.
③ double 형의 2 개 변수 db와 dd이다.

①은 int 형의 변수 num을 선언한 명령문이고, ②는 char 형의 변수 c를 선언한 문이다. ③은 double 형의 변수 db와 dd을 통합하여 선언한 것이다. 이와 같이 변수는 콤마(,)로 이름을 구분하여 하나의 문에 통합하여 선언할 수가 있다.
변수를 선언하면 그 이름의 변수를 코드 가운데에서 사용할 수 있게 된다.

변수는 데이터형과 이름을 지정하여 선언한다.

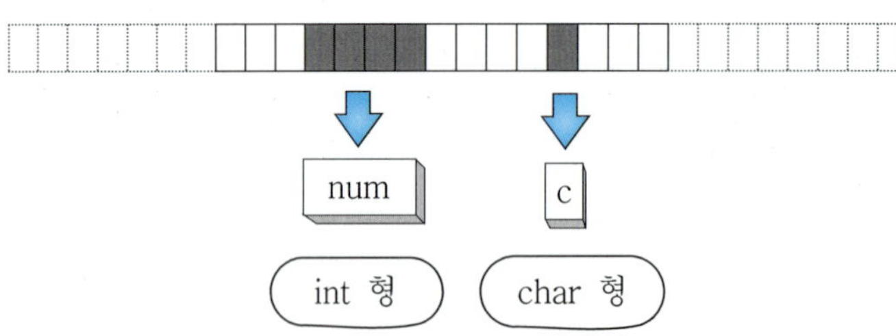

그림 3-4 변수의 선언

▶ 변수를 선언하면 변수의 사용을 준비하게 된다.

변수 선언의 Tip

변수를 준비하는 선언이란 엄밀하게 말하면 다음과 같은 두 가지 처리를 하는 것을 의미한다.

① 변수의 데이터형과 이름을 컴파일러에게 알린다.
② 변수를 위한 메모리를 준비한다.

이 가운데에서 ②번의 경우만을 별도로 변수의 정의라고 부르는 경우도 있다. 위에서 소개한 변수의 선언은 ①과 ②를 모두 의미하는 것이기 때문에 이와 같은 정의를 포함하여 선언이라고 부르기도 한다.

3.5 변수의 이용

3.5.1 변수에 값의 대입

변수를 선언하면 변수에 특정한 값을 기억시킬 수 있다. 이것을 값의 대입(assignment)이라고 한다.

그림 3-5를 살펴보자. 그림 3-5에서 값의 대입은 준비된 변수의 상자에 특정한 값을 집어넣는 작업(격납한다, 기억한다)의 개념도이다
대입을 하기 위해서는 다음과 같이 「=」 기호를 사용하여 기술한다.

```
int num;
num = 3;
```

변수 num에 3을 기억시킬 수 있다. 이 = 기호는 값을 기억시키는 기능을 갖고 있다.

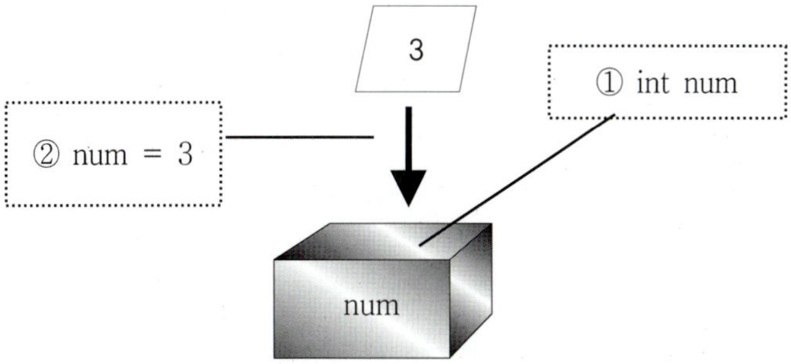

그림 3-5 변수에 값을 대입

▶ ① 변수 num을 선언한다.
② 변수 num에 3이라는 값을 대입한다.

변수에 값을 대입하는 코드의 형식은 다음과 같다.

변수에 값을 대입하는 구문

```
변수명 = 식;
```

식에 대해서는 다음 장에서 자세히 설명하기로 한다. 여기서는 3이나 5 같은 일정한 값만을 생각하기로 한다.

그리고 실제로 프로그램을 작성하여 변수를 사용해 보도록 한다.

Sample1.c ▸ 변수를 사용한다.

```
#include <stdio.h>

int main ( )
{
    int num ;                                  ① 변수 num을 선언하였다.
    num = 3 ;                                  ② 변수 num에 3을 대입한다.
    printf("변수 num의 값은 %d입니다.\n", num);
                                               ③ 변수 num을 출력한다.
   return 0 ;
}
```

Sample1의 실행 화면

```
변수 num의 값은 3입니다.                       변수 num의 값이 출력된다.
```

이 코드에서 먼저 ①의 자리에 int 형의 변수 num을 선언하였다. 그리고 ②의 자리에는 변수 num에 3이라는 값을 대입하고 있다.

이와 같이 「=」 기호는 수학의 식에서 사용하는 것과 같은 A와 B가 같다는 등호의 의미가 아니고 값을 대입한다는 기능을 나타낸다는 의미임을 주의하기 바란다.

변수에는 =를 사용하여 값을 대입한다.

3.5.2 변수 값의 출력

마지막으로 ③의 부분을 살펴보자. 여기서 변수 num의 값을 출력해 보기로 한다. 변수의 값을 출력하기 위해서는 ' '나 " "와 같은 인용부호를 붙이지 않은 변수명을 기술한다. 그러면 프로그램을 실행할 때에 실제로 출력되는 것은 num이라는 변수명이 아니고 변수 num에 기억되어 있는 3이라는 값이 출력된다.

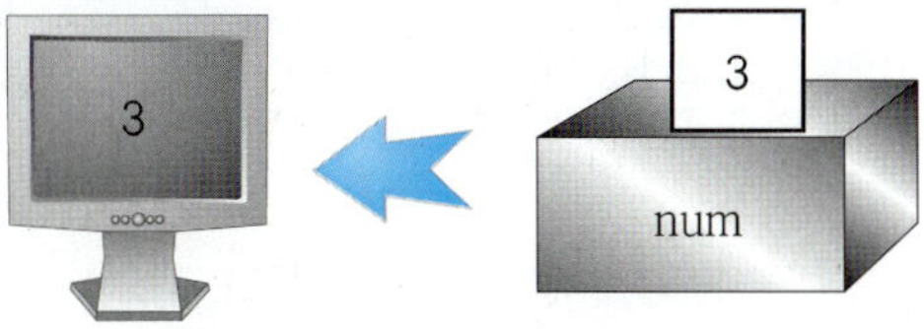

그림 3-6 변수의 출력

▶ 변수를 출력하면 변수에 기억된 값이 출력된다.

3.5.3 변수의 초기화

그런데 Sample1에서는 다음과 같이 변수를 선언하였다.

```
int num;
num = 3;
```

변수를 선언를 선언하고서 다시 한번 명령문을 기술하여 변수에 값을 대입하였다. 그러나 C에서는

변수를 선언할 때 그와 동시에 변수에 값을 기억시킬 수 있다.

이와 같은 처리를 변수의 초기화(initialization)이라고 한다.

변수를 초기화하는 코드는 다음과 같다.

```
int num = 3;
```

이 명령문은 Sample1에서 두 개의 문으로 작성된 처리를 하나의 문으로 통합하여 실행하도록 한 것이다. 변수의 초기화 방법을 기억해 두기 바란다.

변수의 초기화 구문

```
데이터형 식별자 = 식;
```

실제로 코드를 쓸 때는 될 수 있는 한 이와 같이 변수를 초기화하는 코드를 작성하는 것이 편리하다. 변수의 선언과 대입의 두 명령문을 사용하면 값을 대입하는 문을 가끔 빠뜨리는 경우가 있기 때문이다.

변수를 초기화하면 선언과 값의 기억을 동시에 행할 수 있다.

대입과 초기화는 다르다.

C에서는 대입이나 초기화나 = 기호를 사용한다. 두 가지 모두 변수에 값을 기억시키는 것이다. 그러나 엄밀히 말하면 C에서는 대입과 초기화는 다른 것으로 구별하고 있다. 본 교재에서는 제4장에서 대입과 초기화를 엄밀히 구별하여 설명한다.

3.5.4 변수 값의 변경

제2장에서 살펴본 바와 같이 코드 가운데서 명령문이 하나씩 처리되었다. 이 성질을 이용하여 일단 대입한 변수의 값을 새로운 값으로 변경할 수가 있다. 다음 코드를 살펴보자.

Sample2.c ▶ 변수 값을 변경한다.

```
#include <stdio.h>

int main ( )
{
   int num = 3 ;

  printf("변수 num의 값은 %d입니다.\n", num);      ← ① 변수 값을 출력한다.

  num = 5 ;      ← ② 변수에 새로운 값을 대입한다.

 printf("변수 num의 값을 변경하였다.\n");
 printf("변수 num의 새로운 값은 %d입니다.\n", num) ;      ← ③ 변수의 새로운 값을 출력한다.

 return 0 ;
}
```

Sample2의 실행 화면

```
변수 num의 값은 3입니다.
변수 num의 값을 변경하였다.
변수 num의 새로운 값은 5입니다.
```

Sample2에서는 먼저 변수 num을 3으로 초기화하였다(①). 그리고 나서 변수에 새로운 값으로 5를 대입하였다(②). 이와 같이 변수에 또 다른 값을 대입할 수 있다.

값을 위에서 먼저 쓰고 그 값을 변경하는 처리를 할 수 있다.

②에서 변수의 값이 변경되었기 때문에 ③에서 변수 num의 값을 출력할 때는 새로운 값인 5가 출력되고 있다. ①과 ③은 같은 코드임에도 불구하고 변수의 값이 다르기 때문에 화면에 출력되는 값이 다르다는 것을 주의하기 바란다.

이와 같이 변수는 다양한 값을 기억시킬 수 있다. 변수라는 용어 자체가 그 값이 항상 변할 수 있다는 뜻을 포함하고 있다는 것으로 이해할 수 있다.

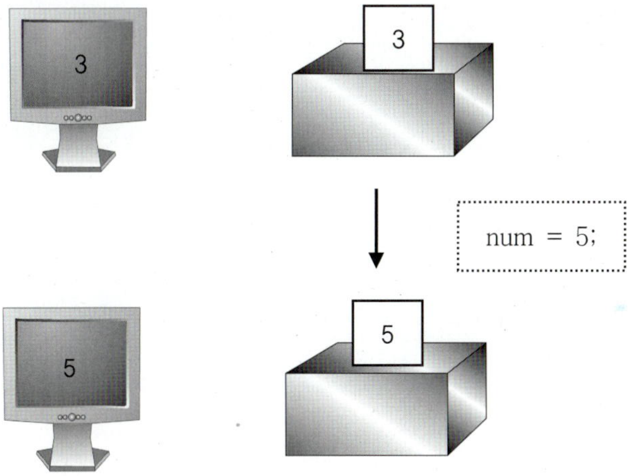

그림 3-7 변수 값의 변경

▶ 변수 num에 다시 값을 대입하면 변수의 값이 변경된다.

3.5.5 다른 변수 값의 대입

값을 대입할 때 =의 오른쪽 항에 쓸 수 있는 것은 3이나 5 등의 일정한 숫자만 쓸 수 있는 것이 아니다. 다음 코드를 살펴보자.

sample3.c ▸ 다른 변수의 값을 대입한다.

```
#include <stdio.h>

int main ( )
{
    int num1, num2 ;

   num1 = 3 ;

   printf("변수 num1의 값은 %d입니다.\n", num1);

   num2 = num1
```

변수 num1의 값을 변수 num2의 값에 대입하였다.

```
printf("변수 num1의 값을 변수 num2의 값으로 대입하였다.\n");
printf("변수 num2의 값은 %d입니다.\n", num2);

return 0 ;
}
```

Sample3의 실행 화면

```
변수 num1의 값은 3입니다.
변수 num1의 값을 변수 num2에 대입하였다.
변수 num2의 값은 3입니다.
```

여기서는 = 기호의 오른쪽 항에 숫자가 아니고 변수 num1을 기술하였다. 그러면 num2에는 변수 num1의 값이 대입되게 된다. 화면을 보면 확실히 변수 num2에 변수 num1의 값인 3이 기억되어 있다는 것을 알 수 있다. 이와 같이

변수의 값을 다른 변수에 대입할 수 있다.

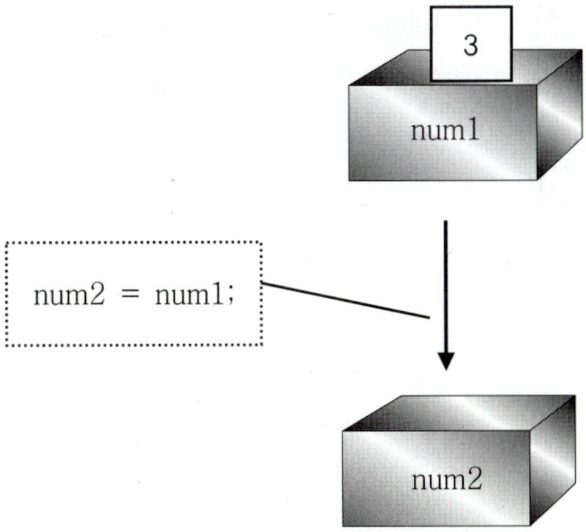

그림 3-8 다른 변수의 값을 대입한다.

▶ 변수 num1의 값을 변수 num2의 값에 대입할 수 있다.

3.5.6 값을 대입할 때 주의 사항

변수에 값을 대입할 때 주의해야 할 사항이 있다. 다음 코드를 살펴보자.

Sample4.c ▸ 값의 대입

```
#include <stdio.h>


int main ( )
{
  int num1 ;
  double num2 ;

  num1 = 3.14 ;     // int 형의 변수에 대입한다.
  num2 = 3.14 ;     // double 형의 변수에 대입한다.

  printf("변수 num1의 값은 %d입니다.\n", num1);
  printf("변수 num2의 값은 %f입니다.\n", num2);

  return 0 ;
}
```

sample4의 실행 화면

```
변수 num1의 값은 3입니다.
변수 num2의 값은 3.14입니다.
```

이 코드는 변수 num1과 num2에 같은 3.14를 대입하였음에도 불구하고 첫 번째 행에는 다른 값인 3이 출력되고 있다. 이것은 int 형인 변수 num1에는 정수 값만 기억시킬 수 있기 때문이다.

3.3절에서 설명한 바와 같이 변수는 선언한 형에 따라서 기억될 수 있는 값의 종류가 결정된다. 정수형의 변수에 소수점을 대입하면 자동적으로 변환이 되어 소수점 이하의 자리수가 제거되기 때문이다.

따라서 변수의 데이터형에 주의를 해야 한다. 변수의 데이터형의 변환에 대해서는 제4장에서도 설명이 된다.

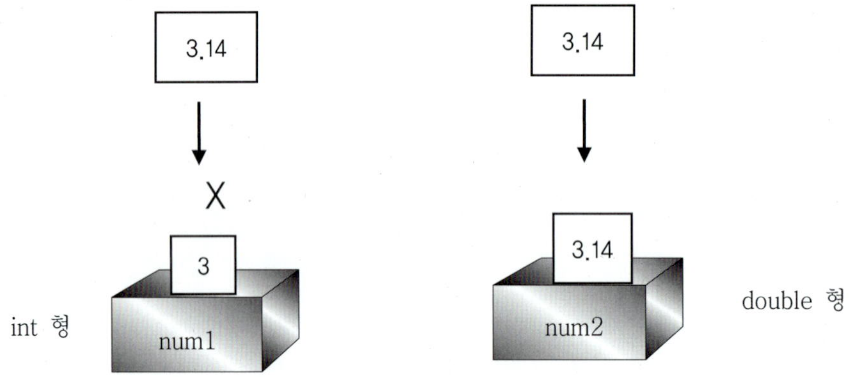

그림 3-9 값을 대입할 때 주의사항

▶ 정수형의 변수는 소수값을 그대로 기억할 수 없다.

3.5.7 변수의 선언 위치에 대한 주의 사항

당분간 이 책에서는 변수의 선언을

main() 함수의 블록 내에 기술하기로 한다.

```
int main()
{
    ...            ── 이 부분에 변수를 선언한다.
}
```

실제로 main() 함수의 블록 밖에 변수를 선언할 수 있지만 이 방법에 대해서는 제10장에서 자세히 다루기로 한다. 또한 같은 프로그램 내에서는 같은 이름의 변수를 중복하여 선언할 수 없다는 것에 주의하기 바란다.

3.6 키보드에서 입력

3.6.1 키보드로부터 입력

이 장은 응용 부분으로 사용자가 키보드로부터 숫자를 입력하고 그 값을 출력하는 프로그램에 대해서 살펴보도록 한다. 키보드로부터 입력받는 방법을 학습하면 더욱 유연한 프로그램을 작성할 수 있게 된다.

키보드로부터 입력받는 코드는 다음과 같은 형식으로 작성한다.

키보드로부터 입력 받는 구문

```
#include <stdio.h>

int main()
{
        변수의 선언;
        scanf("…");
        …
}
```

키보드로부터 입력을 받기 위해서는 scanf()라는 함수를 사용한다. 이와 같은 형식의 프로그램에서는 scanf("…") 부분의 처리를 행하면 실행 화면은 사용자로부터 입력을 기다리는 상태로 정지하게 된다. 그리면 사용자가 숫자 등을 키보드로 입력하고, ↵키를 누른다. 그리고 나면 입력된 값이 변수에 기억된다. 단, 공백 등의 입력은 빼놓고 읽는다.

3.6.2 입력을 위한 scanf() 함수

입력을 위한 함수로는 scanf() 함수가 있다. 이 scanf()의 구문 형식은 다음과 같다.

scanf() 함수의 구문

```
scanf("변환 문자1, 변환 문자2, …", &변수1, &변수2, …);
```

scanf() 함수는 printf() 함수에서와 마찬가지로 형식자들로 구성된 문자열과 입력받고자 하는 변수들을 인자로 갖는다(표 3-2). 주의해야 할 점은 변수 자체를 인자로 갖지 않고 변수에 대한 포인터를 인자로 갖기 때문에 포인터 변수가 아닌 변수는 변수 이름 앞에 주소 지정 연산자인 '&'를 꼭 써야한다는 것이다. 그러나 문자열 변수를 읽을 때는 &를 사용하지 않는다.

표 3-2 입력을 위한 변환 형식자

형식자	의미
%d	10진 정수
%f	10진 부동소수점수
%e	부동소수점수(과학적 표기)
%o	8진수로 변환
%x	16진수로 변환
%u	부호 없는 10진 정수
%lf	부동소수점수(double)
%c	한 개의 문자
%s	문자열

실제 코드에서는 지정된 형식에 따라 키보드에서 데이터를 읽어 들이며 입력된 데이터를 하나 이상의 프로그램 변수에 할당한다.

입력을 위한 scanf() 함수

```
  ...
int in;
char ch;
scanf("%d", &in);

scanf("%c", &ch);
  ...
```

- scanf("%d", &in); : 키보드로부터 10진 정수형의 값을 읽어서 그것을 정수형 변수 in에 할당한다.
- scanf("%c", &ch); : 키보드로부터 한 개의 문자형 값을 읽어서 그것을 문자형 변수 ch에 할당한다.

그러면 실제로 scanf() 함수를 이용하는 프로그램을 작성해보자.

Sample5.c ▸ 숫자 값을 입력한다.

```
#include <stdio.h>

int main ( )
{
   int num = 0 ;

   printf("정수를 입력하시오.\n");

   scanf("%d", &num);

   printf("%d이 입력되었습니다.\n", num);

   return 0 ;
}
```

키보드로부터 입력하라는 메시지이다.

키보드에서 입력한 숫자 값을 읽어 들인다.

입력한 숫자 값을 출력한다.

Sample5의 실행 화면

```
정수를 입력하시오.
10⏎
10이 입력되었습니다.
```

이 프로그램을 실행하면, 정수를 입력하시오라고 하는 메시지가 화면에 출력된다. 그리고 컴퓨터는 키보드로부터 사용자 입력을 기다리는 상태가 된다. 여기서 사용자가 10을 입력하고, ⏎를 누르면 화면에 '10이 입력되었습니다'라고 출력하게 된다.

숫자를 바꾸어 가면서 여러 번 실행해보기 바란다. 이 프로그램을 사용하면 여러 가지 형태의 숫자를 입력할 수 있다.

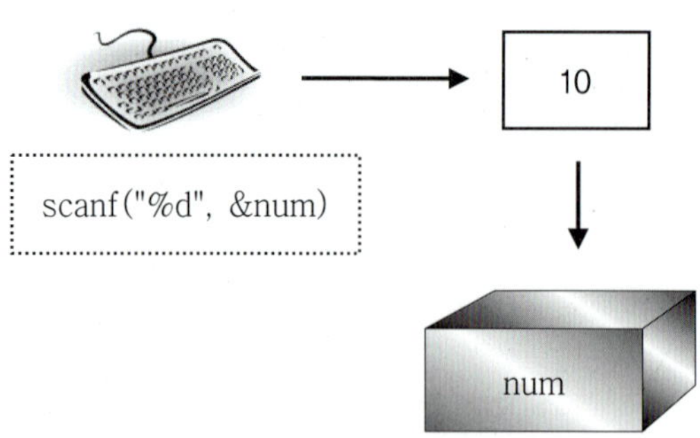

그림 3-10 키보드로부터 값을 입력받는 절차

▶ 키보드로부터 값을 입력받아 변수에 기억시킨다.

3.6.3 두 가지 이상의 값을 입력받기

scanf() 함수에서 변환 문자를 사용하여 형식 지정을 한 경우 연속적으로 두 개 이상의 숫자나 문자들을 입력하고 원하는 개수만큼 잘라서 변수에 저장할 수 있다.

다음과 같은 프로그램을 작성해보도록 한다.

Sample6.c ▸ 두 개 이상의 값을 입력한다.

```
#include <stdio.h>


int main( )
{
      int num1, num2 ;

      printf("정수를 2개 입력하시오.\n");

      scanf("%d %d", &num1, &num2);

     printf("처음에 %d가(이) 입력되었다.\n", num1);
     printf("다음에 %d가(이) 입력되었다.\n", num2);
     return 0 ;
}
```

2회 연속해서 입력시킨다.

Sample6의 실행 화면

```
정수를 2개 입력하시오.
5↵
10↵
처음에 5가(이) 입력되었다.
다음에 10가(이)이 입력되었다.
```

그러면 정수 이외의 여러 가지 리터럴 데이터를 입력받아 그 결과를 출력하는 프로그램을 작성해보자. 다음과 같은 코드를 입력한다.

Sample7.c ▶다양한 리터럴을 입력받는다.

```
#include <stdio.h>
main()
{
        char c;
        float x;
        int i;
        char str[10];

        scanf("%c %f %d %s", &c, &x, &i, str);

        printf("%c %f %d %s가(이) 입력되었습니다.\n", c, x, i, str);
}
```

Sample7의 실행 화면

```
a 1.5 10 Hello↵
a 1.5 10 Hello가(이) 입력되었습니다.
```

그러나 데이터 항목의 폭이 지정된 폭보다 적으면 뒤쪽의 변수는 무시되지만 지정된 폭보다 크면 뒤쪽에 입력받는 데이터의 내용이 변경되게 된다. 위의 예는 scanf() 함수 사용 예를 보여주는 프로그램이다.

각 형식자에 적합한 데이터를 입력할 때는 데이터 사이에 공백 문자로 구분하거나 enter 키(↵)로 구분하여 입력할 수 있다.

3.6.4 변환 문자의 형식 지정을 통한 데이터 입력

만일 공백이 없이 연속적으로 문자를 입력하면 어떻게 될까? 공백이 없는 연속적인 문자들을 입력하고 원하는 개수만큼 잘라서 변수에 기억시킬 수 있다.

예1)	scanf("%3d %3d %3d", &a, &b, &c); 입력데이터 1 2 3	1 2 3	a b c
예2)	scanf("%3d %3d %3d", &a, &b, &c); 입력데이터 123456789	123 456 789	a b c
예3)	scanf("%3d %3d %3d", &a, &b, &c); 입력데이터 1234 5678 9 (나머지 8, 9는 무시)	123 4 567	a b c
예4)	scanf("%3d %3f %3c", &i, &x, &c); 입력데이터 10 256.875 T (나머지 5, T는 무시)	10 256 .	i x c

그림 3-11 형식 지정에 의한 데이터 입력

▶ 변환 문자의 형식 지정을 통하여 데이터를 입력할 수 있다.

3.6.5 표준 입력의 구조

그런데 printf()가 표준 출력 함수를을 나타내는 것과 같이 scanf()는 표준 입력(standard input)이라는 개념을 나타내고 있다. 보통 표준 입력은 컴퓨터의 키보드를 나타낸다.

여기서 사용하는 scanf() 함수는

키보드로부터 입력된 내용을 지정된 변수로 보내는 기능을 하고 있다.

키보드로부터 입력을 받는 경우에도 화면 출력과 마찬가지로 프로그램의 맨 앞에 stdio.h 파일을 include 시켜야 한다.

```
#include <stdio.h>
```

잘못된 입력

만약 사용자가 입력을 잘못하면 어떻게 될까?
예를 들어, 정수를 입력하는 프로그램에 대하여 사용자가 소수점을 입력했다면 어떻게 될 것인가? 사용자가 입력을 잘못한 경우 올바른 표시를 하지 못하거나 예상 밖의 에러를 발생시킨다. 실제로 프로그램을 작성할 때는 사용자가 입력을 잘못한 경우도 대비하여 프로그램을 작성해두어야 한다. 본 교재에서는 다양한 상황에 따른 처리를 하는 방법을 제5장에서 학습하기로 한다. 실제 프로그램 작성에 있어서는 사용자의 입력 에러를 생각해서, 프로그램을 작성해야 한다는 것을 기억하기 바란다.

3.7 상수

3.7.1 const의 지정

3.5절에서 변수의 값을 변경하는 방법에 대하여 배웠다. 그러나 변수를 초기화할 때에 특별한 지정을 하면, 그 변수의 값을 변경할 수 없다. 다음 프로그램을 살펴보자.

Sample8.c ▸ 상수를 이용한다.

```
#include <stdio.h>

int main ( )
{
     const double pi = 3.1415 ;

     printf("원주율의 값은 %f입니다.\n", pi);
     printf("원주율의 값은 변경할 수 없습니다.\n");

     //이와 같은 대입에 의한 변경은 할 수 없다.\n";
     //pi = 1.44 ;

    return 0 ;
}
```

① const를 지정하여 pi를 초기화한다.

② pi의 값을 변경할 수 없게 된다.

Sample8의 실행 화면

```
원주율의 값은 3.1415입니다.
원주율의 값은 변경할 수 없습니다.
```

이 코드 중에서 ② 부분의 주석을 제거하면 프로그램은 컴파일되지 않는다. 이것은 ① 부분에서 const라고 하는 지정을 하고 있기 때문이다.

```
const double pi = 3.1415 ;   // const를 지정하여 초기화한다.
```

이와 같이 const를 지정하여 변수를 초기화하면, 이후의 프로그램에서는 변수 pi의 값을 변경할 수 없다.

3.7.2 const의 구조

어떤 때에 이와 같은 지정을 할 필요가 있는가?

원주율은 3.1415라는 숫자 값으로 코드 중에 기록될 수 있다. 그러나 원주율이라면 pi라는 단어로 기술하는 편이 이해하기 쉬울 것이다. 그래서 코드 가운데 pi라고 하는 변수에 3.1415를 대입하여 사용하는 싶은 마음이 생긴다.

그러나 변수의 값은 변경될 수 있다. 그래서 실수로 pi에 1.44라고 하는 값을 대입시킬 가능성도 있다. 그런데 const로 지정된 변수는 값을 변경하여 대입할 수 없기 때문에 이와 같은 잘못은 발생되지 않는다.

즉, const로 지정되면,

> pi라는 용어를 사용하여 3.1415라고 하는 고정된 상수 값을 나타낼 수 있다.

const로 지정된 변수값은 변경시킬 수 없기 때문에 상수(constant)라고도 한다. 상수는 다음과 같은 초기화에 의하여 작성된다.

const 키워드의 구문

```
const 데이터형 식별자 = 식;
```

변수의 초기화 명령문에 const만을 붙이면 된다. 또 프로그램을 작성한 후에 사정이 생겨서 더욱 정밀한 계산을 필요로 하는 경우가 생길 수도 있다. 즉, 원주율의 값으로서 3.141592이라는 값을 사용하게 되었다고 했을 때, 다음과 같이 최초의 초기화 명령문만을 수정하고 다시 한번 컴파일을 한다. 그러면 프로그램에서 사용되는 모든 pi는 새로운 값을 기억하게 된다.

```
const double
pi = 3.141592 ;
```

이와 같이 변경하면 …

코드 중에서 사용된 pi는 모두 3.141592를 의미하게 된다.

상수를 사용하면 프로그램의 변경을 쉽게 할 수 있기 때문에 매우 편리하다.

3.7.3 const 키워드의 주의 사항

이미 설명한 바와 같이 const 키워드를 지정한 상수 pi는 뒤에서 그 값을 변경하여 대입할 수 없다. 다음과 같이 값을 대입하려 하면 컴파일할 때 에러가 발생하기 때문에 주의하기 바란다.

```
const double pi = 3.1415 ;
pi = 1.44 ;
```

상수에는 …

값을 대입할 수 없다.

또한 const를 지정한 경우는 반드시 초기화를 해야 할 필요가 있다. 초기화를 시키지 않으면 나중에 값을 대입하려고 해도 역시 컴파일 할 수가 없다.

```
const double pi ;
pi = 3.1415 ;
```

상수를 초기화하지 않고 …

나중에 값을 대입할 수 없다.

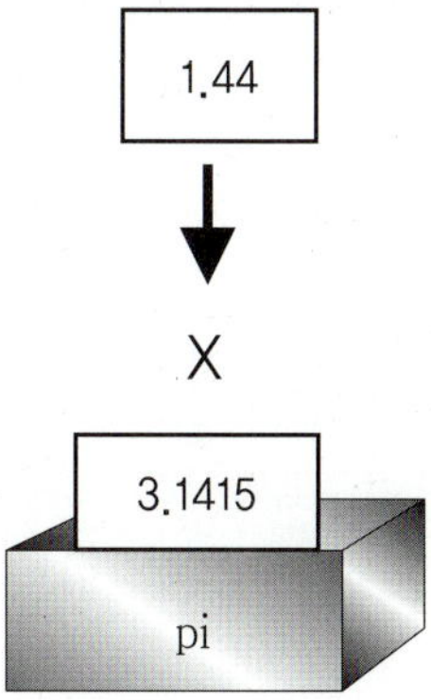

그림 3-12 const

▶ const로 지정되어 초기화한 변수는 나중에 그 값을 변경할 수 없다.

3.8 예제

예제 1 double, unsigned char, short int, unsigned int, long int 데이터 형은 각각 몇 바이트인지를 출력하는 프로그램을 작성하시오.

```
#include <stdio.h>

main()
{
        double a;
        unsigned char b;
        short int c;
        unsigned int d;
        long int e;

        printf("double 데이터 형은 %d입니다.\n",sizeof(a));
        printf("unsigned char 데이터 형은 %d입니다.\n",sizeof(b));
        printf("short int 데이터 형은 %d입니다.\n",sizeof(c));
        printf("unsigned int 데이터 형은 %d입니다.\n",sizeof(d));
        printf("long int 데이터 형은 %d입니다.\n",sizeof(e));
}
```

결과

```
double 데이터 형은 8입니다.
unsigned char 데이터 형은 1입니다.
short int 데이터 형은 2입니다.
unsigned int 데이터 형은 4입니다.
long int 데이터 형은 4입니다.
Press any key to continue
```

예제2 하나의 정수와 하나의 실수를 입력받아 그 값을 출력하는 프로그램을 작성하시오

```
#include <stdio.h>

void main()
{
        int num;
        float f;

        printf("Enter an integer: ");
        scanf("%d", &num);

        printf("Enter a floating point number: ");
        scanf("%f", &f);

        printf("%d\n", num);
        printf("%f\n", f);
}
```

결과

```
Enter an integer: 12
Enter a floating point number: 12.34
12
12.340000
Press any key to continue
```

예제3 변수와 상수의 사용 예를 보여주는 프로그램을 작성하시오.

```
#include <stdio.h>

#define GRAMS_PER_POUND 454      /*파운드를 그램으로 변환하는 함수 */

const int NEXT_CENTURY = 2000;  /* 다음 세기의 시작에 대한 상수 */

/* 필요한 변수 선언 */
long weight_in_grams, weight_in_pounds;
int year_of_birth, age_in_2000;

main()
{
        /* 사용자로부터 데이터 입력 */
        printf("Enter your weight in pounds: ");
        scanf("%d", &weight_in_pounds);
        printf("Enter your year of birth: ");
        scanf("%d", &year_of_birth);

        /* 변환 동작 */
        weight_in_grams = weight_in_pounds * GRAMS_PER_POUND;
        age_in_2000 = NEXT_CENTURY - year_of_birth;

        /* 화면으로 결과 출력 */
        printf("\nYour weight in grams = %ld.", weight_in_grams);
        printf("\nIn 2000 you will be %d years old.\n", age_in_2000);

        return 0;
}
```

결과

```
Enter your weight in pounds: 175
Enter your year of birth: 1980

Your weight in grams = 79450.
In 2000 you will be 20 years old
Press any key to continue
```

프로그램 설명
이 예제에서는 두 가지 종류의 기호 상수를 선언하고 있다. weight_in_grams와 같이 설명적인 변수 이름이 사용된다는 것을 주목할 필요가 있다. 프로그램을 분석하는 사람이 변수의 이름을 통해서 용도를 쉽게 알 수 있다. scanf() 함수로 값을 입력받고, 입력된 몸무게를 그램 단위로 환산하며, 2000년에는 나이가 어떻게 될 것인지 계산한 후 출력한다.

제 4 장

식과 연산자

4.1 식과 연산자

4.1.1 식의 구조

컴퓨터는 다양한 처리를 계산함에 의해서 일을 수행한다. 그래서 이 장에서는 먼저 식(expression)이라는 것에 대하여 학습해 보도록 한다. 식을 이해하기 위해서는

1+2 이라는 수식을 생각하면 이해하기 쉬울지 모른다. C에서는 이와 같은 식을 코드 가운데 사용하고 있다.

C의 식은 대부분 다음의 두 가지를 조합하여 구성되고 있다.

연산자(연산을 행하는 것 : operator)
피연산자(연산의 대상 : operand)

예를 들면 1+2는 +가 연산자, 1과 2가 피연산자에 해당한다.

또한 식의 평가라고 하는 것도 중요한 개념이다. 평가를 알기 위해서는 그림 4-1 식의 연산에 대한 개념을 살펴보기 바란다.

이 연산이 식의 평가에 해당한다. 예를 들면, 1+2가 평가되면 3이 된다. 평가된 후의 3을 식의 값이라고 한다.

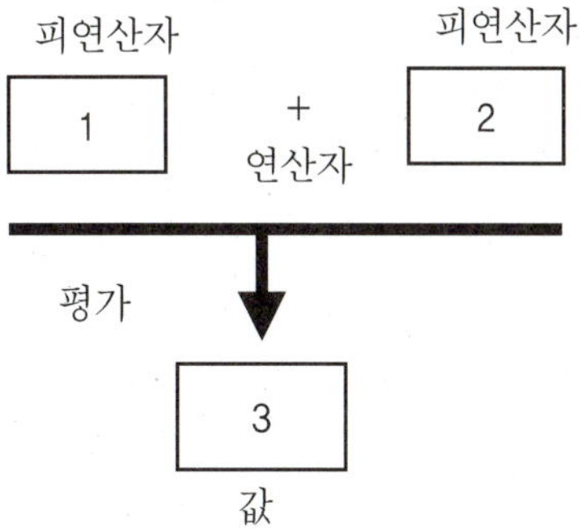

그림 4-1 식

▶ 1+2의 식은 평가되어 3이라는 값을 갖는다.

4.1.2 식의 값을 출력

지금까지 학습해온 화면에 출력하는 코드를 이용하면 식의 값을 출력할 수 있다. 다음과 같은 코드를 입력해보자.

Sample1.c ▸ 식의 값을 출력한다.

```
#include <stdio.h>

int main( )                          1+2의 식을 기술한다.
{
      printf("1+2는 %d입니다.\n", 1+2);
      printf("3*4는 %d입니다.\n", 3*4);

  return 0 ;
}
```

Sample1의 실행 화면

```
1+2는 3입니다.   ● —— 식의 값이 평가되어 3이 출력된다.
3*4는 12입니다.
```

여기서는 1+2라고 하는 식을 기술하였다. 실행화면을 보면, 3이 출력되어 있다. 다음 문도 마찬가지로 3*4라고 하는 식이 기술되어 있다. 이것은 3×4라는 계산을 의미한다. C에서는 곱셈을 하기 위해서는 * 기호를 사용한다.

이와 같이 화면에 출력되는 값은 식이 평가된 후의 값인 것을 알 수 있다.

4.1.3 다양한 연산

식 가운데서 1이나 2라고 하는 일정한 수만이 연산의 대상(피연산자 : operand)이 되는 것은 아니다. 다음 코드를 입력하여 보자.

Sample2.c ▸ 변수의 값을 사용한다.

```
#include <stdio.h>

int main ( )
{
   int num1 = 2 ;
   int num2 = 3 ;
   int sum = num1 + num2 ;          ① num1+num2의 값을 sum에 대입한다.

  printf("변수 num1의 값은 %d입니다.\n", num1);
  printf("변수 num2의 값은 %d입니다.\n", num2);
  printf("num1+num2의 값은 %d입니다.\n", sum);

  num1 = num1 + 1 ;          ② num1 + 1의 값을 num1에 대입한다.

  printf("변수 num1의 값에 1을 더하면 %d입니다.\n", num1) ;

  return 0 ;
}
```

Sample2의 실행 화면

```
변수 num1의 값은 2입니다.
변수 num2의 값은 3입니다.
num1+num2의 값은 5입니다.
변수 num1의 값에 1을 더하면 3입니다.          덧셈 결과가 출력된다.
```

이 코드는 ①과 ② 부분에서 변수를 피연산자로 사용한 식을 기술하고 있다. 이와 같이 일정한 값만이 아니고 변수도 피연산자가 될 수 있기 때문이다. 하나씩 살펴보자.

먼저, ①의 sum = num1 + num2는 변수 num1과 변수 num2에 기억되어 있는 값에 대하여 덧셈을 하고 그 값을 변수 sum에 대입하는 연산을 행하는 식이다.

다음, ②의 num1 = num1 + 1은 변수 num1의 값에 1을 더하고 그 값을 다시 num1에 대입하는 식이다.

오른쪽 항과 왼쪽 항이 균형을 이루지 않은 좀 색다른 표기를 주목할 필요가 있다. 그러나 = 기호는 양쪽이 서로 같다는 등식의 의미가 아니고 대입한다는 기능을 갖고 있음을 보여주고 있다. 그래서 이와 같은 표기가 가능하다.

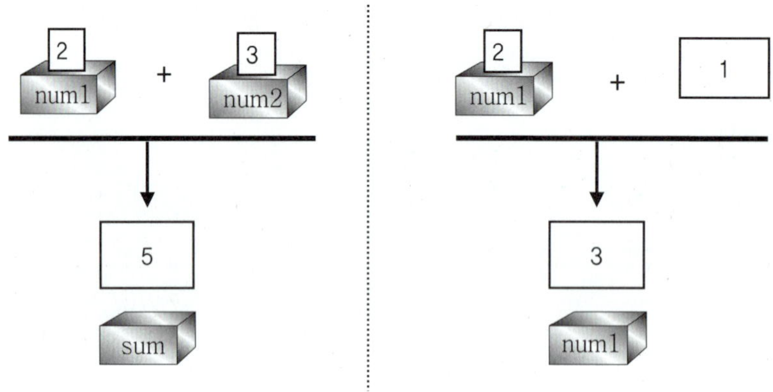

그림 4-2 sum = num1 + num2(왼쪽) num1 = num1 + 1(오른쪽)

▶ 변수에 기억되어 있는 값을 더할 수 있다.

4.1.4 키보드에서 입력받은 값의 덧셈

이제 변수를 사용한 식에 대하여 좀 더 생각해보자. 제3장에서 살펴본 바와 같이 변수에는 여러 가지 값을 기억시킬 수 있다. 즉, 변수를 사용한 경우의 식은

코드가 처리될 때 변수 값에 따라 다르게 된다는 것을 이해하였다. 이와 같은 사실을 이용하면 더욱 다양하게 유용한 프로그램을 작성할 수 있게 된다. 다음과 같은 코드를 입력해보자.

Sample3.c ▸ 덧셈 프로그램

```
#include <stdio.h>


int main ( )
{
   int num1, num2 ;

   printf("첫 번째 정수를 입력하시오.\n");
   scanf("%d",&num1);

   printf("두 번째 정수를 입력하시오.\n");
   scanf("%d",&num2);

   printf("덧셈 결과는 %d입니다.\n", num1 + num2) ;

   return 0 ;
}
```

입력한 수를 num1, num2에 기억시킨다.

num1과 num2의 값을 더한 결과를 출력한다.

Sample3의 실행 화면

```
첫 번째 정수를 입력하시오.
5↵
두 번째 정수를 입력하시오
10↵
덧셈 결과는 15입니다.
```

Sample3은 키보드에서 입력 받은 값을 변수에 대입시키고 덧셈을 실행하는 프로그램이다. 제3장에서 학습한 키보드로부터 입력을 받는 코드를 사용하고 있다. 프로그램을 실행하고 여러 가지 정수를 입력하면 입력된 수가 더하여져 출력되게 된다.

이와 같이 변수와 연산자를 사용하여 코드를 기술하면 프로그램을 실행하는 상황에 따라 프로그램을 작성할 수 있다. 지금까지는 항상 같은 문자나 숫자 밖에는 출력할 수 없었지만 이번에는 입력하는 값에 따라서 다른 계산 결과를 출력할 수 있게 되었다. 다양한 형태로 프로그램을 작성할 수 있게 된다.

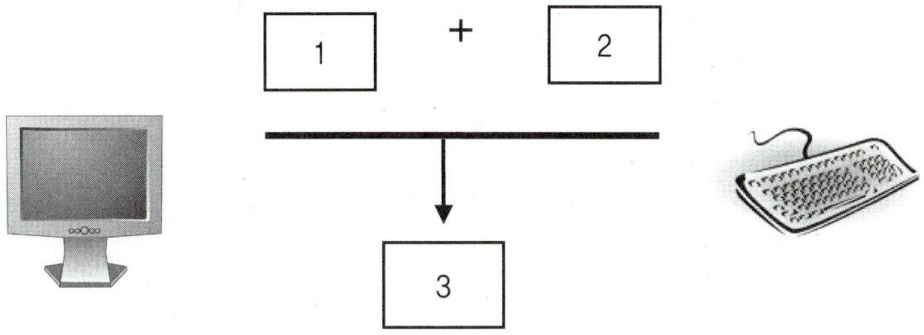

그림 4-3 키보드에서 받은 입력을 더한다.

▶ 다양한 숫자 값을 입력받아 덧셈을 할 수 있다.

여러 가지 계산식

식은

1+2
3*4

등의 수식에 의한 것만이 아니고,

num1 … 변수
5 … 상수

등도 그것 자체만으로도 식이라고 생각할 수 있다. 즉, 5라고 하는 식의 값은 5이다. 또 num1이라고 하는 식의 값은 변수 num1에 5가 기억되어 있을 때는 5, 10이 기억되어 있을 때는 10이 된다.
이와 같이 작은 식은 다른 식과 조합하여서 큰 식을 만든다. 예를 들면, num1+5라고 하는 식은 식 num1의 값과 식 5의 값을 + 로 연산한 결과가 되는 셈이다.

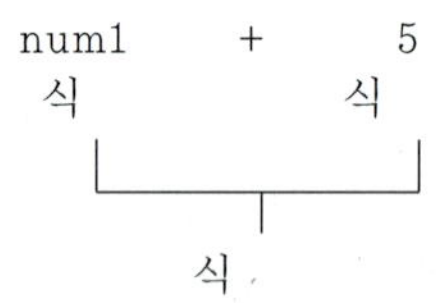

4.2 연산자의 종류

4.2.1 여러 가지 연산자

C에는 +연산자 이외에도 많은 연산자가 있다. 연산자의 종류를 표 4-1에 나타내었다.

표 4-1 연산자의 종류

기호	이름	피연산 수	기호	이름	피연산자 수
+	덧셈	2	<=	작거나 같다	2
−	뺄셈	2	==	같다	2
*	곱셈	2	!=	같지 않다	2
/	나눗셈	2	!	논리부정	1
%	나머지	2	&&	AND	2
+	단항+	1	||	OR	2
−	단항−	1	*	간접 참조	1
~	NOT	1	,	순차	2
&	비트논리AND	2	( )	함수 호출	2
|	비트논리OR	2	[ ]	배열 첨자	2
∧	비트논리XOR	2	::	스코프 해결	2
<<	왼쪽 시프트 연산자	2	.	멤버 참조	2
>>	오른쪽 시프트 연산자	2	−>	멤버 간접 참조	2
++	증가 연산자	1	? :	조건	3
−−	감소연산자	1	new	동적 메모리 확보	1
>	보다 크다	2	delete	동적 메모리 해제	1
>=	크거나 같다	2	sizeof	메모리 크기	1
<	보다 작다	2			

연산자에는 피연산자를 하나 갖는 것, 둘 갖는 것 등이 있다. 피연산자가 하나인 연산자를 단항 연산자(unary operator)라고 한다. 또 피연산자를 두 개 갖는 연산자는 2항 연산자(binary operator), 피연산자를 세 개 갖는 연산자는 3항 연산자라고 한다.

예를 들면, 다음과 같은 뺄셈을 하는 − 연산자는 피연산자를 두 개 갖는 연산자이다(2항 연산자).

10 - 2 … 2항 연산자

한편, 음수를 나타내기 위하여 사용하는 - 연산자는 피연산자가 한 개인 연산자이다(단항 연산자).

-10 … 단항 연산자

표 4-1에 기록된 여러 가지 연산자를 사용하여 프로그램을 작성해보자.

Sample4.c ▸ 다양한 연산자를 이용한다.

```
#include <stdio.h>


int main()
{
  int num1 = 10 ;
  int num2 = 5 ;                    다양한 연산을 행한다.

  printf("num1과 num2에 다양한 연산을 행한다.\n";
  printf("num1+num2는 %d입니다.\n", num1+num2);
  printf("num1-num2는 %d입니다.\n", num1-num2);
  printf("num1*num2는 %d입니다.\n",num1*num2);
  printf( "num1/num2는 %d입니다.\n", num1/num2);
  printf("num1%%num2는 %d입니다.\n", num1%num2);

 return 0 ;
}
```

Sample4의 실행 화면

```
num1과 num2에 다양한 연산을 행한다.
num1+num2는 15입니다.
num1-num2는 5입니다.
num1*num2는 50입니다.
num1/num2는 2입니다.
num1%num2는 0입니다.
```

Sample4에서는 덧셈, 뺄셈, 곱셈, 나눗셈을 행하였다. 그다지 어렵지 않을 것이다. 단, 마지막에 있는 % 연산자(나머지 연산자 : Modulus)는 그다지 익숙하지 않은 연산자일 것

이다. 이 연산자는

```
num1 ÷ num2 = 몫 … 나머지
```

의 나눗셈 연산을 한 후에 그 나머지를 구하는 연산자이다.

즉, % 연산자는 나머지 값을 구하는 연산자인 셈이다. 이 코드에서는 10 ÷ 5 = 2 … 나머지 0이기 때문에 0이 출력되고 있다.

num1이나 num2의 값을 변경하여 여러 가지 연산을 해보자. 단, / 연산자에서는 0으로 나누는 연산은 할 수 없다.

피연산자의 데이터형

> 연산자가 어떤 연산을 할 것인가는 연산 대상(피연산자)의 데이터형과 엄밀한 관계가 있다. 피연산자의 데이터형에 따라 사용할 수 없는 연산자도 있다는 사실에 주의하기 바란다. 이것에 대해서는 4.6절에서 다루기로 한다.

4.2.2 증가 연산자와 감소 연산자

표 4-1의 연산자 가운데 프로그램 작성 시에 자주 사용되는 연산자들을 살펴보자.

먼저 「++」 연산자를 살펴보자. 이 연산자는 다음과 같이 사용된다.

```
a++;  // 정수 a의 값을 1 증가시킨다.
```

++ 연산자는 증가 연산자(increment operator)라고 부르고 있다. 증가 연산이란 변수의 값을 1씩 증가시키는 연산이다. 즉, 다음 코드에서는 변수 a의 값을 1 증가시키는 것이기 때문에 앞의 코드와 같은 처리를 하게 된다.

```
a = a+ 1;    // 값을 1 증가시키는 연산은 이와 같이도 쓸 수 있다.
```

마찬가지로 -를 2개 연속해서 사용한 「-- 」 연산자는 감소 연산자(decrement operator)라고 한다. 감소 연산은 변수의 값을 1 감소시키는 연산이다.

```
b--;   // 변수 b의 값을 1 감소시킨다.
```

이 감소 연산자는 다음 코드와 동일하다.

```
b = b - 1;    // 값을 1 감소시키는 연산은 이와 같이도 쓸 수 있다.
```

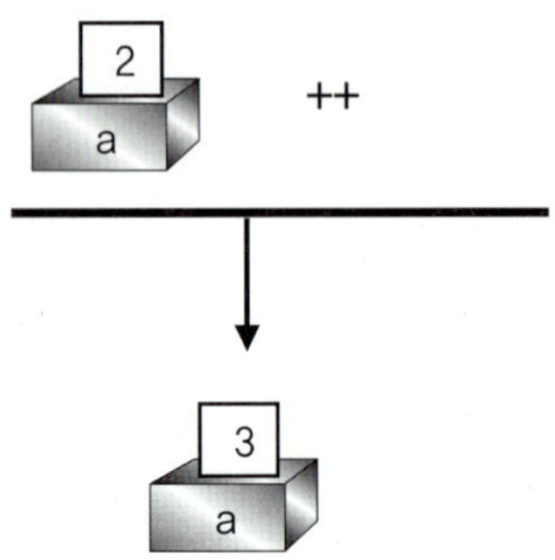

그림 4-4 증가와 감소 연산자

▶ 변수의 값에 1을 증가(감소) 시키기 위해서는 증가(감소) 연산자를 사용한다.

증가(감소) 연산자는 변수의 값을 1 증가(감소) 시킨다.

4.2.3 증가·감소 연산자의 전치와 후치

증가 연산자와 감소 연산자는 피연산자의 앞이나 뒤 어떤 곳이라도 올 수 있다. 즉, 변수 a를 증가시키는 경우에는

```
a++;
++a;
```

모두 사용할 수 있다. 위와 같이 피연산자 뒤에 ++가 오는 경우를 후치 증가 연산자, 앞에 ++가 오는 경우를 전치 증가 연산자라고 한다. 변수를 1씩 증가 시킬 목적이라면 어떻게 사용하든지 상관이 없다.

그러나 표기의 차이에 따라 프로그램의 실행 결과가 다르게 되는 경우가 있다. 다음 코드를 살펴보기로 하자.

Sample5.c ▸ 전치 • 후치 증가 연산자를 사용한다.

```
#include <stdio.h>


int main ( )
{
   int a = 0 ;
   int b = 0 ;

   b = a++;          // 후치 증가 연산자를 사용한다.

   printf("대입 후에 증가하였기 때문에 b의 값은 %d입니다.\n", b);

  return 0 ;
}
```

Sample5의 실행 화면

```
대입 후에 값을 증가하였기 때문에 b의 값은 0입니다.
```

여기에서는 후치 증가 연산자를 사용하였다. 그러나 이것을 전치 연산자로 기술하면 다른 실행 결과가 얻어진다. 코드 가운데 증가 연산자 부분을 다음과 같이 전치 연산자로 변경하고 다시 한번 프로그램을 작성해보자.

```
...
b = ++a; // 전치 증가 연산자를 사용하였다.
printf("대입 전에 증가를 하였기 때문에 b의 값은 %d입니다. \n", b);
...
```

프로그램을 실행하면 다음과 같은 출력이 된다.

변경 후 Sample5의 실행 화면

```
대입 전에 증가를 하였기 때문에 b의 값은 1입니다.
```

처음에 사용한 후치 증가 연산자에서는

변수 b에 a를 대입하고 나서 → a의 값을 1 증가시킨다.

전치 증가 연산자에서는

변수 a의 값을 1 증가시키고 나서 → 변수 b에 a의 값을 대입한다.

따라서 출력된 변수의 값이 달라지게 된다.

마찬가지로 감소 연산자도 같은 성질을 갖고 있다. Sample5를 살펴보면서 전치·후치 감소 연산자를 사용한 코드를 작성해보기 바란다.

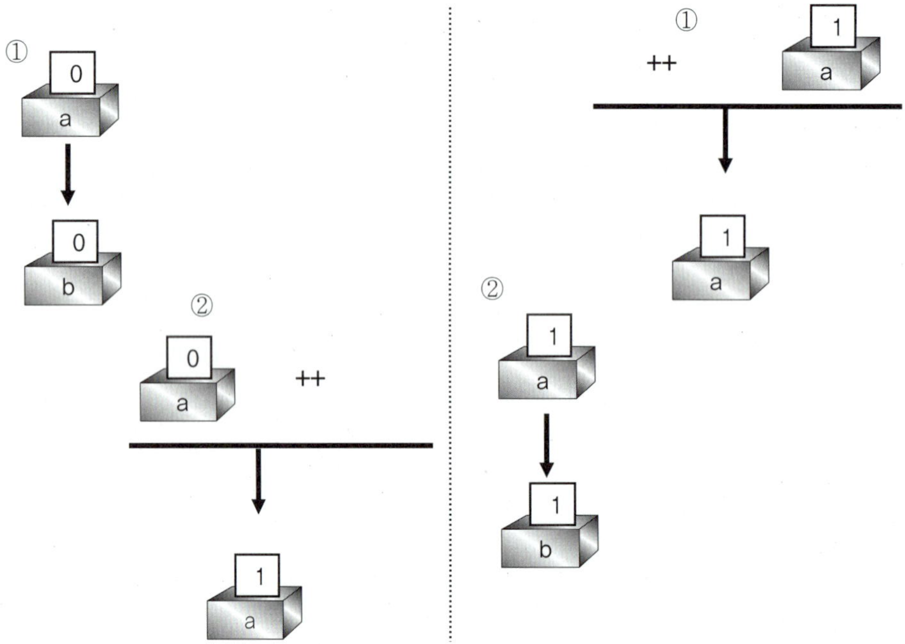

그림 4-5 증가 연산자의 전치와 후치

▶ 후치를 하면 대입하고서 변수의 값이 증가된다(왼쪽).
전치를 하면 대입 전에 변수의 값이 증가한다.

증가(감소) 연산자는 변수의 값을 1 증가(감소) 시킨다.

4.2.4 대입 연산자

이제는 대입 연산자(assignment operator)에 대하여 학습하기로 한다. 대입 연산자는 지금까지 변수에 값을 대입할 때 사용한 「=」를 말한다. 이 연산자는 보통 =의 의미인 같다(equal)와는 다른 의미라는 것을 앞에서 설명한 바가 있다. 대입 연산자는

왼쪽 항의 변수에 오른쪽 항의 값을 대입한다.

라고 하는 기능을 갖고 있는 연산자이다. 대입 연산자는 = 기호만이 아니고 = 이외에도 연산자와 조합한 다양한 형태를 갖고 있다. 표 4-2를 살펴보기 바란다.

표 4-2 대입 연산자의 다양한 형태

기호	이름	기호	이름
+=	덧셈 대입	&=	논리곱 대입
−=	뺄셈 대입	∧=	배타적논리합 대입
*=	곱셈 대입	|=	논리합 대입
/=	나눗셈 대입	<<=	왼쪽 이동 대입
%=	나머지 대입	>>=	오른쪽 이동 대입

이들 대입 연산자는 다른 연산과 대입을 동시에 수행하기 위한 복합적인 연산자로서의 역할을 한다. 예를 들어, += 연산자를 살펴보자.

a += b; // a와 b의 값을 더하여 결과를 a에 대입한다.

\+ 연산자와 = 연산자의 기능을 함께 묶은 기능을 갖고 있다.

이와 같이 사칙 연산 등의 연산자와 조합한 복합적인 대입 연산자를 사용하는 명령문을 사용할 수 있다.

• 을 사칙 연산의 연산자라고 한다면

a •= b; 는 보통의 대입 연산자 =를 사용하여
a = a • b; 과 같이 나타낼 수 있다.

즉, 다음의 두 개의 명령문은 모두 변수 a의 값과 변수 b의 값을 더하여 그 결과를 변수 a에 대입하는 처리를 나타내고 있다.

```
a += b;        //  a + b의 값을 a에 대입한다.
a = a + b;     //  a + b의 값을 a에 대입한다.
```

복합 대입 연산자에서 사칙 연산자와 대입 연산자 사이에 공백이 있어서는 안 된다.

```
a + = b;          //  +와 = 사이에 공백이 있어서는 안 된다.
```

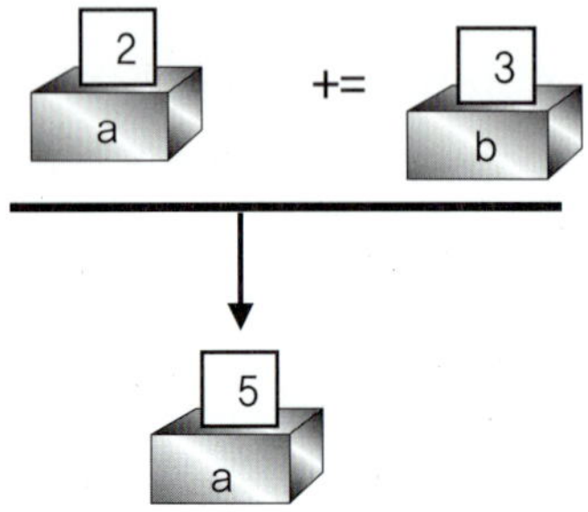

그림 4-6 복합적인 대입 연산자

▶ 복합적인 대입 연산자를 사용하면 사칙 연산자와 대입 연산자로 간단하게 기술할 수 있다.

간단히 += 연산자를 사용하여 코드를 작성해보자.

Sample6.c ▸ 복합적인 대입 연산자를 사용한다.

```
#include <stdio.h>

int main ( )
{
    int sum = 0 ;
    int num = 0 ;

printf("첫 번째 정수를 입력하시오.\n");
scanf("%d", &num);
sum += num ;
printf("두 번째 정수를 입력하시오.\n");
scanf("%d", &num);
sum += num ;
printf("세 번째 정수를 입력하시오.\n");
scanf("%d", &num);
sum += num ;

printf("3 정수의 합은 %d입니다.\n",sum);

return 0 ;
}
```

복합적인 대입 연산자를 사용하고 있다.

Sample6의 실행 화면

```
첫 번째 정수를 입력하시오.
1↵
두 번째 정수를 입력하시오
3↵
세 번째 정수를 입력하시오.
4↵
3 정수의 합계는 8입니다.
```

위 예제에서는 입력한 숫자를 덧셈한 결과를 += 연산자를 사용하여 순차적으로 변수 sum에 기억시키고 있다. += 연산자를 사용함으로써 간단하게 코드를 작성할 수 있다는 것을 보여주고 있다. 같은 코드를 + 연산자와 = 연산자를 사용하여 작성하는 방법도 생각해보기 바란다.

4.2.5 sizeof 연산자

이번에는 sizeof 연산자(sizeof operator)라고 하는 연산자를 사용해보자. 다음과 같은 코드를 입력해보도록 하자.

Sample7.c ▸ sizeof 연산자를 사용한다.

```c
#include <stdio.h>

int main ( )
{
    int a = 1 ;
    int b = 0 ;

    printf("short int 형의 크기는 %d 바이트이다. \n", sizeof(short int));
    printf("int 형의 크기는 %d 바이트이다. \n",sizeof(int));
    printf("long int 형의 크기는 %d 바이트이다. \n", sizeof(long int));
    printf("float 형의 크기는 %d 바이트이다. \n", sizeof(float));
    printf("double 형의 크기는 %d 바이트이다. \n", sizeof(double));
    printf("long double 형의 크기는 %d 바이트이다. \n", sizeof(long double));
    printf("변수 a의 크기는 %d 바이트이다. \n",sizeof(a));
    printf("식 a+b의 크기는 %d 바이트이다. \n", sizeof(a+b));

    return 0 ;
}
```

데이터형의 크기를 조사한다.

식의 크기를 조사한다.

Sample7의 실행 화면

```
short int 형의 크기는 2바이트이다.
int 형의 크기는 4바이트이다.
long int 형의 크기는 4바이트이다.
float 형의 크기는 4바이트이다.
double 형의 크기는 8바이트이다.
long double 형의 크기는 8바이트이다.
변수 a의 크기는 4바이트이다.
식 a+b의 크기는 4바이트이다.
```

sizeof 연산자를 사용하면 여러 가지 데이터형이나 식의 크기를 알 수 있다. 실행 결과를 보면, sizeof(●)라고 기술한 부분에서 ●의 부분의 데이터형과 식의 값에 대한 크기(표 3-1)가 바이트 단위로 출력되는 것을 알 수 있다. 또한 C의 데이터형이나 식의 크기는 실행 환경에 따라 다른 경우가 있기 때문에 표시되는 크기가 이 결과와 다른 경우도 있다.

C의 코드를 기술할 때는 데이터형이나 식의 처리를 알지 않고서는 문제를 해결할 수 없는 경우가 있다. 그와 같은 경우에는 saizeof 연산자를 사용하여 프로그램을 실행하는 환경에 맞는 데이터형이나 크기를 참조하는 것이 좋을 것이다.

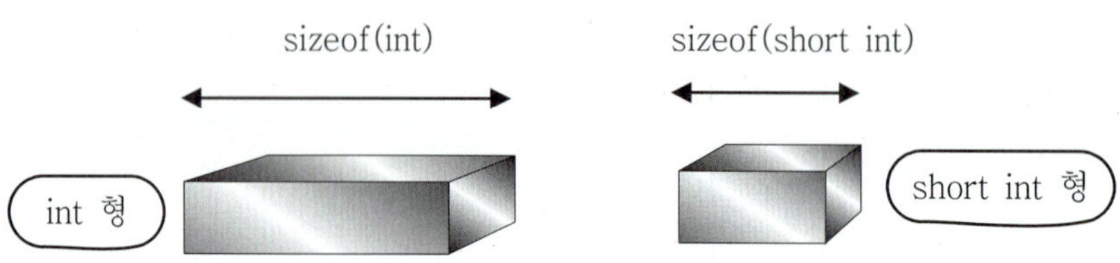

그림 4-7 sizeof 연산자

▶ 데이터형이나 크기를 참조할 때는 sizeof 연산자를 사용한다.

sizeof 연산자로 데이터형이나 크기를 참조할 수 있다.

4.2.6 시프트 연산자

마지막으로 조금 복잡한 연산자를 다루어 보기로 한다. 이것은 표 4-1의 << 및 >> 라고 하는 기호로 표시한 시프트 연산자(shift operator)이다.

시프트 연산자는 숫자 값을 2진수로 나타낸 경우 자릿수를 왼쪽 또는 오른쪽으로 지정된 자리수만큼 이동하는 연산(시프트)을 한다.

예를 들어 <<는 왼쪽 시프트 연산자라고 하고, 왼쪽의 숫자 값을 2진수로 나타낸 경우 오른쪽에 지정된 자릿수만큼 왼쪽으로 이동하고, 이동된 자릿수만큼 오른쪽 끝에서부터 0을 채워 넣는다.

조금 장황하게 표현되었지만 실제로 예를 들어 살펴보자. 여기서는 short int 형의 값을 5 << 2라고 하는 왼쪽 시프트 연산을 행하는 경우를 생각해 보자.

5 << 2 연산은 다음과 같이 실행된다.

```
     5      0000000000000101
  << 2
  ------------------------------
    20      0000000000010100
```

> 2자리 왼쪽으로 이동하고, 오른쪽 끝 자릿수부터 0으로 채워졌다.

2진수 10100은 10진수 20이다. 즉 5 << 2 하면 20이 된다. 한편 >> 연산자는 오른쪽 시프트 연산이라고 하는 연산을 하게 된다. 이것은

> 왼쪽의 숫자 값을 2진수로 나타낸 경우 오른쪽에 지정된 자릿수만큼 오른쪽쪽으로 이동하고, 이동된 자릿수만큼 왼쪽쪽 끝에서부터 0을 채워 넣는다.

5 >> 2 연산은 다음과 같이 실행된다.

```
     5      0000000000000101
  >> 2
  ------------------------------
     1      0000000000000001
```

> 2자리 오른쪽으로 이동하고, 왼쪽 끝 자릿수부터 0으로 채워졌다.

단, 오른쪽 시프트 연산의 경우는 5와 같은 피연산자가 − 부호를 갖는 때는 왼쪽 자릿수 끝에 1을 넣어주는 경우도 있다. 자세한 것은 사용하는 개발환경에 설명서를 참조하기 바란다.

4.3 연산자 우선순위

4.3.1 연산자 우선순위란?

다음 식을 살펴보자.

```
a + 2 * 5
```

2*5가 먼저 평가된다.

이 식은 + 연산자와 * 연산자의 두 가지 연산자를 사용하고 있다. 하나의 식에 복수의 연산자를 사용할 수 있다. 이때에 식은 어떤 순서로 평가될 것인가? 즉, 어떤 순서로 연산이 행해질 것인가?

보통 사칙 연산에서는 덧셈보다 곱셈이 먼저 계산된다. 이것은 수식의 규칙에서

덧셈보다 곱셈이 연산순위가 높기 때문이다.

C의 연산자의 경우에도 마찬가지다. 위의 코드에서는 2*5가 평가되고 나서 a+10이 평가된다. 연산자의 우선순위는 변경할 수 있다. 보통의 수식과 마찬가지로 괄호를 사용하고 괄호 속을 우선적으로 평가하기 때문이다. 다음 식에서는 a+2가 먼저 평가되기 때문에 그 값이 5배가 된다.

```
(a+2)*5
```

괄호속이 먼저 평가된다.

그러면 다른 연산자들 어떤 순서로 평가될 것인가? 다음 식을 살펴보자.

```
a = b +2;
```

대입 연산자와 같은 연산자는 사칙 연산자보다도 우선순위가 낮기 때문에 위식은 다음과 같은 순서로 연산되게 된다.

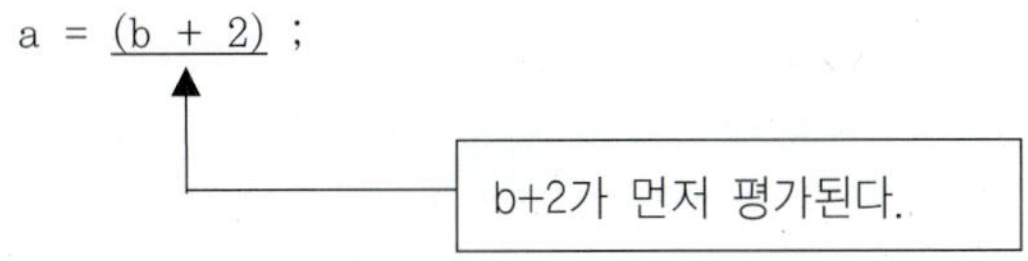

C에서 사용되고 있는 연산자 우선순위는 표 4-3과 같다.

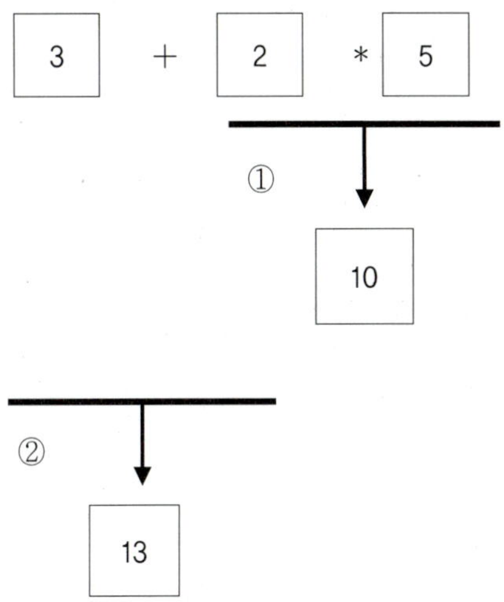

그림 4-8 연산자 우선순위

▶ 연산자에는 우선순위가 있다.
우선순위를 변경하기 위해서는 ()를 사용한다.

표 4-3 연산자 우선순위(실선으로 구분한 내용들은 같은 우선순위)

기호	이름	결합규칙
::	스코프 해결	–
::	글로벌 해결	–
()	함수호출	왼쪽
[]	배열첨자	왼쪽
.	멤버참조	왼쪽
->	멤버 간접참조	왼쪽
++	후치 증가	왼쪽
--	후치 감소	왼쪽
!	논리 부정	왼쪽
~	보수	왼쪽
+	단항+	왼쪽
-	단항-	왼쪽
sizeof	크기	왼쪽
++	전치 증가	왼쪽
--	전치 감소	왼쪽
&	어드레스	오른쪽
*	간접 참조	오른쪽
new	동적 메모리 확보	오른쪽
delete	동적 메모리 해제	오른쪽
()	캐스트	오른쪽
%	나머지	왼쪽
*	곱셈	왼쪽
/	나눗셈	왼쪽
+	덧셈	왼쪽
-	뺄셈	왼쪽
<<	왼쪽 이동	왼쪽
>>	오른쪽 이동	왼쪽
>	보다 크다	왼쪽
>=	크거나 같다	왼쪽
<	보다 작다	왼쪽
<=	작거나 같다	왼쪽
==	등호	왼쪽
!=	부등호	왼쪽
&	비트 AND	왼쪽
|	비트 OR	왼쪽
^	비트 XOR	왼쪽
&&	AND	왼쪽
||	OR	왼쪽
? :	조건	오른쪽
=	대입	오른쪽
,	순차	왼쪽

4.3.2 같은 우선순위의 연산자 사용

그런데 같은 레벨의 우선순위의 연산자가 동시에 사용되는 경우에는 어떻게 될 것인가? 사칙 연산에서는 우선순위가 같은 경우에 반드시 왼쪽에서 오른쪽의 순서로 계산하는 규칙이 있다. 이와 같은 연산 순서를 왼쪽 결합(left association)이라고 부른다.
C에서는 왼쪽 결합의 연산을 한다. 즉,

a + b + 1의 경우에는 (a + b) +1의 순서로 왼쪽부터 평가한다.

반대로 오른쪽에서 왼쪽으로 평가하는 연산자도 있다. 이것을 오른쪽 결합(right association)이라고 한다. 예를 들면, 대입 연산자는 오른쪽 결합의 연산자이다.

a = b = 1의 경우에는 a = (b = 1)의 순서로 오른쪽부터 평가하기 때문에 변수 b에 1을 대입하고 계속해서 q변수 a에도 1을 대입한다. 일반적으로 단항 연산자와 대입 연산자는 오른쪽 결합의 연산자로 되어 있다.

4.4 데이터형 변환

4.4.1 큰 크기의 데이터형으로 변환

실제로 지금까지 살펴본 연산자와 피연산자의 데이터형에는 밀접한 관계가 있다. 이절에서는 먼저 대입 연산자와 데이터형의 관계를 살펴보기로 한다. 다음과 같이 변수에 값을 대입하는 코드를 생각해 보자.

Sample8.c ▶ 큰 크기의 데이터형으로 대입한다.

```
#include <stdio.h>

int main ( )
{
    int inum = 160 ;
    double dnum ;

    printf("신장은 %dcm 입니다.\n", inum);
    printf("double 형의 변수를 대입합니다.\n");

    dnum = inum ;      ● 큰 크기의 형으로 대입한다.

    printf("신장은 %fcm 입니다.\n", dnum);

    return 0 ;
}
```

Sample8의 실행 화면

```
신장은 160 cm입니다.
double 형의 변수에 대입합니다.
신장은 160.0 cm입니다.
```

이 코드에서는 int 형의 변수 값을 double 형의 변수에 대입하고 있다. 그러면 int 형의 값은 double 형으로 변환되어 대입되게 된다.

제3장에서 데이터형의 크기에 대해 학습한 것을 상기해보자. 일반적으로 C에서는

큰 크기의 데이터형의 변수에 작은 크기의 데이터형이 대입될 수 있다.

이와 같이 데이터형이 변환되는 것을 데이터형 변환이라고 한다.

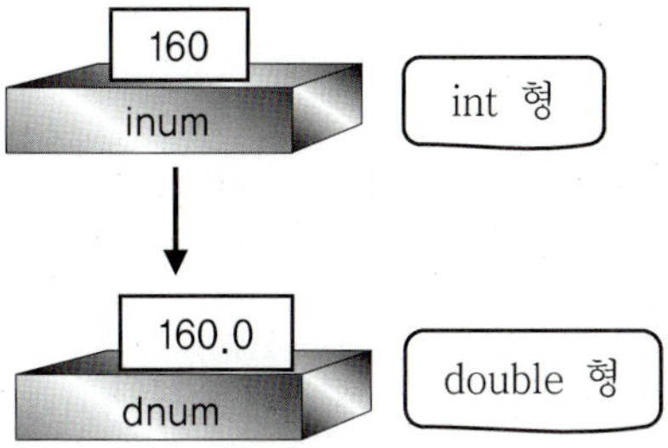

그림 4-9 큰 크기의 데이터형으로 변환

▶큰 크기의 데이터형 변수에 작은 크기의 데이터형 숫자값을 대입할 수 있다.

4.4.2 작은 크기의 데이터형으로 대입

이번에는 반대로 작은 크기의 데이터형 변수에 큰 크기의 데이터형의 값을 대입하는 경우에는 어떻게 될 것인가? 다음의 코드를 살펴보자.

Sample9.c ▸ 작은 크기의 데이터형에 대입한다.

```
#include <stdio.h>


int main (void)
{
  double dnum = 160.5 ;
  int inum ;
  printf("신장은 %fcm입니다.\n", dnum);

  inum = dnum ;●───── 작은 크기의 데이터형으로 대입한다.

 printf("신장은 %dcm입니다.\n", inum);

 return 0 ;
}
```

Sample9의 실행 화면

```
신장은 160.5 cm입니다.
int 형의 변수에 대입합니다.
신장은 160 cm입니다. // 값의 일부가 손실되었다.
```

이것은 앞의 경우와는 반대로 double 형의 변수의 값을 int 형의 변수에 대입하고 있다. double 형의 값이 int 형으로 변환되어 대입되고 있는 셈이다.

단, 작은 크기의 데이터형으로 변환되는 경우에는 그 데이터형으로 나타낼 수 없는 부분은 위에서와 같이 삭제되어 버린다. 예를 들면 160.5라고 하는 값은 int 형으로 변환하게 그대로 기억될 수가 없다. 소수점 이하는 삭제되어 160이라는 정수로 기억된다.

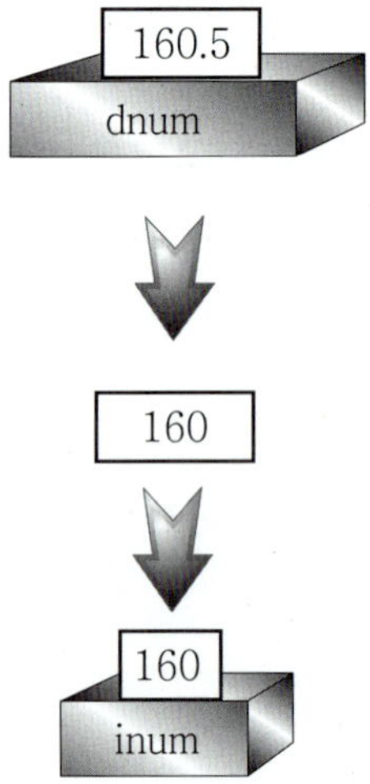

그림 4-10 작은 크기의 데이터형으로 변환

▶ 작은 크기의 데이터형 변수에 큰 크기의
데이터형 숫자 값을 대입하면 값의 일부가 손실될 수 있다.

4.4.3 캐스트 연산자

프로그램에서 데이터형이 변환될 때는 데이터형이 변환된다는 것을 명시적으로 기록해 둘 수가 있다.

다음의 캐스트 연산자(cast operator)라고 하는 연산자를 살펴보자.

캐스트 연산자 구문

```
(데이터형) 식
```

캐스트 연산자는

지정된 식의 데이터형을 ()로 지정한 형으로 변환하는 연산을 행한다.

Sample9를 캐스트 연산자를 이용하여 다시 프로그램 해보자. Sample9에서 대입하고 있는 부분을 다음과 같이 수정해보자.

```
...
inum = (int) dnum; //변화하려는 데이터형을 지정한다.
...
```

실제의 실행 경과는 마찬가지이다. 단, 작은 크기의 데이터형으로 변환한다는 것을 확실하게 코드 가운데에 기록해 둘 수 있다. 캐스트 연산자를 사용하면 데이터형이 변환되는 것을 명시적으로 기술할 수 있다.

캐스트 연산자는 데이터형을 변환한다.

캐스트 연산자의 사용

캐스트 연산자는 Sample8과 같이 큰 크기의 형으로 변환하는 경우에도 사용할 수가 있다.
dnum = (double) inum; //double 형으로 변환한다.
단, Sample8은 이와 같이 작성해도 실행 결과는 같다.

캐스트 연산자는 데이터형을 변환한다.

4.4.4 다른 데이터형 간의 연산

다음 덧셈, 뺄셈, 곱셈, 나눗셈의 사칙 연산을 행하는 연산자와 피연산자의 데이터형의 관계에 대하여 살펴보자.

Sample10.c ▸ 다른 데이터형의 연산을 한다.

```
#include <stdio.h>

int main( )
{
    int d = 2;
    const double pi = 3.14;

    printf("지름이 %dcm인 원의\n", d);
    printf("원주는 %fcm입니다.\n", d*pi);

    return 0;
}
```

int 형의 d가 double 형으로 변환되어 연산된다.

Sample10의 실행 화면

```
지름이 2 cm인 원의
원주율은 6.28 cm입니다.
```

여기서 int 형 d의 값과 double 형 pi의 값을 곱하였다. C에서는 일반적으로 연산자에 데이터형이 다른 피연산자를 기술할 때는

한 쪽의 피연산자를 크기가 큰 쪽의 데이터형으로 변환하면서 연산을 한다.

즉, 여기에서는 int형의 d 값인 2가 double형의 숫자 값인 2.0으로 변환되어서 곱셈을 하게 된다. 얻어진 식의 값도 double 형의 값이 된다.

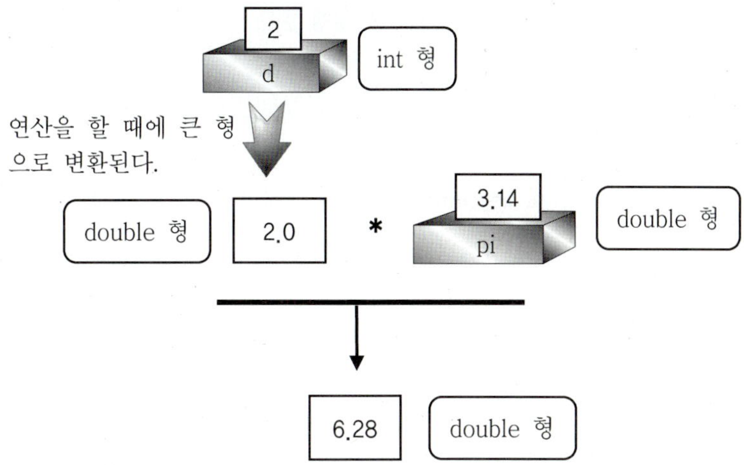

그림 4-11 다른 형의 연산

▶ 데이터형이 다른 경우 큰 크기의 데이터형으로 변환하면서 연산이 행해진다. 얻어진 값도 큰 크기의 데이터형이 된다.

4.4.5 같은 데이터형 간의 연산

같은 데이터형끼리는 어떻게 연산될 것인가? 이 경우에는 같은 형끼리 연산이 행해지고 결과도 같은 형의 값이 된다. 그러나 이 연산이 예상 밖의 결과를 초래할 수도 있다.
다음 코드를 살펴보자.

Sample11.c ▸ 같은 데이터형끼리 연산을 한다.

```
#include <stdio.h>

int main( )
{
   int num1 = 5 ;
   int num2 = 4 ;
   double div ;

   div = num1/num2 ;   // 5÷4를 계산하여 몫을 구한다.

   printf("5/4는 %f입니다.\n",div) ;

   return 0 ;
   }
```

Sample11의 실행 화면

```
5/4는 1.0입니다.  //생각한 것과는 다른 답이 얻어진다.
```

이 코드는 int 형의 변수 num1과 num2를 사용하여 5÷4의 결과를 double 형의 변수 div에 대입하는 예제이다. 1.25이라는 double 형의 값이 출력될 것이라고 기대하고 이와 같이 프로그램을 작성하였다.
그러나 그 결과는 num1과 num2가 int 형이기 때문에 5/4가 1이라고 하는 int형의 값으로 계산되었다. 그 결과 출력은 1이라는 값이 되어버렸다.

```
...
inum = (int) dnum; //변화하려는 데이터형을 지정한다.
...
```

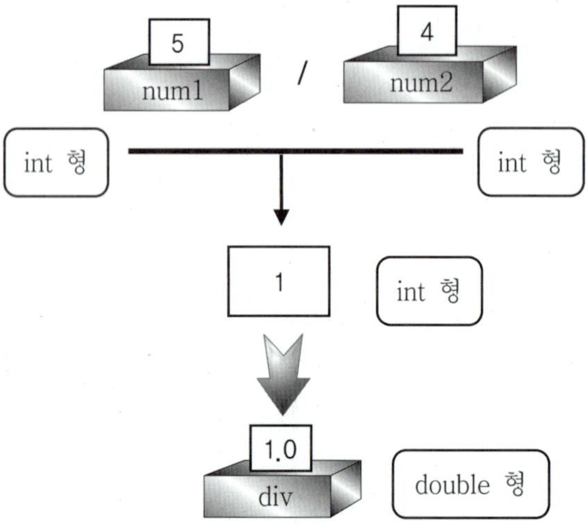

그림 4-12 같은 형의 연산

▶ 두 개의 피연산자가 모두 int 형인 경우는 결과도 int 형이 된다.

이 코드에서 1.25라는 출력을 얻기 위해서는 변수 num1과 num2가 적어도 한쪽은 double 형으로 변환할 필요가 있다. 나눗셈 연산 부분을 캐스트 연산자를 사용하여 다음과 같이 바꾸어 쓰면 된다.

```
...
div = (double) num1/(double)num2;
  //캐스트 연산자를 사용하였다.
...
```

코드를 변경한 후에 실행 화면은 다음과 같이 된다.

```
5/4는 1.25입니다.
```

이와 같이 코드를 바꾸어 작성함으로써 double 형의 연산이 가능하게 된다. 결과도 double 형이 되어서 1.25라고 하는 답을 출력해 낼 수 있게 된다.
연산을 하는 경우는 피연산자의 데이터형에 충분한 주의를 기울일 필요가 있다.

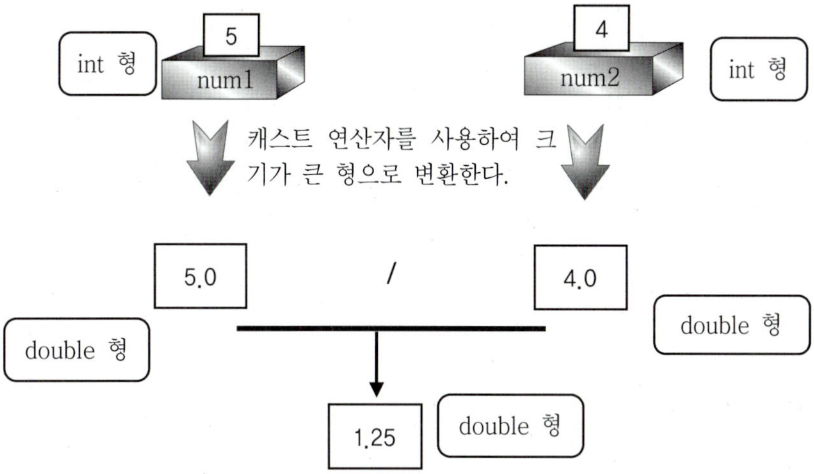

그림 4-13 double 형의 연산

▶ Sample11에서 double 형의 결과를 얻기 위해서는 한쪽의 피연산자를 캐스트 연산자로 형변환을 하여야 한다.

4.5 예제

예제 1 산술 연산자에 대한 프로그램을 작성하시오.

```
#include <stdio.h>  /* 표준 헤더 파일 */
int main(void)
{
    int a=10;
        int b=2;
        int plus, minus, times, dividing, remainder;

    plus = a + b;
        minus = a - b;
        times = a * b;
        dividing = a / b;
        remainder = a % b;

    printf("%d + %d = %d\n", a, b, plus);
        printf("%d - %d = %d\n", a, b, minus);
        printf("%d * %d = %d\n", a, b, times);
        printf("%d / %d = %d\n", a, b, dividing);
        printf("%d %% %d = %d\n", a, b, remainder);
    return 0;
}
```

결과

```
10 + 2 = 12
10 - 2 = 8
10 * 2 = 20
10 / 2 = 5
10 % 2 = 0
Press any key to continue
```

예제2 연산자 우선순위에 관한 프로그램을 작성하시오.

```
#include <stdio.h>  /* 표준 헤더 파일 */
int main(void)
{
    int a=10, b=2, c=4, d=3, e=8, value;

        value = (a + b)-c*d/e;

    printf("value is : %d\n",value);

    return 0;
}
```

결과

```
value is : 11
Press any key to continue
```

제 5 장

조건과 판단문

5.1 관계 연산자의 조건

5.1.1 조건의 구조

우리들은 일상생활에서 다음과 같은 상황에 접할 때가 있다.

학교 성적이 좋으면 …
　　→ 친구들과 여행을 간다.
학교성적이 나쁘면 …
　　→ 다시 열심히 공부한다.

C에서도 이와 같이 경우에 따른 처리를 할 수가 있다. 이 장에서는 여러 가지 상황에 따라 복잡한 처리를 하는 방법에 대하여 학습하기로 한다.

C에서 여러 가지 다양한 상황을 나타내기 위해서는 조건(condition)이라고 하는 개념을 사용한다. 예를 들면, 위의 예에서 좋은 성적이 조건에 해당한다.

물론 실제의 C에서는 이와 같이 한국어로 조건을 기술할 수는 없다. 제4장에서 배운 식을 생각해보자. 제4장에서는 식이 평가되어 값을 갖는다는 것을 알았다. 이러한 식 가운데

참(true)
거짓(false)

두 개의 값 중에서 어떤 것으로 나타낼 수 있는 것을 C에서는 조건이라고 한다. true 또는 false란 그 조건이 「올바르다」 또는 「올바르지 않다」라고 하는 것을 나타내는 값이다. 예를 들면 「좋은 성적이다」라고 하는 조건을 생각해보면 조건이 true 또는 false가 되는 경우는 다음과 같은 것을 말할 수 있다.

성적이 80점 이상인 경우 → 좋은 성적이기 때문에 true
성적이 80점 미만인 경우 → 좋은 성적이 아니기 때문에 false

5.1.2 조건 기술

조건이라고 하는 것을 막연하게 알고 있기 때문에 조건을 C의 식으로 나타내보자. 우리는 1보다 3이 크다는 것을 다음은 부등식으로 표현할 수 있다.

3 > 1

확실히 3이 1보다 큰 값이기 때문에 이 부등식은 올바르다고 말할 수 있다. 한편 다음과 같은 부등식은 어떻게 될까 생각해보자.

3 < 1

이 식은 올바르지 않다고 말할 수 있다. C에서도 >와 같은 기호를 사용할 수 있고 앞의 식은 true, 뒤의 식은 false이라고 평가된다. 결국 3 > 1이나 3 < 1의 식은 C의 조건이 될 수 있다.

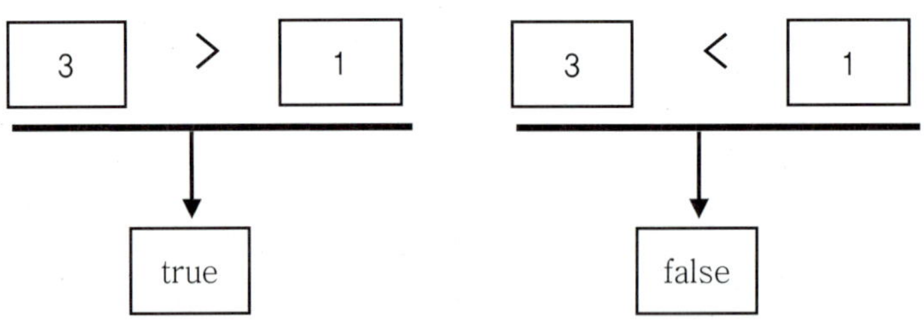

그림 5-1 조건

▶ 관계 연산자를 사용하여 조건을 기술할 수 있다.
조건은 true 또는 false라는 값을 갖는다.

조건을 만들기 위하여 사용하는 > 기호는 관계 연산자(relational operator)라고 한다. 표 5-1에 여러 가지 관계 연산자를 정리하였다.

표 5-1을 보면 알 수 있는 바와 같이 >인 경우는 오른쪽 항보다 왼쪽 항이 큰 경우 true가 되기 때문에 3>1은 true가 된다. 이외의 경우, 예를 들면 1>3은 false가 된다.

표 5-1 관계 연산자

연산자	식이 true가 되는 경우
==	오른쪽 항이 왼쪽 항과 같다.
!=	오른쪽 항이 왼쪽 항과 같지 않다.
>	오른쪽 항보다 왼쪽 항이 크다.
>=	오른쪽 항보다 왼쪽 항이 크거나 같다.
<	오른쪽 항보다 왼쪽 항이 작다.
<=	오른쪽 항보다 왼쪽 항이 작거나 같다.

관계 연산자를 사용하여 조건을 기술한다.

5.1.3 true와 false

true와 false는 bool형(표 3-1)의 값으로, 논리 리터럴이라고 한다. bool형 데이터 값은 비교적 최신 C에서 채택되고 있는 데이터형이다. 그리고 true와 false는 정수형 값으로 변환되는 경우도 있다. 이 경우에

true → 1
false → 0 이 된다.

또한 반대로 정수형 값이 bool형 값으로 변환되는 경우도 있다. 이 경우에는

0 이외의 정수 → true
0 → false로 변환된다.

정수형 값으로 변환되는 때는 true는 1, false는 0으로 취급한다.

5.1.4 관계 연산자

지금부터 관계 연산자를 사용하여 몇 가지 조건을 기술해보자.

```
5 〉 3     →    이 조건의 평가는 true이다.
5 〈 3     →    이 조건의 평가는 false이다.
a == 6    →    이 조건의 평가는 변수 a의 값에 따라 다르다.
a != 6    →    이 조건의 평가는 변수 a의 값에 따라 다르다
```

5 > 3이라는 조건은 3보다 5가 크기 때문에 식의 값은 true가 되는 것을 알 수 있다. 5 < 3이라는 조건은 3보다 5가 크기 때문에 식의 값은 false가 된다. 조건 가운데 변수를 사용할 수 있다.

예를 들어 위의 a == 6이라는 조건은 변수 a의 값이 6인 경우 true가 된다. 한편 변수 a의 내용이 3이나 10인 경우는 false가 된다. 이와 같이 그때의 변수 값에 의하여 조건이 나타내는 값이 달라지게 된다.

마찬가지로 a != 6은 a가 6이 아닌 값일 때는 true가 되는 조건이다. 여기서 !=이라는 기호는 두 문자가 하나의 연산자이기 때문에 !와 = 사이에 공백을 입력할 수 없다.

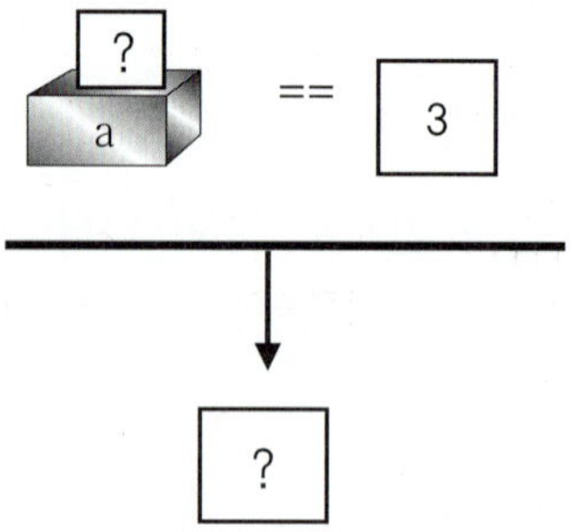

그림 5-2 변수와 조건

▶ 변수를 조건으로 사용하는 경우는 변수의 값에 따라 평가가 다르게 된다.

그런데 = 연산자가 대입 연산자라고 한다는 사실을 생각해 보자(제4장). 형태는 비슷하지만 ==은 다른 종류의 연산자(관계 연산자)이다. 이 두 가지 연산자는 실제로 프로그램 코드를 작성할 때에 매우 혼동하기 쉬운 연산자이기 때문에 주의하여 입력하기 바란다.

=(대입 연산자)와 ==(관계 연산자)를 혼동하지 않기 바란다.

5.2 if 문

5.2.1 if 문의 구조

이 절에서는 여러 가지 상황에 따른 처리를 행하도록 해보자. C에서는 상황에 따른 처리를 하는 경우

조건의 값(true 또는 false)에 따라 처리를 행하는 형식의 문으로 기술한다.

이와 같은 문을 조건 판단문(conditional statement)이라고 한다. 먼저 조건 판단문의 하나인 if 문(if statement)의 구문을 학습하도록 하자. if 문은 조건이 true인 경우에 지정된 문을 처리하는 구문이다.

if 문의 구문 구조

```
if (condition)
        statement ;  ← 조건이 true일 때 처리가 된다.
```

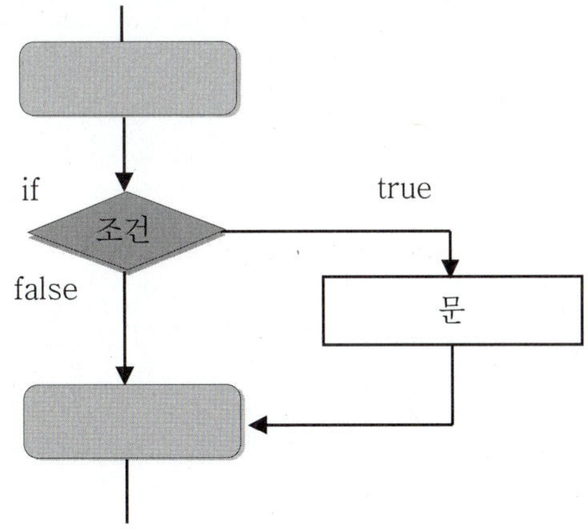

그림 5-3 if 문

▶if 문은 조건이 true인 경우에 지정된 문을 처리한다.
false의 경우에는 지정된 문의 처리를 하지 않고 다음 처리로 건너뛴다

예를 들어서, 처음에 언급한 예를 if 문으로 작성해보면 다음과 같은 형태의 코드가 된다.

if(좋은 성적을 얻는다)
　　여행을 간다.

if문을 기술함으로서 조건(좋은 성적을 얻는다)가 true인 경우, 여행을 간다는 처리를 수행하게 된다. 나쁜 성적인 경우에는 여행을 간다라고 하는 처리를 수행되지 않는다.

그러면 실제로 코드를 입력하여 if 문을 실행해보도록 하자.

Sample1.c ▶ if 문을 사용한다.

```
#include <stdio.h>


int main()
{
   int res;

   printf("정수를 입력하시오.\n");

   scanf("%d",&res);

   if (res ==1)
       printf("1이 입력되었다.\n");

   printf("처리를 종료합니다.\n");

   return 0;
   }
```

① 변수 res에 키보드 입력을 읽어들인다.

② 1이 입력된 경우 이 조건이 true가 되고…

③ 이 문이 처리된다.

Sample1의 실행 화면

```
정수를 입력하시오.
1↵
1이 입력되었다.
처리를 종료합니다.
```

1이 입력되었기 때문에 …

③의 부분이 처리가 되었다.

Sample1에서는 조건 res == 1이 true라면, ③의 부분이 처리된다. false인 경우는 ③의 부분이 처리되지 않는다.

따라서 사용자가 프로그램을 실행하여 1을 입력한 경우는 조건 res==1이 true가 되기 때문에 ③의 부분이 처리된다. 그 결과 위의 화면과 같이 출력되는 것이다.

만일 사용자가 1 이외의 문자를 입력하면 어떻게 될 것인가?

Sample1의 실행 화면

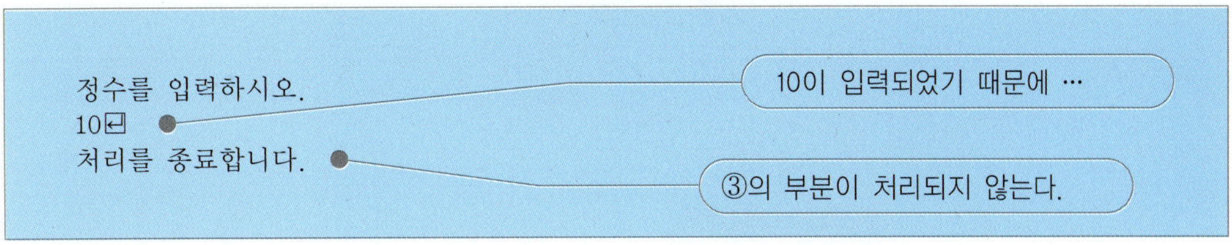

이번에는 조건 res == 1이라는 조건이 false가 되기 때문에 ③의 부분은 처리되지 않는다. 따라서 실행 화면은 위와 같이 되었다. 이처럼 if 문을 사용하면 조건이 true인 때만 처리를 행할 수 있다.

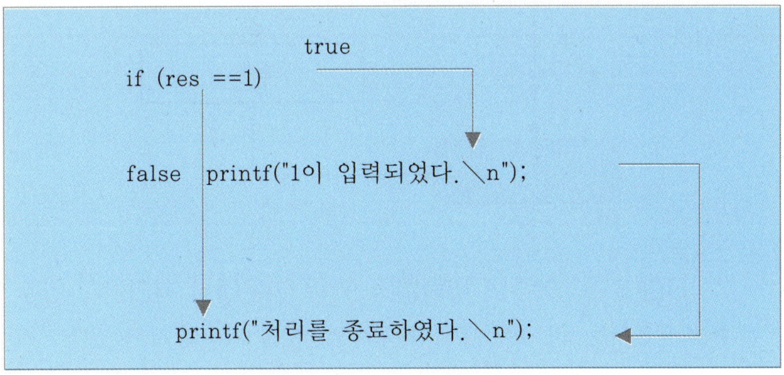

그림 5-4 if 문의 흐름

5.2.2 if 문에서 복수의 명령문 처리

Sample1은 조건이 true인 경우에 처리되는 명령문이 하나만으로 되어 있는 간단한 처리이다. if 문의 조건이 true인 때, 복수의 명령문을 처리할 수 있다. 이를 위해서는 { }로 블록을 만들어 복수의 명령문을 처리한다. 그러면 블록 가운데에서는 원칙대로 명령문은 하나씩 차례로 처리된다.

```
if (조건) {
        문1 ;
        문2;        ← 조건이 true일 때 차례로 처리된다.
        문3;
        …
}
```

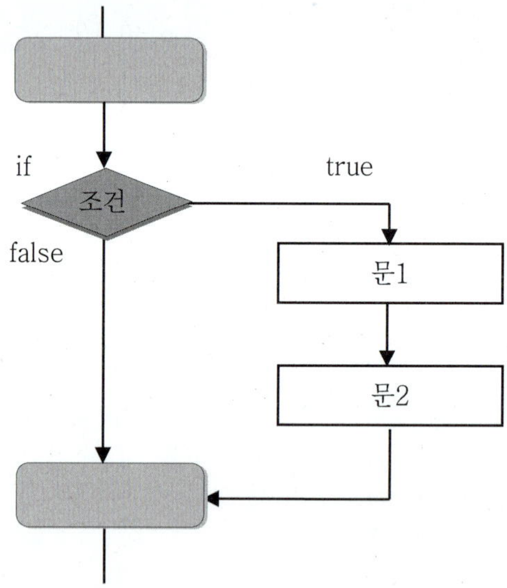

그림 5-5 복수의 명령문을 if 문 가운데서 처리함

▶ if 문에서는 { } 블록 내의 복수의 명령문을 처리할 수가 있다.

구체적인 예를 들어본다.

Sample2.c ▸ 복수의 명령문을 처리하는 if 문을 사용한다.

```
#include <stdio.h>


int main()
{
   int res;

   printf("정수를 입력하시오.\n");

   scanf("%d",&res);

   if (res ==1) {                    ← 1이 입력된 경우(조건이 ture인 경우) …

       printf("1이 입력되었다.\n");   ┐
        printf("1을 선택하였다.\n");   ┘ 블록 내부가 순차적으로 처리된다.
    }

  printf("처리를 종료합니다.\n");

  return 0;

}
```

Sample2의 실행 화면 1

```
정수를 입력하시오.
1⏎
1이 입력되었다.  ┐
1을 선택하였다.  ┘ 블록 내부가 순차적으로 처리되고 있다.
처리를 종료합니다.
```

사용자가 1을 입력한 경우는 조건이 true가 되기 때문에 블록내의 처리가 차례로 실행되고, 두 줄의 처리 결과가 출력된다. 만약 1 이외의 숫자를 입력한 경우에는 블록내의 처리가 실행되지 않고 다음과 같이 처리된다.

Sample2의 실행 화면 2

```
정수를 입력하시오.
10⏎
처리를 종료합니다.  ← 블록 내의 처리는 행하지 않았다.
```

여러 가지 처리 결과를 비교하면 실행되지 않는 처리가 있다는 것을 알 수 있다.

```
         if(res == 1) {            true
false
                printf("1이 입력되었다.\n");
                printf("1을 선택하였다.\n");
         }
           printf("선택을 종료합니다.\n");
```

그림 5-6 복수의 명령문을 if 문 가운데에서 처리

5.2.3 블록을 하지 않으면 어떻게 될까?

다음 프로그램은 Sample2와 비슷하지만 실행하면 어떻게 될까?

```
#include <stdio.h>


int main()
{
        int res;
        printf("정수를 입력하시오.\n");

       scanf("%d",&res);

         if (res ==1)
                printf("1이 입력되었다.\n");
                printf("1을 선택하였다.\n");

        printf("처리를 종료합니다.\n");
        return 0;
}
```

이 문(①)만이 if 문의 내용으로 되어 있다.

이 문(②)은 if 문 밖의 처리로 되어 있다.

```
정수를 입력하시오.
2↵
1을 선택하였다. ← 이상하게 출력이 되었다.
처리를 종료합니다.
```

화면을 보면 의도하지 않은 처리가 실행되고 있음을 알 수 있다. 이것은 복수의 명령문을 처리하려고 프로그램을 작성했는지 모르지만 { }로 블록을 만드는 것을 빠뜨렸기 때문에 발생한 에러이다. 블록이 없기 때문에 if 문의 내용은 ① 뿐이라고 취급되기 때문이다. 이와 같은 것을 방지하기 위해서는 어디가 if 문의 구문인가를 들여쓰기(indent)를 하거나 하나의 명령문이라도 { }로 블록을 만들어서 읽기 쉬운 코드를 작성하려는 습관을 갖는 것이 좋다.

블록 내에서는 들여쓰기(indent)를 하여 읽기 쉽게 만든다.

세미콜론에 대한 주의

문에서는 세미콜론(;)의 위치에 주의하여야 한다. 보통 if 문은 한 줄에 조건을 기술하고 줄을 바꾸지만 그 조건 행에는 세미콜론을 붙이지 않는다.

```
if(res == 1)  //이 행에는 세미콜론을 붙이지 않는다.
        printf("1이 입력되었다.\n"); //이 행에는 세미콜론을 붙인다.
```

또한 실수로 첫 번째 행에 세미콜론을 붙여도 컴파일러는 에러를 출력하지 않는다. 따라서 실행할 때에 잘못 동작하기 때문에 주의하기 바란다.

5.3 if~else 문의 구조

5.3.1 if~else 문의 구조

5.2절의 if 문에서는 조건이 true인 경우만 특정한 처리를 하였다. if 문의 여러 가지 변형된 형태로 조건이 false인 경우에 지시된 명령문을 실행시키는 구문도 있다. 그것이 if~else 구문이다.

if~else 구문

```
if (조건)
        문1 ;
else
        문2;
```

이 구문에서는 조건이 true인 경우는 문1을 false인 경우는 문2를 처리한다. 이 장의 앞의 예를 다시 살펴보면 다음과 같이 형태가 된다.

```
if(좋은 성적을 얻었다)
        여행을 간다.
else
        다시 열심히 공부한다.
```

여기서 좋은 성적을 얻었다라는 조건이 false가 되어도 특정한 처리인 (다시 열심히 공부한다)를 실행할 수 있다.

또한 if~else 문에서도 { }의 블록으로 복수의 명령문을 처리할 수 있다. 이 구문은 다음과 같다.

복수의 명령문을 처리하는 if~else 구문

```
if (조건) {
        문1;   ─┐
        문2;   ─┴── 조건이 true이면 순차적으로 처리된다.
        …
}
else{
        문3;   ─┐
        문4;   ─┴── 조건이 false이면 순차적으로 처리된다.
        …
}
```

이 구문에서는 조건이 true인 경우 문1, 문2, … 등의 순서로 처리를 하고 false인 경우는 문3, 문4, … 등의 순서로 처리를 한다.

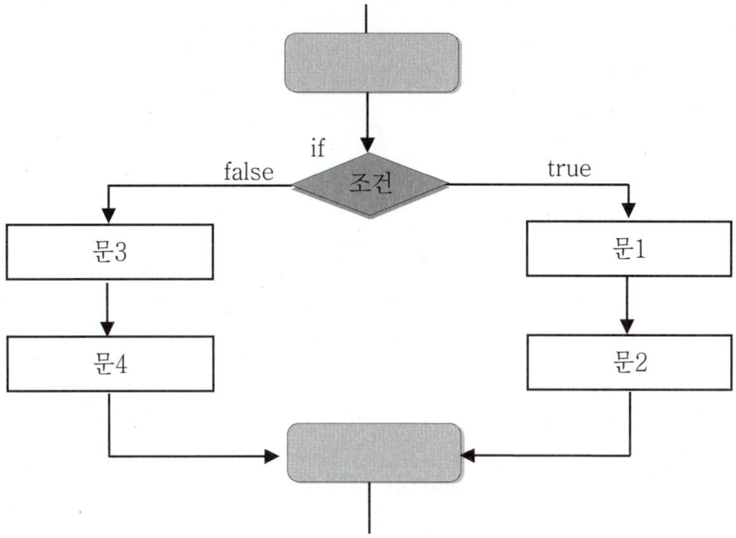

그림 5-7 if~else 문 가운데서 처리한다.

▶ if~else 문에서는 조건이 true인 경우와 false인 경우에 다른 처리를 행할 수 있다. 블록내의 복수문도 처리할 수 있다.

if~else 문의 처리를 시험하기 위하여 다음과 같은 코드를 입력해 보자.

Sample3.c ▸ if~else 문을 사용한다.

```
#inculude < stdio.h>


int main( )
{
   int res ;

   printf("정수를 입력하시오.\n");

   scanf("%d",&res);


  if (res==1) {
     printf("1이 입력되었다.\n");

  else {
     printf("1 이외의 숫자가 입력되었다.\n");
  }

  return 0 ;
}
```

① 1이 입력된 경우(조건이 true인 경우)에 처리된다.

② 1 이외의 숫자가 입력된 경우(조건이 false인 경우)에 처리된다.

Sample3의 실행 화면 1

```
정수를 입력하시오.
1↵
1이 입력되었다.
```

Sample3의 실행 화면 2

```
정수를 입력하시오.
10↵
1이외의 숫자가 되었다.
```

사용자가 1을 입력한 경우와 10을 입력한 경우의 두 가지를 화면에 나타내었다. 1을 입력한 경우는 지금까지와 마찬가지로 ①이 처리되었지만 그 이외의 경우에는 ②가 처리되었다. if~else 문에서는 이와 같이 복잡한 처리를 행할 수 있다.

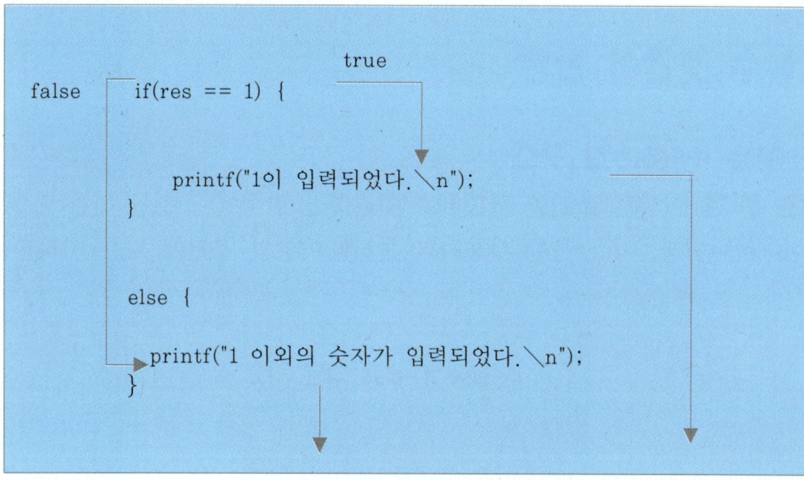

그림 5-8 if~else 문의 흐름도

복문

여러 개의 문을 통합한 블록을 복문이라고 한다. if 문에서는 단문 대신에 복문을 기술할 수 있다. C에서는 단문이 기술되고 있는 곳이라면 그곳에 복문을 기술할 수 있도록 되어 있다.

5.4 복수 조건의 판단

5.4.1 if~else if~else의 구조

if 문에서는 두 개 이상의 조건을 판단하고 처리하는 변형된 구조를 만들 수 있다. 이것이 if~else if~else이다. 이 구문을 사용하면 두 개 이상의 조건에 따른 처리를 할 수 있게 된다.

if~else if~else 구문

```
if(조건1) {
        문1;
        문2;      ── 조건 1이 true인 때의 처리를 한다.
        …
}
else if(조건2) {
        문3;
        문4;      ── 조건 1이 false이고 조건 2가 true인 때의 처리를 한다.
        …
}
else if(조건3) {
        …         ── 마찬가지로 몇 개의 조건이라도 조사할 수 있다.
}
else{
…                 ── 모든 조건이 false인 때의 처리를 한다.
}
```

이 구문에서는 조건 1을 판단하여 true인 경우에는 문1, 문2, …의 처리를 행한다. 만약 false이라면 조건 2를 판단하여 문3, 문4, …의 처리를 행한다. 이와 같은 순서로 조건을 판단해 가고, 어떤 조건에서도 false인 경우는 마지막에 있는 else 이하의 문이 처리된다. 예를 들면 다음과 같은 경우이다.

```
if(영어 성적이  A이다)
        외국 여행을 한다.
else if(영어 성적이 B이다)
        국내 여행을 한다.
else if(영어 성적이 C이다)
        더욱 열심히 공부한다.
```

상당히 복잡한 처리를 할 수 있다는 것을 알 수 있다. else if 문의 조건은 몇 가지라도 설정 가능하고 마지막의 else 문은 생략도 가능하다. 마지막 else 문을 생략하고 어떤 조건에도 해당하지 않는 경우, 이 코드 내에서 실행되는 문은 존재하지 않게 된다.

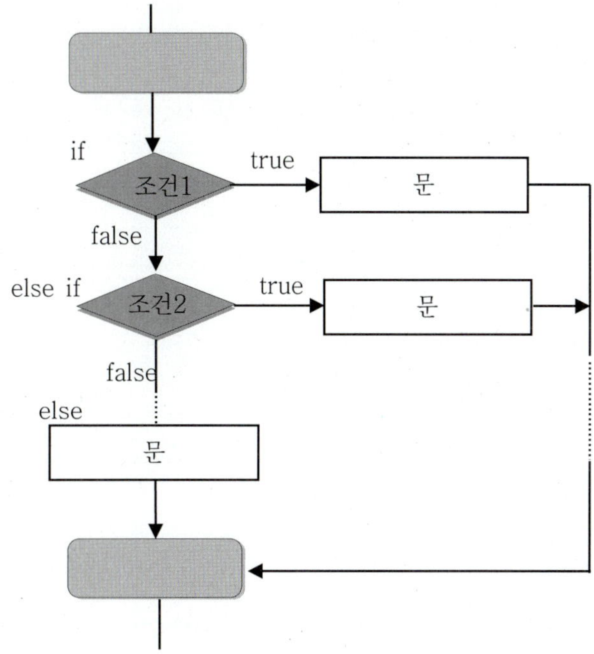

그림 5-9 if~else if~else

▶ if~else if ~else에서는 복수의 조건에 따른 처리가 가능하다.

이 구문을 이용하면 복수의 조건에 따른 처리를 할 수 있다. 그럼 다음 코드를 살펴보자.

Sample4.c ▸ if~else if~else 문을 사용한다.

```
#include <stdio.h>


int main ( )
{
    int res ;

    printf("정수를 입력하시오.\n");

   scanf("%d",&res);


    if(res == 1) {
      printf("1이 입력되었다.\n");
  }
  else if(res == 2) {
      printf("2가 입력되었다.\n");
  }
  else {
      printf("1이나 2를 입력하여 하시오.\n");
  }

  return 0 ;
}
```

① 1이 입력된 경우의 처리이다.

② 1이 입력된 경우의 처리이다.

③ 1이나 2 이외의 값이 입력된 경우의 처리이다.

Sample4의 실행 화면 1

```
정수를 입력하시오.
1↵
1이 입력되었다.
```

Sample4의 실행 화면 2

```
정수를 입력하시오.
2↵
2가 입력되었다.
```

Sample4의 실행 화면 3

```
정수를 입력하시오.
3↵
1이나 2를 입력하시오.
```

1을 입력하는 경우 처음 조건은 true가 되기 때문에 ①이 처리되고, 다른 부분은 처리되지 않는다.
2를 입력하면 처음 조건은 false가 되기 때문에 다음 조건을 판단한다. 두 번째 조건은 true가 되기 때문에 이번에는 ②가 처리된다.

1이나 2 이외의 값을 입력한 경우(첫 번째와 두 번째가 모두 false 인 경우), 반드시 ③이 처리된다. 이와 같이 if~else if~else를 사용하면 몇 가지 복잡한 조건을 판단하여 복잡한 처리를 행할 수 있다.

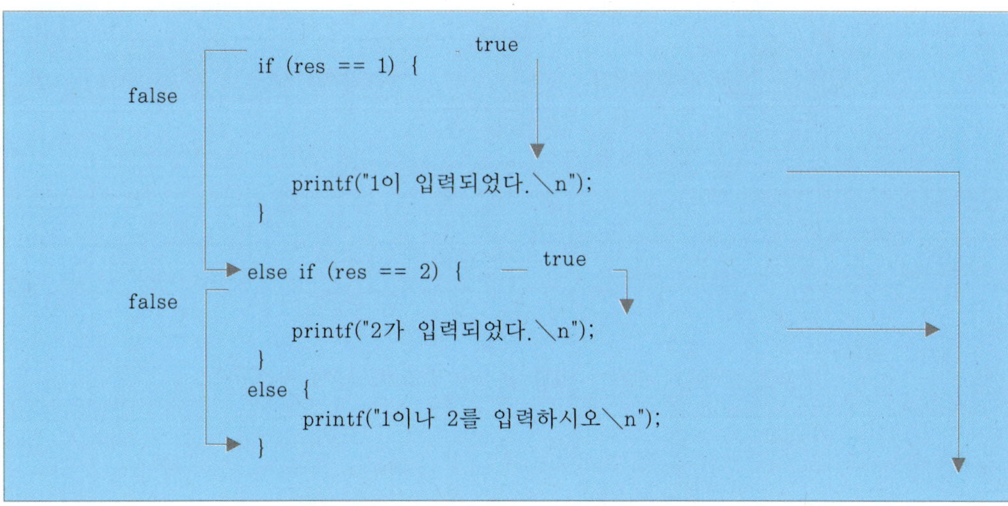

그림 5-10 if~else if~else의 흐름도

5.5 switch 문

5.5.1 switch 문의 구조

C에서는 if 문과 마찬가지로 조건에 따라 처리를 제어하는 switch 문(switch statement)이라고 하는 구문이 있다. switch 문은 다음과 같이 되어 있다.

switch 문의 구문

```
switch(식)
  case 값1:
        문1;      ←식1의 평가가 값1과 같을 때 처리된다.
        ...
        break;

  case 값2:
        문2;      ←식1의 평가가 값2와 같을 때 처리된다.
        ...
        break;
  default:
        문D;    ←식1의 평가가 어떤 값과도 같지 않을 때 처리된다.
        ...
        break;
}
```

switch 문에서는 switch 문의 식이 case 뒤의 값과 일치하면, 그 뒤의 문에서부터 break까지의 문을 실행한다. 만약 어떤 값에도 해당하지 않으면 default: 이하의 문을 실행한다. default:는 생략도 가능하다.

switch 문은 예를 들면 다음과 같이 처리된다.

```
switch(영어성적){
   case A :
      외국 여행을 한다.
      break;
   case B :
      국내 여행을 한다.
      break;
```

```
    case C :
        더욱 열심히 공부한다.
        break;
}
```

switch 문을 사용하면 if~else if~else 문을 간단하게 기술할 수 있는 경우가 있다.

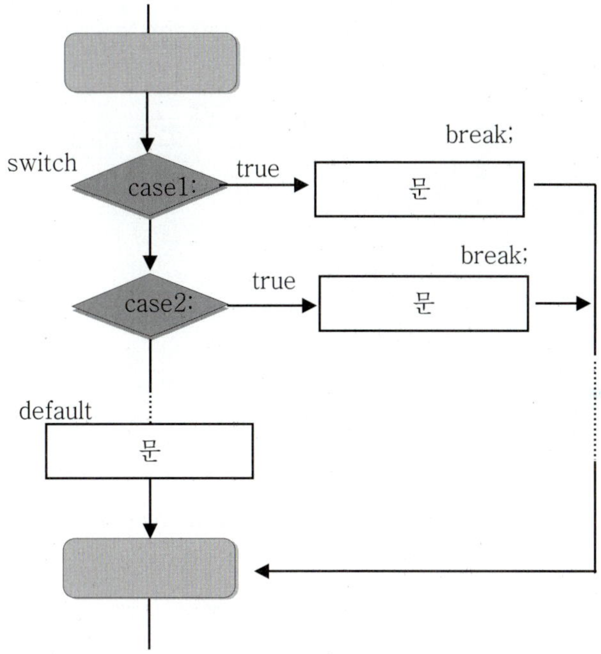

그림 5-11 swich 문

▶ switch 문을 사용해도 복수의 조건에 대응하는 처리를 할 수 있다.

switch 문을 사용한 예를 살펴보자.

Sample5.c ▸ switch 문을 사용한다.

```
#include <stdio.h>


int main ( )
{
    int res ;

    printf("정수를 입력하시오.\n");
    scanf("%d",&res);


    switch (res) {
       case 1 :
           printf("1이 입력되었다.\n");
           break ;
       case 2 :
           printf("2가 입력되었다.\n");
           break ;
      default :
           printf("1이나 2를 입력하시오.\n");
           break ;
    }
    return 0 ;
}
```

1이 입력된 경우의 처리이다.

2가 입력된 경우의 처리이다.

1,2 이외의 숫자가 입력된 경우의 처리이다.

이 코드는 변수 res의 값을 판단하여 Sample4의 if~else if~else의 문과 똑같은 처리를 하고 있다. 결과도 같다.

switch 문에서는 몇 가지 조건이 있는 복잡한 if~else if~else 문을 간단하게 나타낼 수 있다. 단 switch 문의 경우, 값을 판단하는 식(여기서는 변수 res)은 정수형으로만 되어야 한다.

5.5.2 break 문이 빠져 있는 경우

break 문을 취급하기 위해서는 몇 가지 주의할 점이 있다. 아래의 코드를 살펴보자. 이 코드는 sample5의 코드에 break 문이 빠진 경우이다.

```
#include < stdio.h>


int main ( )
{
    int res ;

    printf("정수를 입력하시오.\n");

    scanf("%d",&res);


    switch(res) {                          break 문이 빠진 switch 문이다.
       case 1 :
           printf("1이 입력되었다.\n");
       case 2 :
           printf("2가 입력되었다.\n");
       default :
           printf("1이나 2를 입력하시오.\n");
}
 return 0 ;
}
```

이 코드를 실행하면 다음과 같은 화면이 출력된다.

```
정수를 입력하시오.
1↵
1이 입력되었다.
2가 입력되었다.             ← 잘못된 출력을 하고 있다.
1이나 2를 입력하시오.       ← 잘못된 출력을 하고 있다.
```

이 코드는 1을 입력한 때에 case 1: 이하의 모든 문이 출력되는 잘못된 처리를 하고 있다. 처음부터 break라는 문은

문의 흐름을 강제적으로 중단시키는 역할을 하고 있다.

switch 문에서는 break 문이 있는가? 블록이 종료할 때까지 블록 내의 문이 순차적으로 처리되기 때문에 올바른 위치에 break 문을 작성하지 않으면 잘못된 결과를 초래하게 된다.

switch 문 중에 break 문의 위치에 주의하기 바란다.

5.6 논리 연산자

지금까지 여러 가지 조건을 사용한 조건 판단문에 대하여 언급하였다. 이와 같은 문 가운데서 아주 복잡한 조건을 작성하는데 편리한 경우가 있다. 예를 들면 다음과 같은 경우를 생각해 보자.

성적이 A이고 또 돈이 있다면 …
→ 해외여행을 간다.

이 경우 조건에 해당하는 부분은 5.1절에서 취급한 예보다도 약간 더 복잡한 경우이다. 이와 같이 복잡한 조건을 C에서 기술하려는 경우에는 논리 연산자(logical operator)라고 하는 연산자를 사용한다. 논리 연산자는 다음과 같은 역할을 한다.

조건 값을 평가하여 true 또는 false의 값을 얻는다.

예를 들면 위의 조건을 논리 연산자를 이용하여 기술하면 다음과 같이 된다.

(성적이 A이다) && (돈이 있다)

&& 연산자는 왼쪽 항과 오른쪽 항이 동시에 true인 경우에 전체 값을 true로 하는 논리 연산자이다. 이것은 성적이 A이고 또 돈이 있는 경우에 이 조건은 true가 된다. 어떤 한쪽이라도 true가 성립되지 않으면 전체 조건은 false가 되어 성립되지 않는다.
논리 연산자는 다음 표와 같이 평가되도록 되어 있다.

표 5-2 논리 연산자

<table>
<tr><th rowspan="2">연산자</th><th rowspan="2">ture인 경우</th><th colspan="3">평가</th></tr>
<tr><th>왼쪽</th><th>오른쪽</th><th>전체</th></tr>
<tr><td rowspan="4">&&</td><td rowspan="4">오른쪽 항·왼쪽 항이 동시에 true인 경우
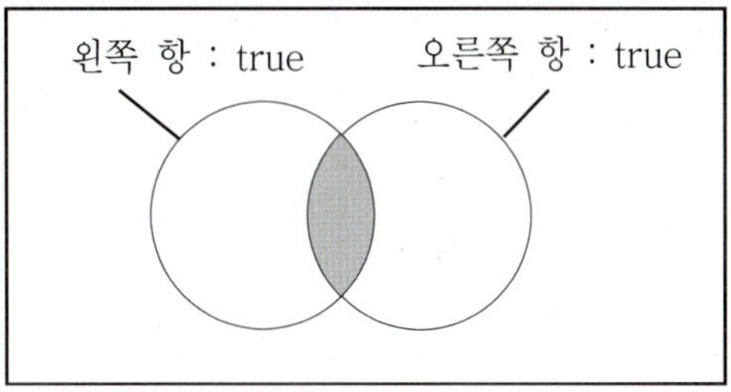
</td><td>flase</td><td>flase</td><td>fasle</td></tr>
<tr><td>flase</td><td>true</td><td>flase</td></tr>
<tr><td>true</td><td>false</td><td>flase</td></tr>
<tr><td>true</td><td>true</td><td>true</td></tr>
<tr><td rowspan="5">| |</td><td rowspan="5">오른쪽 항·왼쪽 항이 하나라도 true인 경우
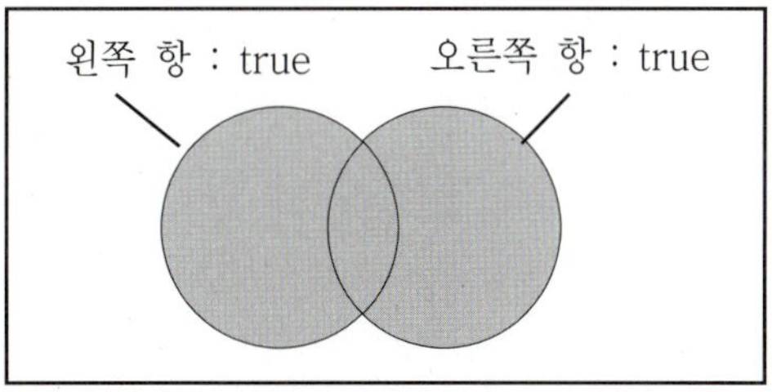
</td><th>왼쪽</th><th>오른쪽</th><th>전체</th></tr>
<tr><td>flase</td><td>true</td><td>flase</td></tr>
<tr><td>flase</td><td>true</td><td>true</td></tr>
<tr><td>true</td><td>true</td><td>true</td></tr>
<tr><td>true</td><td>true</td><td>true</td></tr>
<tr><td rowspan="5">!</td><td rowspan="5">오른쪽 항이 false인 경우
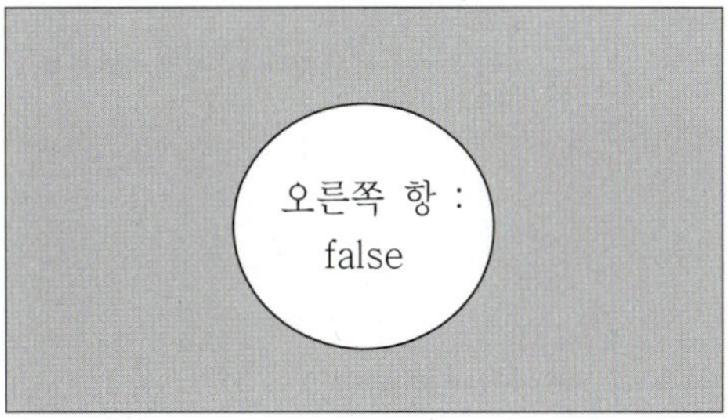
</td><th></th><th>오른쪽</th><th>전체</th></tr>
<tr><td></td><td>flase</td><td>true</td></tr>
<tr><td></td><td>true</td><td>flase</td></tr>
<tr><td></td><td></td><td></td></tr>
<tr><td></td><td></td><td></td></tr>
</table>

여기서 논리 연산자를 사용한 코드를 구체적으로 살펴보도록 한다.

```
5>3 && 3==4        ← ① 조건은 false이다.
a==6 || a >= 12    ← ② 이 조건은 변수 a의 값이 6 또는 12 이상인 때에
                     true가 된다.
!(a==6)     ← ③ 이 조건은 변수 a의 값이 6이 아닌 경우에 true가 된다.
```

&& 연산자를 사용한 식은 왼쪽 항과 오른쪽 항이 모두 true인 경우에만 전체가 true가 되었다. 따라서 조건 ①의 값은 false이다.

|| 연산자를 사용한 식은 왼쪽 항과 오른쪽 항 중에서 어느 한 쪽이 true이면 전체의 식이 true가 된다. 따라서 조건 ②는 변수 a에 기억되는 값이 6이거나 또는 13인 경우에는 true가 된다. 또 a가 5인 경우에는 false가 된다.

! 연산자는 피연산자를 한 개 갖는 단항 연산자로 피연산자가 false인 때는 true가 된다. 조건 ③은 변수 a가 6이 아닌 경우에는 true가 된다.

논리 연산자를 사용하면 조건을 조합하여 복잡한 조건을 만들 수 있다.

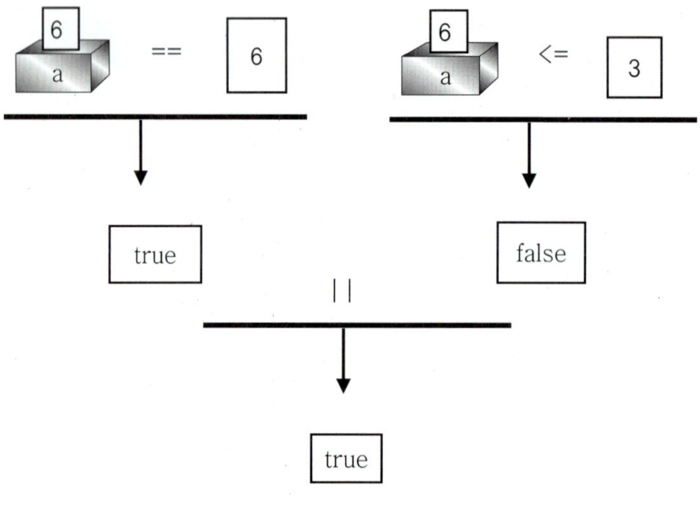

그림 5-12 논리 연산자

▶ 논리 연산자는 false나 true 값을 연산한다.

5.6.1 복잡한 조건의 판단

지금까지 학습한 if 문 등과 같은 조건문에서 논리 연산자를 사용하면 보다 복잡한 조건을 판단하는 처리를 할 수 있게 된다. 바로 논리 연산자를 사용해 보자.

Sample6.c ▶ 논리 연산자로 조건을 기술한다.

```
#include <stdio.h>

 int main( )
{
    char res ;

printf("당신은 남자입니까?\n");
printf("Y 또는 N로 입력하시오.\n");

scanf("%s",&res);

if (res == 'Y' || res == 'y'){
   printf("당신은 남자이군요.\n");
}
else if(res == 'N' || res == 'n') {
  printf("당신은 여자이군요.\n");
}
else {
   printf("Y나 N을 입력하시오.\n");
}

return 0 ;
}
```

- Y 또는 y가 입력된 경우의 처리이다.
- N 또는 n이 입력된 경우의 처리이다.
- Y, y, N, n 이외의 문자가 입력된 경우의 처리이다.

Sample6의 실행 화면 1

```
당신은 남자입니까?
Y 또는 N을 입력해 주세요.
Y⏎
당신은 남자입니다.
```

Sample4의 실행 화면 3

```
당신은 남자입니까?
Y 또는 N을 입력해 주세요.
n⏎
당신은 여자입니다.
```

Sample6은 키보드로부터 입력한 문자에 따라 처리를 행한다. 문자에는 Y와 y와 같이 대문자와 소문자가 있지만 여기에서는 대소문자를 구별하지 않는 처리를 행했다. 그리고 Sample6에서는 if 문의 조건에 논리 연산자 ||를 사용하였다. 또 문자는 ' '로 묶은 것이라고 생각하기 바란다.

||를 사용하여 if 문을 기술하면 Y 또는 y를 입력한 때에 같은 처리를 행할 수 있다.

5.6.2 비트(bit) 단위의 논리 연산자

C에서는 2진수로 수치를 나타낸 경우의 자릿수(bit)끼리 연산을 하기 위하여 비트 단위의 논리 연산자라고 하는 논리 연산자를 사용할 수 있다.

비트 단위의 논리 연산자란 다음과 같은 연산을 하는 것을 말한다.

> 2진수로 나타낸 하나 또는 두 개의 숫자 값의 각각 자릿수에 0이나 1의 어떤 한 값을 반환한다.

예를 들어 비트 논리 연산자 &는 두 개의 숫자 값이 모두 1인 경우에는 1이 되고, 그 이외는 0이 되는 연산을 행한다. 다음 예를 살펴보자.

```
    5    0000000000000101
  &12    0000000000001100   ← 1&0는 0으로 평가한다
  ----------------------
    4    0000000000000100
```

short int 형의 숫자 값을 사용하여 5&12의 연산을 행하면 위와 같은 결과가 된다. 연산결과 숫자 값은 4가 된다.

이와 같은 연산자 방법에 대하여 다음 표에서 정리하였다. 비트 단위의 논리 연산자는 정수형의 값을 연산하는 연산자이다. true 또는 false의 연산을 하는 논리 연산자와는 다르기 때문에 주의하기 바란다.

표 5-3 비트 단위의 논리 연산자

<table>
<tr><th>연산자</th><th>1이 되는 경우</th><th colspan="3">평가</th></tr>
<tr><td rowspan="5">&</td><td rowspan="5">왼쪽 항과 오른쪽 항의 비트가 동시에 1인 경우
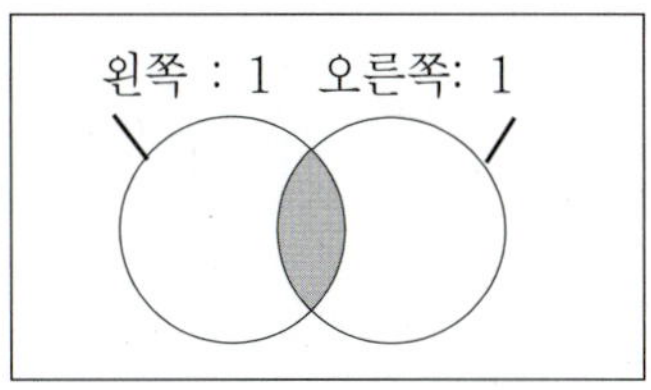
</td><th>왼쪽</th><th>오른쪽</th><th>전체</th></tr>
<tr><td>0</td><td>0</td><td>0</td></tr>
<tr><td>0</td><td>1</td><td>0</td></tr>
<tr><td>1</td><td>0</td><td>0</td></tr>
<tr><td>1</td><td>1</td><td>1</td></tr>
<tr><td rowspan="5">|</td><td rowspan="5">왼쪽 항과 오른쪽 항의 비트가 하나라도 1인 경우
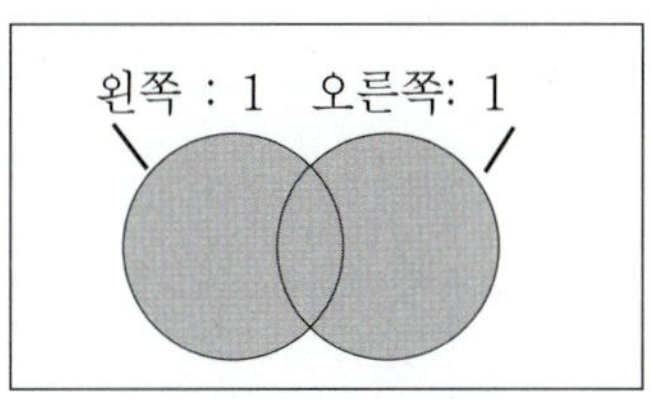
</td><th>왼쪽</th><th>오른쪽</th><th>전체</th></tr>
<tr><td>0</td><td>0</td><td>0</td></tr>
<tr><td>0</td><td>1</td><td>1</td></tr>
<tr><td>1</td><td>0</td><td>1</td></tr>
<tr><td>1</td><td>1</td><td>1</td></tr>
<tr><td rowspan="5">^</td><td rowspan="5">왼쪽 항과 오른쪽 항의 비트가 다른 경우
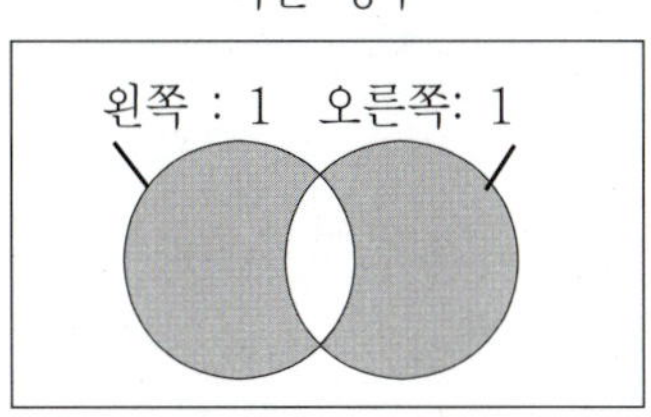
</td><th>왼쪽</th><th>오른쪽</th><th>전체</th></tr>
<tr><td>0</td><td>0</td><td>0</td></tr>
<tr><td>0</td><td>1</td><td>1</td></tr>
<tr><td>1</td><td>0</td><td>1</td></tr>
<tr><td>1</td><td>1</td><td>1</td></tr>
<tr><td rowspan="3">~</td><td rowspan="3">오른쪽 항의 비트가 0인 경우
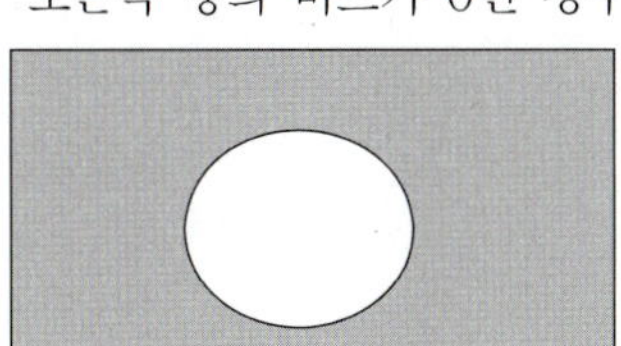</td><th></th><th>오른쪽</th><th>전체</th></tr>
<tr><td></td><td>0</td><td>1</td></tr>
<tr><td></td><td>1</td><td>0</td></tr>
</table>

5.6.3 조건 연산자의 구조

지금까지 복잡한 조건 판단을 행하는 방법에 대하여 살펴보았다. 한편 간단한 조건을 판단하는 경우는 if 문을 사용하지 않아도 조건 연산자(conditional operator)인 「?:」를 사용하여 작성할 수 있다. 다음의 코드를 살펴보자.

```
#include <stdio.h>

int main()
{
    int res;
    char ans;

    printf("몇 번째 코스를 선택하겠습니까? \n");
    printf("정수를 입력해 주세요.\n");

   scanf("&d", &res) ;

    if(res == 1)
       ans='A' ;
    else
      ans= 'B' ;
                        if 문을 사용하여 조건 판단을 하고 있다.

    printf("%c 코스를 선택하였습니다.\n", ans);

    return 0 ;
```

이 코드는 res == 1이 true인 때 변수 ans에 문자 A를 대입하고 그 이외의 경우에는 B를 대입하는 처리를 if 문을 사용하여 행하였다.
이와 같은 간단한 조건 판단은 조건 연산자 ?:를 사용하여 다음과 같이 작성할 수 있다.

Sample7.c ▶ 조건 연산자를 사용한다.

```
#include <stdio.h>


int main()
{
    int res;
    char ans;

    printf("몇 번째 코스를 선택하겠습니까? \n");
    printf("정수를 입력해 주세요.\n");

   scanf("&d", &res);

    ans = (res==1) ? 'A' : 'B';

    printf("%c 코스를 선택하였습니다.\n", ans);

    return 0 ;
```

if 문을 사용하여 조건 판단을 하고 있다.

Sample7의 실행 화면

```
몇 번째 코스입니까?
정수를 입력해 주세요.
1↵
A 코스를 선택하였습니다.
```

if 문보다 간단하게 기술되었음을 알 수 있다. 조건 연산자 ?:의 사용 형식을 정리해보자.

조건 연산자 구문

```
조건 ? ture인 경우의 식1 : false인 경우의 식2
```

조건 연산자는 세 개의 피연산자를 갖는 연산자이다. 전체 식의 값은 조건이 true인 경우에 식1의 값, false인 경우에는 식2의 값이 된다.

Sample7에서 식의 값은 res==1이 true인 경우에 A, 그 외의 경우는 B가 된다. 즉, 어떤 한 가지 값이 변수 ans에 대입되게 된다.

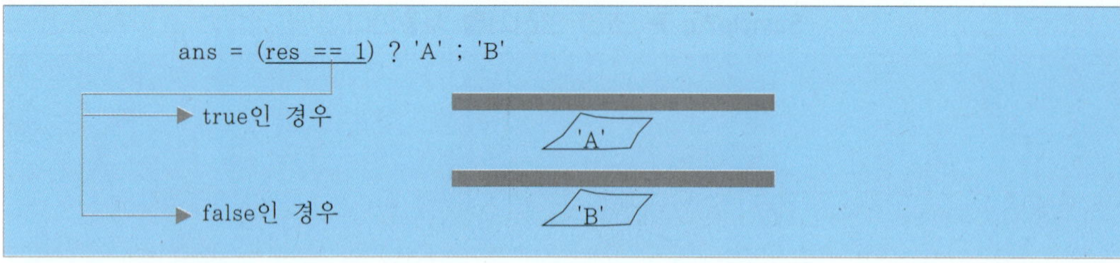

그림 5-13 조건 연산자

▶ 조건 연산자는 앞부분에 기술한 조건의 값에 따라 식의 값이 결정된다.

조건 연산자를 사용하면 간단한 조건에 대응하는 처리를 기술할 수 있다.

5.7 예제

예제 1 점수를 입력받아서 등급을 출력하는 프로그램을 작성하시오.

```
#include <stdio.h>
main()
{
        int score;
        printf("점수 입력 : ");
        scanf("%d", &score);

        if (score > 100) {
                printf("점수는 0에서 100사이입니다.\n");
        } else if ( (100 > score) && (score >= 90) ) {
                printf("학점은 A입니다.\n");
        } else if ( (90 > score) && (score >= 80) ) {
                printf("학점은 B입니다.\n");
        } else if ( (80 > score) && (score >= 70) ) {
                printf("학점은 C입니다.\n");
        } else if ( (70 > score) && (score >= 60) ) {
                printf("학점은 D입니다.\n");
        } else if ( (60 > score) && (score >= 0) ) {
                printf("학점은 F입니다.\n");
        } else if (0 > score) {
                printf("점수는 0에서 100사이입니다.\n");
        }
}
```

결과

```
점수 입력 : 97
학점은 A입니다.
Press any key to continue
```

예제2 0에서 9까지의 숫자를 입력받아서 영문으로 출력하는 프로그램을 작성하시오. (만약 0에서 9사이의 숫자가 아니면 Error Message를 출력한다.)

```
#include <stdio.h>
main()
{
        int InData;
        printf("0에서 9까지의 수를 입력 : ");
        scanf("%d", &InData);
        switch(InData) {
        case 0 : { printf("zero\n");
                   break; }
        case 1 : { printf("one\n");
                   break; }
        case 2 : { printf("two\n");
                   break; }
        case 3 : { printf("three\n");
                   break; }
        case 4 : { printf("four\n");
                   break; }
        case 5 : { printf("five\n");
                   break; }
        case 6 : { printf("six\n");
                   break; }
        case 7 : { printf("seven\n");
                   break; }
        case 8 : { printf("eight\n");
                   break; }
        case 9 : { printf("nine\n");
                   break; }
        default : { printf("입력 오류(Input Error), 0에서 9까지의 숫자만
            입력 가능\n");
                   break; }
        }
}
```

결과

```
0에서 9까지의 수를 입력 : 3
three
Press any key to continue
```

제 6 장

반복문

6.1 for 문

6.1.1 for 문의 구조

제5장에서는 조건의 값에 따라서 처리를 하는 문을 제어하는 방법을 학습하였다. C에서는 이외에도 복잡한 처리를 할 수 있다. 예를 들어 다음과 같은 상황을 생각해보자.

시험에 합격할 때까지는 …
→ 시험을 계속 본다.

우리는 일상생활 속에서도 반복적인 처리를 행하고 있다. 아침에 일어나서, 이를 닦고, 학교에 간다 …, 우리의 일상생활은 이와 같은 일들의 반복적인 수행이다. C에서는 이와 같은 처리를 반복문(loop 문: loop statement)이라고 하는 구문으로 기술할 수 있다. C에서 반복문은 for 문, while 문, do~while 문의 세 가지 변형된 형태가 있다.

이 장에서는 먼저 for 문(for statement)부터 차례로 학습하기로 한다. 먼저 for 문의 형식을 살펴보자.

for 문의 구문

```
for(초기화 식1; 반복 조건식2; 변화 식3)
        문;    ← 이 문을 반복 실행한다.
```

for 문 처리의 자세한 순서에 대해서는 예를 들어가면서 학습하기로 하고 여기서는 그 구조만을 익혀 두도록 한다.

또 for 문에서는 if 문과 마찬가지로 여러 개의 문에 대해서도 처리를 할 수가 있다. 여러 개의 문을 반복하는 경우는 if 문의 경우와 마찬가지로 { }로 에워싸서 블록을 만들면 된다.

for 문의 구문

```
for(초기화 식1; 반복 조건식2; 변화 식3){
        문1;  ─┐
               ├── 이 문을 반복 실행한다.
        문2;  ─┘
        …
}
```

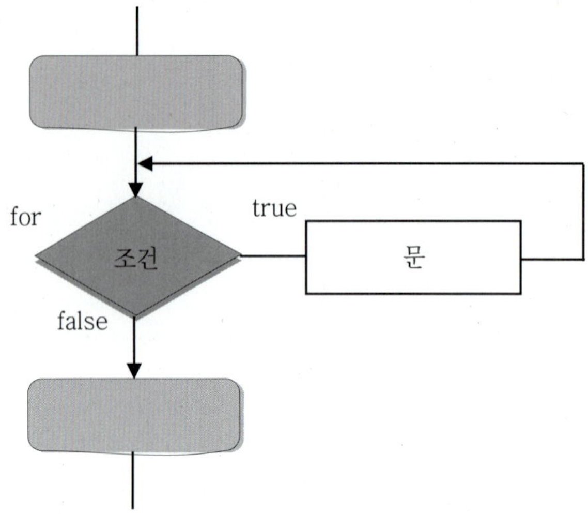

그림 6-1 for 문

▶ for 문을 사용하면 반복 처리를 행할 수 있다.

for 문에서 블록을 사용하면 블록 내의 문1, 문2 … 의 순서대로 처리를 반복할 수 있게 된다. 여기서 실제로 for 문을 사용해 보도록 하자.

Sample1.c ▶ for 문을 사용한다.

```
#include <stdio.h>

int main ( )
{
     int i;
     for(i=1 ; i<=5 ; i++)
          printf("반복하고 있습니다. \n");
     }
     printf("반복이 종료되었습니다. \n");
    return 0;
}
```

변수 i를 1씩 증가시키면서 i <=5가 false가 될 때까지…

이 문이 반복된다.

Sample1의 실행 화면

```
반복하고 있습니다.
반복하고 있습니다.
반복하고 있습니다.
반복하고 있습니다.
반복하고 있습니다.
반복이 종료되었습니다.
```

for 문에서는 반복하는 횟수를 카운트하기 위하여 변수를 이용한다. 예를 들면 이 코드에서는 변수 i를 사용하고 있다. 그리고 다음과 같은 순서로 처리를 행하게 된다.

① 식1에 따라서 변수 i를 초기화 한다.

↓

② 식2의 조건이 true이라면, 블록내의 문을 처리하면서 식3을 체크한다.

↓

③ 식2의 조건이 false가 될 때까지 ②를 반복한다.

즉, 이 for 문에서는 변수 i를 1로 초기화한 후에 조건 i <=5가 false가 될 때까지 i++를 반복해서 「반복하고 있습니다」라고 출력하는 문을 처리한다.

다음과 같은 상황을 생각해보면 for 문을 쉽게 이해할 수 있을 것이다.

```
for(int i=1; i<=5; i++){
        시험을 본다.
}
```

for 문의 처리에서는 변수 i가 1부터 5까지 증가하는 사이에 시험을 본다를 반복 수행한다. 즉, 이 경우에는 시험을 전부 다섯 번 반복하여 보는 것이 된다.

for 문을 사용하면 반복적인 처리를 기술할 수 있다.

6.1.2 loop 내에서 변수의 기술

이번 Sample1에서는 반복적으로 화면에 문자가 출력되도록 하고 있다. 이 때, 반복되는 횟수를 출력하도록 하면 편리하다. 이를 위하여 다음과 같이 코드를 입력해보자.

Sample2.c ▶ 반복 횟수를 출력한다.

```
#include <stdio.h>


int main ( )
{
    int i;
    for (i=1 ; i<=5 ; i++)
        printf( "%d 번 반복합니다.\n", i);
    }
    printf("반복이 종료되었습니다.\n");

    return 0 ;
}
```

반복 처리에서 변수 i를 사용하고 있다.

Sample2의 실행 화면

```
1번 반복합니다.
2번 반복합니다.
3번 반복합니다.
4번 반복합니다.
5번 반복합니다.
반복이 종료되었습니다.
```

반복하는 대로 값이 증가된다.

반복문 중에서는 반복 횟수의 카운터로 사용되는 변수 i의 값을 출력할 수 있다. 이 코드를 실행하면 블록 가운데에서 변수 i의 값이 1씩 증가하면서 반복 실행되고 있는 것을 확인할 수 있을 것이다. 몇 번 반복할 것인가를 한 눈에 알 수 있다.

```
for(int i=1; i <= 5; <i++){

        과목 i의 시험을 본다.
}
```

이 문은 과목 1부터 5까지 모두 5회의 시험을 보는 처리를 하고 있다. 복수의 처리를 간단한 코드로 기술할 수 있다. 시험을 보는 과목이 증가하는 경우라도 곧바로 대응을 할 수 있다. 이와 같이 반복문 중에서 변수를 사용하면 변화에 적절하게 대응할 수 있는 프로그램을 작성할 수 있게 된다.

for 문 중에서 선언한 변수 i는 for 문 내에서만 출력할 수가 있다. 이 i는 for 문의 블록 밖에서는 사용할 수가 없다. 만약 블록 밖에서도 i를 사용하는 경우는 for 문을 시작하기 전에 i를 선언해 둔다.

```
int i ;
for(i=1; i<5; i++) {
    printf("%d 번 반복합니다.\n", i);
}
    printf("%d 번 반복하였습니다. \n", i);
```

for 문 밖에서 i를 선언하면 …

for 문 밖에서도 i를 사용할 수 있다.

변수를 for 문의 반복 중에서 사용하면 반복 횟수 등을 나타낼 수 있다.

6.1.3 for 문의 응용

여기서는 for 문을 응용한 프로그램을 몇 가지 작성해 보도록 한다. 다음과 같은 코드를 입력해보자.

Sample3.c ▶ 입력한 수만큼 *를 출력시킨다.

```
#include <stdio.h>

int main ( )
{
   int num, i;

   printf("몇 개의 *를 출력합니까? \n");

   scanf("%d",&num);

   for(i=1 ; i<=num; i++) {
       printf("*");
   }
   printf("\n");

   return 0 ;
}
```

수를 입력시킨다.

입력한 수만큼 *를 반복 출력시킨다.

Sample3의 실행 화면

```
몇 개의 *를 출력합니까?
10↵
 **********
```

입력한 수만큼 *를 출력하였다.

프로그램을 실행하면 입력한 수만큼 *가 출력된다. for 문을 사용해서 입력한 수만큼 출력을 반복시키기 위한 것이다. * 부분을 다른 문자로 반복하면 여러 가지 기호나 문자를 출력할 수 있다. 각자 여러 문자로 바꾸어 실행해 보기 바란다.
다음에는 1부터 입력한 수까지를 순차적으로 합산하는 프로그램을 작성해보자.

Sample4.c ▶ 입력한 수만큼 합산을 한다.

```
#include <stdio.h>

int main( )
{
   int num, i;
   int sum = 0 ;

   printf("몇까지 합산을 할까요?\n");

   scanf("%d",&num);

   for(i=1; i<=num ; i++) {
       sum += i ;
   }

   printf("1부터 %d까지의 합산은 %d입니다.\n", num, sum);

   return 0 ;

}
```

수를 입력시킨다.

i가 입력된 수에 도달할 때까지 덧셈을 반복한다.

Sample4의 실행 화면

```
몇까지 합산을 할까요?
10↵
1부터 10까지의 합산은 55입니다.
```

1부터 입력한 수까지의 합산을 구했다.

여기에서도 마찬가지로 입력한 수까지 반복 처리를 행하고 있다. for 문 중에서는 변수 sum에 변수 i의 값을 더한다는 것에 주의하기 바란다. 변수 i의 값은 1부터 1씩 증가해가기 때문에 이 반복 처리로 1부터 입력한 수까지 합산을 할 수 있다.

sum		i	새로운 sum 값		
0	+	1	1		1번째 반복
1	+	2	3		2번째 반복
3	+	3	6		3번째 반복
6		4	10		4번째 반복
				…	
45	+	10	55		10번째 반복

6.2 while 문

C에서는 for 문과 마찬가지로 지정된 문을 반복시킬 수 있는 구문이 있다. 그 하나가 while 문(while statement)이다.

while 문의 구문 구조

```
while(조건){
        문;
        …
}
```

- while(조건){ → 조건이 true인 경우에 …
- 문; … → 블록내의 문을 순차적으로 반복 처리한다.

while 문에서는 조건이 true가 되는 한 지정된 문을 몇 번이라도 반복 처리할 수 있다. 이 장에서는 처음의 예에 비추어서 while 문을 다음과 같은 구문으로 표시할 수 있다.

```
while(시험에 합격하지 못하였다){
        시험을 본다.
}
```

while문에서는 시험에 합격하지 못하였다는 조건이 false가 될 때까지 시험을 보는 처리를 반복한다. 이 while 문에서는 처리를 시작하기 전에 시험에 이미 합격했으면 시험을 본다는 처리를 실행하지 않는다. 그림을 보면서 반복 처리를 계속 살펴보도록 하자.

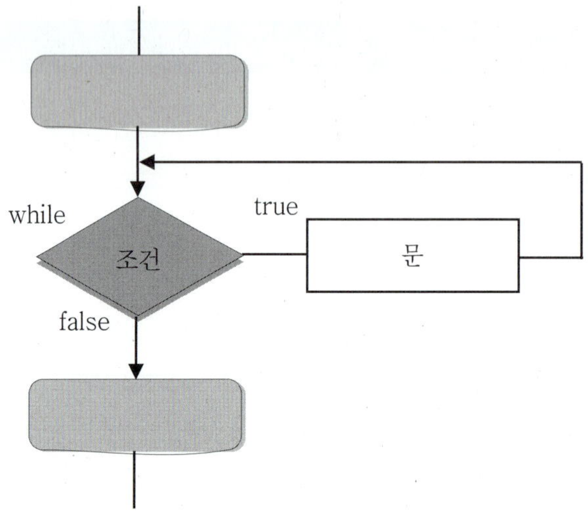

그림 6-2 while 문

▶ while 문을 사용하면 조건이 false가 될 때까지 반복 처리를 행할 수 있다.

그러면 여기서 while 문을 사용한 코드를 기술해 보도록 하자.

Sample5.c ▶ while 문을 사용한다.

```
#include <stdio.h>

int main( )
{
    int i = 1 ;
    while( i <= 5) {
        printf("%d 번째 반복입니다.\n",i);
        i++ ;
    }
    printf("반복을 종료합니다.\n");

    return 0 ;
}
```

Sample5의 실행 화면

```
1번째 반복입니다.
2번째 반복입니다.
3번째 반복입니다.
4번째 반복입니다.
5번째 반복입니다.
반복을 종료합니다.
```

실제로 이 while 문의 처리 내용은 Sample2의 for 문의 처리 내용과 아주 동일하다. 이 while 문에서는 조건 i <=5가 false가 될 때까지 반복을 계속하고 있는 것이다.

이 블록 내의 조건이 false에 접근하도록 변수 i의 값을 증가 시키고 있다. 일반적으로 반복문에서는 반복할 것인가, 중단할 것인가를 판단하기 위한 조건이 변화하도록 해두지 않으면 영원히 반복하는 무한 루프에 빠져버리게 된다. 다음의 예를 살펴보자.

```
int i = 1 ;
while( i <= 5) {
    printf("%d 번째 반복입니다.\n", i);
}
```

조건은 결정적으로 false가 되지 않기 때문에 무한 루프에 빠진다.

이 코드는 while 문의 조건 중에 변수 i의 값을 증가시키는 i++와 같은 문을 기술하지 않기 때문에 while문의 조건은 false가 되지 않는다. 따라서 이와 같은 프로그램을 실행하면 while 문의 처리가 영원히 반복되어 프로그램은 종료하지 못하게 된다. 조건의 기술에 대해서는 신중하게 생각하기 바란다.

while 문을 사용하면 반복 처리를 기술할 수 있다.
반복의 조건에 주의하기 바란다.

6.2.1 조건 기술의 생략

이제부터 if 문이나 while 문 등에서 관용적으로 사용하고 있는 조건의 기술 방법에 대하여 논의하도록 하자. 다음 코드를 살펴보자. 이것은 도대체 어떤 프로그램일까?

Sample6.c ▶ 관용적인 조건을 사용한다.

```
#include <stdio.h>


int main ( )
{
   int num = 1 ;                       num이 0이 될 때 반복이 종료됩니다.

   while(num) {
       printf("정수를 입력하시오. (0으로 종료) \n");
       scanf("%d", &num);
       printf("%d 이(가) 입력되었습니다.\n", num) ;
   }
   printf("반복이 종료되었습니다.\n");

return 0 ;
}
```

Sample6의 실행 화면

```
정수를 입력하시오. (0으로 종료)
1↵
1이(가) 입력되었습니다.
정수를 입력하시오. (0으로 종료)
10↵
10이(가) 입력되었습니다.
정수를 입력하시오. (0으로 종료)
5↵
5이(가) 입력되었습니다.
정수를 입력하시오. (0으로 종료)
0↵
0이(가) 입력되었습니다.
반복이 종료되었습니다.
```

이 코드는 입력한 정수를 반복하여 출력하는 프로그램이다. 이 반복은 사용자가 0을 입력한 때에 종료된다. 그러면 이 코드의 while 문 조건을 살펴보자. 이 while 문은 다음과 같이 되어 있다.

```
while(num) {
    …
```
num이 0인 때에 while문이 종료된다.

이것은 어떤 의미가 있는 것인가?

제5장에서 설명한 것처럼 정수형의 값은 true 또는 false로 변환된다. 따라서 이것은 int 형 변수 num의 값이 0 이외의 값이 되는 때는 true, 0인 때는 false로 변환되게 된다.

결국 이 while 문은 「num이 0이 되는 경우」, 즉, 사용자가 0을 입력한 때에 false가 되어 종료되는 것을 의미한다. 0 이외의 경우에는 while 문의 처리는 반복되게 된다.

이 조건을 관계 연산자를 이용하여 올바르게 작성하면, 다음과 같이 기술한다.

```
while(num ! = 0)) {
      …
```
num이 0인 때에 while 문이 종료한다.

이것들은 물론 관계 연산자를 이용하여 입력한 숫자 값이 0인가 0이 아닌가를 판단하는 것이다. 또 반대로 식이 0 이외의 값이 되는 때에 반복을 종료하는 조건도 잘 사용된다. 이 조건은 다음과 같이 작성한다.

```
while(!num) {
…
```
num이 0 이외의 값이 되는 때에 while 문이 종료된다.

!는 부정을 나타내는 논리 연산자이다. 이 조건은 아래의 조건과 동일하게 나타낼 수 있다.

```
while(num == 0) {
      …
```
num이 0 이외의 값이 되는 때에 while 문이 종료된다.

6.3 do~while 문

6.3.1 do~while 문의 구조

또 다른 반복을 행하는 구문을 살펴보자. 여기서는 do~while 문(do~while statement)을 설명한다. 이 구문에서는 마지막에 지정된 조건이 true이면 블록 내의 처리를 반복한다.

do~while 문의 구문 구조

```
do {
    문1
    ...
} while(조건);
```

블록내의 처리를 순차적으로 반복한다.

조건이 true이면 반복을 계속한다.

do~while 문이 while 문과 다른 점은 다음과 같다.

조건을 판단하기 전에 블록 내의 처리를 한다.

while 문에서는 최초의 반복 처리하기 전에 false라면 한 번도 처리를 행하지 않는다. 그러나 do~while 문에서는 적어도 한번은 반드시 블록 내를 처리한다.
예를 들면 while 문으로 처리한 예를 do~while 문으로 다시 작성해 보자.

```
do{
        시험을 본다.
}while(시험에 합격하지 못했다)
```

이것은 while 문과 마찬가지로 시험 보는 것을 계속해서 반복한다. 그러나 처리를 처음 하기 전에 시험에 이미 합격했어도 적어도 한번은 시험을 보는 처리를 행하는 셈이다. while 문과 비교해보기 바란다.

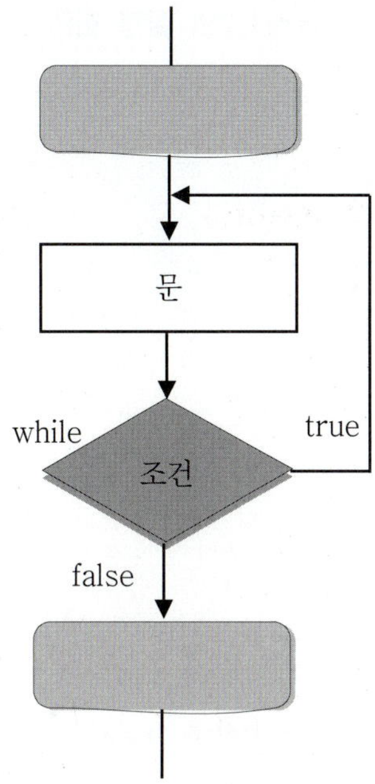

그림 6-3 do~while문

▶ while 문에서는 블록 내의 처리를 하기 전에 조건이 판단되지만, do~while 문에서는 블록내의 처리를 한 후에 조건이 판단된다.

이 코드는 Sample5.c를 do~while 문으로 다시 작성한 것이다.

Sample7.c ▶ do~while 문을 사용한다

```
#include <stdio.h>

int main ( )
{
      int i= 1 ;

      do{
         printf("%d 번째 반복입니다. \n", i);
          i ++ ;
      }while( i <= 5) ;

      printf("반복을 종료합니다.\n");

     return 0 ;
}
```

이 부분이 반복된다.

i<=5가 false이면 반복이 종료된다.

Sample7의 실행 화면

```
1번째 반복입니다.
2번째 반복입니다.
3번째 반복입니다.
4번째 반복입니다.
5번째 반복입니다.
반복을 종료합니다.
```

이들은 do~while 문을 사용하고 있지만 Sample5와 동일한 처리를 하고 있다. 이와 같이 같은 처리를 행하여도 여러 가지 다른 형태의 구문을 사용하여 기술할 수가 있다. 다양한 형태의 코드를 작성하는 연습을 해보기 바란다.

do~while 문을 사용하면 반복문을 기술할 수 있다.
do~while 문은 적어도 한번은 loop 본체를 실행한다.

6.4 문의 중첩

6.4.1 for 문의 중첩

지금까지 다양한 형태의 구문을 학습하여 왔다. 이러한 조건 판단문, 반복문 등의 구문에서는 복수의 문을 삽입하여 중첩을 시킬 수 있다. 예를 들면 다음과 같이 for 문 중에 또 다른 for 문을 사용하는 복잡한 기술을 할 수 있다.

for 문의 중첩 구문

```
for(식1-1; 식2-1; 식3-1){
        ...
        for(식1-2; 식 2-2; 식 3-2){
                ...
        }
}
```

for 문을 중첩할 수가 있다.

```
for (    ) {
    for(        ) {

    }

}
```

그림 6-4 문의 중첩

▶ for 문 등의 구문은 중첩하여 기술할 수 있다.

for 문을 중첩한 코드를 살펴보자.

Sample8.c ▶ for 문을 중첩한다.

```
#include <stdio.h>


int main( )
{
    int i, j;
    for (i=0; i<5; i++) {
       for (j=0; j<3; j++) {
           printf("i는 %d : j는 %d \n", i, j) ;
       }
    }

    return 0 ;
}
```

for 문이 중첩되어 있다.

Sample8의 실행 화면

```
i 는 0 : j 는 0
i 는 0 : j 는 1
i 는 0 : j 는 2
i 는 1 : j 는 0
i 는 1 : j 는 1
i 는 1 : j 는 2
i 는 2 : j 는 0
i 는 2 : j 는 1
i 는 2 : j 는 2
i 는 3 : j 는 0
i 는 3 : j 는 1
i 는 3 : j 는 2
i 는 4 : j 는 0
i 는 4 : j 는 1
i 는 4 : j 는 2
```

외측 loop를 1회 처리할 때마다 내측 loop는 3회 처리되고 있다.

외측 loop는 모두 5회 처리되고 있다.

이 코드에서는 변수 i를 증가시키는 for 문 가운데 변수 j를 증가시키는 for 문을 삽입하여서 중첩시키고 있다. 따라서 loop 내에서는 다음과 같은 처리가 행해진다.

```
변수 i를 증가시킨다.
↓                          변수 j 를 증가시킨다
↓                          변수 j 를 증가시킨다
↓                          변수 j 를 증가시킨다
변수 i를 증가시킨다.
↓                          변수 j 를 증가시킨다
↓                          변수 j 를 증가시킨다
↓                          변수 j 를 증가시킨다
...
```

즉, i를 증가시키는 loop문이 1회 처리될 때마다 j를 증가시키는 loop 문이 반복(3회) 처리되는 것이다. 이와 같이 문을 중첩하면 복잡한 처리도 기술할 수 있게 된다.

for 문을 중첩하면 다중의 반복 처리를 행할 수 있다.

6.4.2 if 문 등과 조합한 중첩

위에서는 for 문 가운데 for 문을 삽입하여 중첩을 시켰지만, 다른 종류의 문을 조합시켜도 상관이 없다. 예를 들어 for 문과 if 문을 조합시키는 것도 가능하다.
다음과 같은 프로그램을 작성해 보자.

Sample9.c ▶ if 문 등과 조합시킨다.

```
#include <stdio.h>


int main( )
{
    int ch=0, i,j;
        for (i=0; i<5; i++) {
                for (j=0; j<5; j++) {
                        if (ch == 0) {
                                printf("*");
                                ch = 1;
                        }
                        else {
                                printf("-");
                                ch = 0;
                        }
                }
                printf("\n") ;
        }
        return 0;
}
```

- for 문이 중첩되어 있다.
- *를 출력하고 다음에 –를 출력하도록 ch를 1로 한다.
- –를 출력하고 다음에 *를 출력하도록 ch를 0으로 한다.
- 안쪽의 loop가 끝나면 행을 바꾼다.

Sample9의 실행 화면

```
*-*-*
-*-*-
*-*-*
-*-*-
*-*-*
```

이 코드는 두 개의 for 문과 한 개의 if~else 문을 사용하고 있다. * 또는 –를 출력하면서 변수 ch의 값에 서로 0과 1을 대입한다. 이에 따라서 다음에 어떤 문자를 출력할 것인가를 if 문중의 「ch==0」이라는 조건을 평가함으로서 판단할 수 있다.

안쪽의 loop가 종료하면 \n을 사용하여 행을 바꾸기 때문에 5문자마다 행을 바꾸고 있다. 문자의 종류를 바꾸거나 종류를 증가하는 코드를 고려하면서 여러 가지 시도를 해보기 바란다.

6.5 처리 흐름의 변경

6.5.1 break 문의 구조

지금까지 배운 것으로부터 반복문에는 일정한 처리의 흐름이 있는 것을 알 수 있다. 그러나 때때로 이러한 처리의 흐름을 강제적으로 변경시킬 필요가 있을지도 모른다.
C에서는 처리의 흐름을 변경하는 문으로서 break 문과 continue 문이 있다. 이 절에서는 먼저 break 문에 대하여 설명하기로 한다.
break 문(break statement)은 다음과 같은 기능을 한다.

처리의 흐름을 강제적으로 종료하고 그 블록을 벗어난다.

다음과 같이 코드 중에 기술한다.

break 문의 구문

```
break;
```

다음의 코드에서는 break 문을 사용하여 키보드로부터 지정한 횟수에서 반복 처리를 강제적으로 종료시킨다.

Sample10.c ▶ break 문으로 블록을 벗어난다.

```
#include <stdio.h>


int main()
{
        int res,i;
        printf("몇 번째에서 loop를 종료합니까? (1~10)\n");

        scanf("%d", &res);

        for (i=1; i<=10; i++) {
                printf("%d 번째 처리입니다. \n", i);
                if (i == res)
                        break;
        }
        return 0;
}
```

본래 10회의 반복을 하는 for 문이지만 …

지정된 횟수에서 반복을 종료한다.

Sample10의 실행 화면

```
몇 번째에서 loop를 종료합니까? (1~10)
5↵
1번째 처리입니다.
2번째 처리입니다.
3번째 처리입니다.
4번째 처리입니다.
5번째 처리입니다.
```

지정 횟수에서 처리를 종료한다.

Sample10에서는 원래 모두 10회의 반복을 행하는 for 문을 사용하고 있다. 그러나 여기에서는 사용자가 입력한 횟수로 break 문을 실행하여 loop를 강제적으로 종료시켜 보았다. 여섯 번째 이상의 반복 처리는 행하지 않는다.

또한 반복문을 중첩시키고 있는 경우 그 안쪽 문에서 break 문을 사용하면 안쪽 블록을 벗어나고 또 하나의 바깥쪽 블록으로 처리가 옮겨지고 있다.

reak 문을 사용하여 블록으로부터 벗어날 수 있다.

```
for (int i=1; i<=10; i++) {
        printf("%d \n", i);
        if ( i == res)
                break;
}
```

그림 6-5 break 문

▶ break 문을 사용하면 반복 처리를 강제적으로 종료시켜서 블록으로부터 벗어날 수가 있다.

6.5.2 switch 문 중에서 break 문의 사용

그런데 switch 문의 경우에서 살펴본 바와 같이 switch 문 중에서는 break 문이 사용되고 있다. 이 때 사용되는 break 문은 이 절에서 설명하고 있는 break 문과 같은 것이다. 즉, switch 문 중에서 break 문을 응용하면 다음과 같은 처리를 할 수 있다.

Sample11.c ▶ switch 문 중에서 break 문을 사용한다.

```
#include <stdio.h>


int main()
{
        int res;
        printf("성적을 입력하시오. (1~5)\n");

        scanf("%d", &res);

        switch (res) {
                case 1:
                case 2:
                        printf("좀 더 노력하시오. \n");
                        break;
                case 3:
                case 4:
                        printf("이 상태로 계속 노력하시오. \n");
                        break;
              case 5:
                        printf("매우 우수합니다. \n");
                        break;
                default:
                        printf("1~5까지의 성적을 입력하시오. \n");
                        break;
        }
        return 0;
}
```

res가 1이나 2일 때는 이 문이 처리된다.

break 문의 위치에 주목하시오.

res가 3이나 4일 때는 이 문이 처리된다.

Sample11의 실행 화면1

```
성적을 입력하시오. (1~5)
1↵
좀 더 노력하시오.
```

Sample11의 실행 화면2

```
성적을 입력하시오. (1~5)
2↵
좀 더 노력하시오.
```

Sample11의 실행 화면3

```
성적을 입력하시오. (1~5)
3↵
이 상태로 계속 노력하시오.
```

Sample11은 입력한 정수의 성적에 의하여 여러 가지 메시지를 출력하는 프로그램이다. 코드 중에서 break 문의 삽입 위치에 주의하기 바란다. case1과 case2에는 break 문이 없기 때문에 각각 case2 혹은 case4와 같은 처리를 하도록 되어 있다. 이와 같이 break 문의 삽입 위치에 따라 처리를 제어할 수 있다.

6.5.3 continue 문의 구조

또 다른 한 가지 문의 흐름을 강제적으로 변경하는 문으로 continue 문(continue statement)이 있다. 이 continue 문은 다음과 같은 기능을 한다.

블록 내의 처리를 건너뛰고 블록의 선두 위치로 돌아가서 다음 처리를 계속한다.

continue 문의 구문

```
continue;
```

continue 문을 사용한 코드를 살펴보자.

Sample12.c ▶ continue 문에서 블록의 처음 위로 되돌아간다.

```
#include <stdio.h>


int main( )
{
    int res, i;

    printf("몇 번째의 처리를 건너뛰겠습니까? \n");

    scanf("%d", &res);

    for(i=1; i<=10 ; i++) {
       if( i == res)
          continue ;
      printf("%d 번째 처리입니다. \n", i);
    }

    return 0 ;
}
```

입력한 횟수의 차례의 처리는 여기에서 선두로 복귀한다.

입력한 횟수 번째에서는 이 문은 처리하지 않는다.

Sample12의 실행 화면

```
몇 번째의 처리를 건너뛰겠습니까?
3↵
1번째 처리입니다.
2번째 처리입니다.
4번째 처리입니다.
5번째 처리입니다.
6번째 처리입니다.
7번째 처리입니다.
8번째 처리입니다.
9번째 처리입니다.
10번째 처리입니다.
```

3번째 반복 처리에서는 continue 문의 뒤가 건너뛰기 때문에 출력되지 않는다.

Sample12를 실행하고 처리를 건너뛰는 회수로서 3을 입력하여 보았다. 그러면 3 번째 반복 처리는 continue 문의 처리가 행해짐에 따라 강제적으로 종료되어 블록의 맨 처음 위치, 즉 다음의 반복 처리로 이동한다. 따라서 위에서는 「3번째 처리입니다」라고 하는 출력은 행해지지 않는다.

continue 문을 사용하여 다음 반복 처리로 이동할 수가 있다.

```
for (int i=1 ; i<=10 ; i++) {

   if( i == res)
     continue ;
   printf("%d 번째 처리입니다.\n", i);

}
```

그림 6-6 continue 문

▶ 반복 내의 처리를 건너뛰고 다음 반복으로 이동하는 데는 continue 문을 사용한다.

goto 문

이외에도 처리의 흐름을 강제적으로 변경하는 구문으로서 goto문(goto statement)가 있다. goto문은 식별자를 기술한 장소로 처리의 흐름을 변경한다.

goto 문의 구문 구조

```
goto 식별자;

식별자:
      문;
```

이 부분으로 jump한다.

예를 들면 프로그램 중에서는 다음과 같은 처리를 하게 된다.

```
      ...
      goto ABC;
      ...

   ABC:
      ...
```

단, goto 문은 적당한 장소에 프로그램의 흐름을 변경하는 것이기 때문에 코드를 아주 읽기 어렵게 만든다. 될 수 있는 한 goto 문을 사용하지 않고 코드를 작성하는 것이 바람직하다.

6.6 예제

예제 1 학생 5명의 국어, 영어, 수학 성적을 입력 받아서 각 학생의 평균을 출력하는 프로그램을 작성하시오.

```
#include <stdio.h>
main()
{
        int kor[5], eng[5], math[5], i;
        float res;

        for(i=0; i<5; i++) {
                printf("%d번 학생의 성적입력입니다.\n",i+1);
                printf("국어 : ");
                scanf("%d", &kor[i]);
                printf("영어 : ");
                scanf("%d", &eng[i]);
                printf("수학 : ");
                scanf("%d", &math[i]);
        }
        printf("\n");
        for(i=0; i<5; i++) {
                res = (kor[i]+eng[i]+math[i])/3;
                printf("%d번 학생의 평균은 %.1f입니다.\n", i+1, res);
        }
}
```

결과

```
1번 학생의 성적입력입니다.
국어 : 80
영어 : 78
수학 : 90
2번 학생의 성적입력입니다.
국어 : 99
영어 : 89
수학 : 89
3번 학생의 성적입력입니다.
국어 : 80
영어 : 97
수학 : 98
4번 학생의 성적입력입니다.
국어 : 100
영어 : 87
수학 : 79
5번 학생의 성적입력입니다.
국어 : 90
영어 : 92
수학 : 93

1번 학생의 평균은 82.0입니다.
2번 학생의 평균은 92.0입니다.
3번 학생의 평균은 91.0입니다.
4번 학생의 평균은 88.0입니다.
5번 학생의 평균은 91.0입니다.
Press any key to continue
```

예제2 5개의 정수 값을 입력 받아서 가장 큰 수를 찾는 프로그램을 작성하시오.

```
#include <stdio.h>

main()
{
        int InData[5], i, Max_Data;

        for(i=0; i<5; i++) {
                printf("%d번 Data 입력 : ", i+1);
                scanf("%d", &InData[i]);
        }
        Max_Data = InData[0];
        for(i=1; i<5; i++)
                if (InData[i] > Max_Data)
                        Max_Data = InData[i];

        printf("최대값은 %d입니다.\n", Max_Data);
}
```

결과

```
1번 Data 입력 : 35
2번 Data 입력 : 52
3번 Data 입력 : 65
4번 Data 입력 : 42
5번 Data 입력 : 23
최대값은 65입니다.
Press any key to continue
```

예제3	반복문들을 사용하여 구구단을 출력하는 프로그램을 작성하시오. (for, while, do~while)

① for 문 이용

```
#include <stdio.h>

main()
{
        int i, j;

        for(i=1; i<10; i++) {
                printf("< %d단 >\n", i);
                for(j=1; j<10; j++)
                        printf("%d * %d = %d\n", i, j, i*j);
        }
}
```

② while문 이용

```
#include <stdio.h>

main()
{
        int i = 1, j;

        while(i<10) {
                printf("< %d단 >\n", i);
                j = 1;
                while(j<10) {
                        printf("%d * %d = %d\n", i, j, i*j);
                        j++;
                }
                i++;
        }
}
```

③ do~while문 이용

```
#include <stdio.h>

main()
{
        int i = 1, j;

        do {
                printf(" < %d단 >\n", i);
                j = 1;
                do {
                        printf("%d * %d = %d\n", i, j, i*j);
                        j++;
                }while(j<10);
                i++;
        } while (i<10);
}
```

결과

```
< 1단 >
1 * 1 = 1
1 * 2 = 2
1 * 3 = 3
1 * 4 = 4
1 * 5 = 5
1 * 6 = 6
1 * 7 = 7
1 * 8 = 8
1 * 9 = 9
< 2단 >
2 * 1 = 2
2 * 2 = 4
2 * 3 = 6
2 * 4 = 8
2 * 5 = 10
2 * 6 = 12
2 * 7 = 14
2 * 8 = 16
2 * 9 = 18
< 3단 >
3 * 1 = 3
3 * 2 = 6
3 * 3 = 9
3 * 4 = 12
3 * 5 = 15
3 * 6 = 18
3 * 7 = 21
3 * 8 = 24
3 * 9 = 27
Press any key to continue
< 4단 >
4 * 1 = 4
4 * 2 = 8
4 * 3 = 12
4 * 4 = 16
4 * 5 = 20
4 * 6 = 24
4 * 7 = 28
4 * 8 = 32
4 * 9 = 36
< 5단 >
5 * 1 = 5
5 * 2 = 10
5 * 3 = 15
5 * 4 = 20
5 * 5 = 25
5 * 6 = 30
5 * 7 = 35
5 * 8 = 40
5 * 9 = 45

< 6단 >
6 * 1 = 6
6 * 2 = 12
6 * 3 = 18
6 * 4 = 24
6 * 5 = 30
6 * 6 = 36
6 * 7 = 42
6 * 8 = 48
6 * 9 = 54
< 7단 >
7 * 1 = 7
7 * 2 = 14
7 * 3 = 21
7 * 4 = 28
7 * 5 = 35
7 * 6 = 42
7 * 7 = 49
7 * 8 = 56
7 * 9 = 63
< 8단 >
8 * 1 = 8
8 * 2 = 16
8 * 3 = 24
8 * 4 = 32
8 * 5 = 40
8 * 6 = 48
8 * 7 = 56
8 * 8 = 64
8 * 9 = 72

< 9단 >
9 * 1 = 9
9 * 2 = 18
9 * 3 = 27
9 * 4 = 36
9 * 5 = 45
9 * 6 = 54
9 * 7 = 63
9 * 8 = 72
9 * 9 = 81
```

예제4 $\begin{pmatrix} 1 & 2 & 3 \\ 4 & 5 & 6 \\ 7 & 8 & 9 \end{pmatrix} + \begin{pmatrix} 5 & 7 & 10 \\ 4 & 9 & 3 \\ 11 & 13 & 6 \end{pmatrix}$ 을 구하는 프로그램을 작성하시오.

```
#include <stdio.h>

main()
{
        int i,j, res[3];
        int Matrix1[3][3] = {{1,2,3},{4,5,6},{7,8,9}};
        int Matrix2[3][3] = {{5,7,10},{4,9,3},{11,13,6}};

        for(i=0; i<3; i++) {
                for(j=0; j<3; j++)
                        res[j] = Matrix1[i][j] + Matrix2[i][j];
                printf("%3d %3d %3d\n",res[0], res[1], res[2]);
        }

}
```

결과

```
  6   9  13
  8  14   9
 18  21  15
Press any key to continue
```

제 7 장

함수

7.1 함수

7.1.1 함수의 구조

우리는 일상생활 중에서 특정하게 정리된 처리를 몇 번이고 반복하는 경우가 많다. 예를 들면, 매월 자신의 통장에서 현금을 인출하는 경우를 생각해보자. 이 때에 현금을 인출할 때마다 다음과 같은 처리를 행하고 있다.

통장을 현금 자동 지급기에 넣는다.
비밀번호를 입력한다.
인출할 현금을 입력한다.
현금을 받는다.
현금과 통장을 확인한다.

C에서도 복잡한 프로그램 코드를 작성할 때에 여러 차례 반복하지 않으면 안 되는 일정한 처리가 여러 차례 나오는 경우가 있다. 이와 같은 처리를 그때마다 몇 번이고 작성하는 것은 아주 번거로운 작업이다. 그래서 C에서는 특정한 처리를 정리하여 기술하는 함수 (function)라는 기능을 준비해두고 있다.

함수를 이용하면 복수의 처리를 한번에 정리하여 언제라도 호출하여 사용할 수 있게 된다. 예로서 위에서 언급한 현금을 인출하는 일련의 처리를 함수로 정리해 두는 것이다.
이 함수에는 현금 인출 처리라는 이름을 붙여두기로 한다. 이 통합된 함수는 「현금 인출 처리」 라는 하나의 처리로서 나중에 간단하게 호출하도록 한다.

C에서 함수를 이용하기 위해서는 다음의 두 가지 절차가 필요하다.

(1) 함수를 작성한다(함수를 정의한다).
(2) 함수를 이용한다(함수를 호출한다).

이 장에서는 먼저 함수를 정의하는 작업을 살펴보기로 한다.

main() 함수

> 크게 보면 프로그램 전체도 하나의 통합된 처리이다. 따라서 C 프로그램 전체도 하나의 함수로 되어 있다. 이 함수의 이름은 우리가 잘 알고 있는 main() 함수이다.

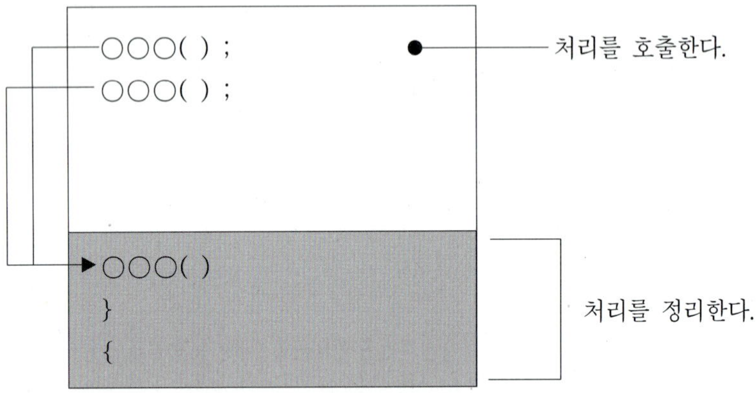

그림 7-1 함수 작성

▶ 함수를 작성함으로서 정리된 절차를 간단히 호출할 수 있다.

7.2 함수의 정의와 호출

7.2.1 함수의 정의

함수를 사용하기 위해서는 먼저 코드 가운데에 특정하게 정리된 처리를 지정해야만 한다. 이것이 함수를 작성하는 작업이다. 이와 같은 작업을

함수 정의(function definition)

라고 한다. 함수의 정의는 프로그램 내에서 정리하여 기술한다. 다음 코드가 함수의 일반적인 형식이다.

함수의 정의

```
리턴값의 데이터형 함수명(인수 리스트)
{                                    함수명에는 식별자를 사용한다.

        문;  ]── 처리를 정리하여 둔다.
        …

        return  식;
}
```

리턴값이나 인수라고 하는 귀에 익숙하지 않는 용어가 사용되었지만 이들 용어에 대하서는 뒤에서 자세히 설명할 것이다. 여기서는 함수의 큰 개념만을 숙지해두기 바란다.

또한 함수명은 변수명과 마찬가지로 식별자(제3장)를 사용하여 붙여진 함수의 이름이다. 예를 들어 다음과 같은 코드가 함수의 정의이다. 이것은 화면에 「차를 삽니다」라고 하는 메시지를 출력하는 「buy」라는 이름의 함수이다.

```
// buy 함수의 정의
void buy( )
{                                    함수명이다.
    printf("차를 삽니다. \n");
}                                    처리를 블록 내에 정리하였다.
```

buy라는 함수명을 붙이고 블록 가운데에 하나의 명령문이 되는 처리를 기술하고 있다. 프로그램 마지막 }의 다음에 세미콜론(;)을 붙이지 않는 것에 주의하기 바란다.

함수를 정의하여 특정한 처리를 정리해 둘 수가 있다.

```
void buy( )
{
  printf("차를 삽니다. \n");
}
```

함수의 정의

7.2.2 함수 호출

함수를 정의하면 이 통합된 처리를 나중에 이용할 수 있게 된다. 함수를 이용하는 것을

함수의 호출(function call)

이라고 한다.

그러면 함수를 호출하는 방법에 대하여 알아보자. 함수를 호출하기 위해서는 코드 중에 그 함수명을 다음과 같이 기술한다.

함수 호출의 구문 구조

```
함수명(인수 리스트);
```

예를 들어 앞에서 정의한 함수를 호출하기 위해서는 다음과 같이 기술해야 한다.

```
buy();
```

이번에는 블록을 기술하지 않는다. 마지막에 세미콜론을 빠뜨리지 않도록 주의하기 바란다. 코드 중에서 이 함수 호출이 처리되면 앞에서 정의한 함수의 처리가 통합되어 행해지게 된다.

여기서는 다음과 같은 코드를 입력하여 함수의 정의와 호출 방법을 확실하게 살펴보도록 한다.

Sample1.c ▶ 기본 함수를 작성한다.

```
#include <stdio.h>

//buy 함수의 정의
void buy( )
{
    printf("차를 삽니다. \n");
}

//buy 함수의 이용
int main( )
{
    buy();

    return 0 ;
}
```

buy 함수의 처리 내용이다.

여기서 buy 함수가 호출된다.

Sample1의 실행 화면

차를 삽니다.	buy() 함수의 처리가 행해지고 있다.

Sample1의 코드는 다음과 같이 두 가지로 나눠지고 있는 것에 주목하기 바란다.

□ main() 함수 부분
□ buy() 함수 부분

C에서는 main() 함수부터 모든 처리가 시작된다. 이 예에서도 지금까지와 마찬가지로 프로그램이 실행되면 main() 함수의 선두 부분부터 처리가 행해진다.

main() 함수의 맨 처음 명령문에서는 buy() 함수를 호출하고 있다(①). 그러면 처리의 흐름은 buy() 함수로 옮겨지고 함수의 처음 명령부터 처리가 순서적으로 행해진다(②). 그 결과 화면에는 「차를 삽니다.」라고 하는 문자열이 출력되게 된다.

buy() 함수 내부의 처리는 }에 도달하면 종료된다. buy() 함수가 종료되면, 바로 전의 main() 함수로 처리가 되돌아가게 된다(③). 이것이 main() 함수의 마지막 부분이기 때문에 이 프로그램은 종료된다.

즉, 함수를 이용하는 코드는 다음과 같은 흐름으로 처리된다.

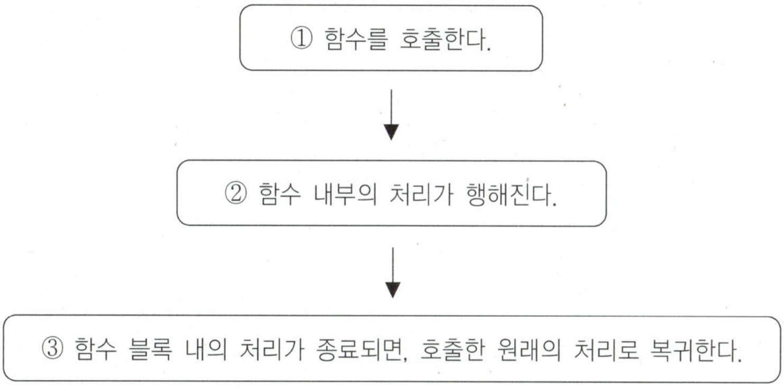

Sample1의 처리의 흐름을 정리하면 그림 7-2와 같이 된다.

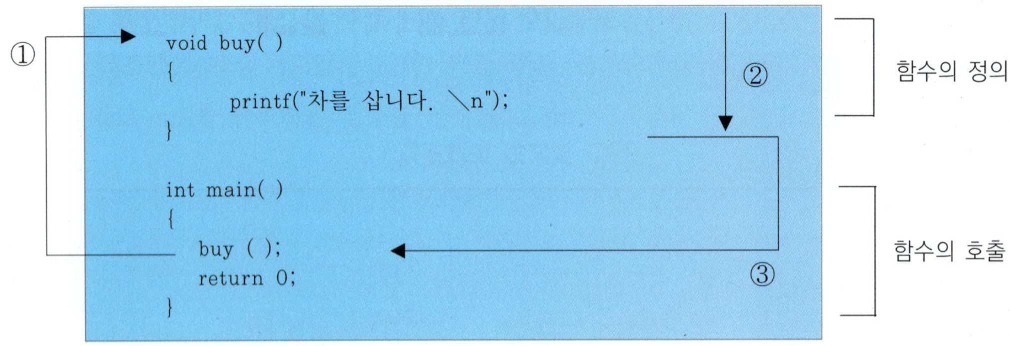

그림 7-2 함수의 호출

▶ ① 함수를 호출하면, ② 함수 내부의 처리가 행해진다.
③ 내부의 처리를 종료하면 호출한 원래 위치로 복귀한다.

함수를 호출하면, 정의하여 둔 처리가 통합되어 실행된다.

7.2.3 함수를 여러 번 호출

함수의 흐름을 더욱 잘 파악하기 위하여 다시 한번 다음과 같은 코드를 작성해 보자. 이번에는 함수를 두 번 호출해보자.

Sample2.c ▶ 함수를 몇 번이라도 호출한다.

```
#include <stdio.h>

// buy함수의 정의
void buy ( )
{
    printf("차를 샀습니다.\n");
}

// buy함수의 이용
int main( )
{
    buy ( ) ;

    printf("또 한 대를 구입하였습니다. \n");

    buy( ) ;

    return 0 ;
}
```

buy() 함수를 호출하였다.

다시 한번 buy() 함수를 호출하였다.

Sample2의 실행 화면

```
차를 샀습니다.
또 한 대를 구입하였습니다.
차를 샀습니다.
```

이 함수는 먼저 main() 함수의 첫 번째 명령문에서 buy() 함수의 처리가 행해진다(①). 이 처리가 종료되면서 main() 함수로 복귀하기 때문에 「또 한 대를 구입하였습니다」라는 문자열이 출력된다(②~④).

그리고 다시 한번 buy() 함수의 호출이 행해진다(⑤). 이번에도 같은 반복이 행해진다(⑥~⑦). 실행 결과를 보면 두 번 함수가 호출되었다는 것을 알 수 있다. 함수의 처리 흐름을 추적해보기 바란다.

함수를 몇 번이라도 호출할 수 있다.

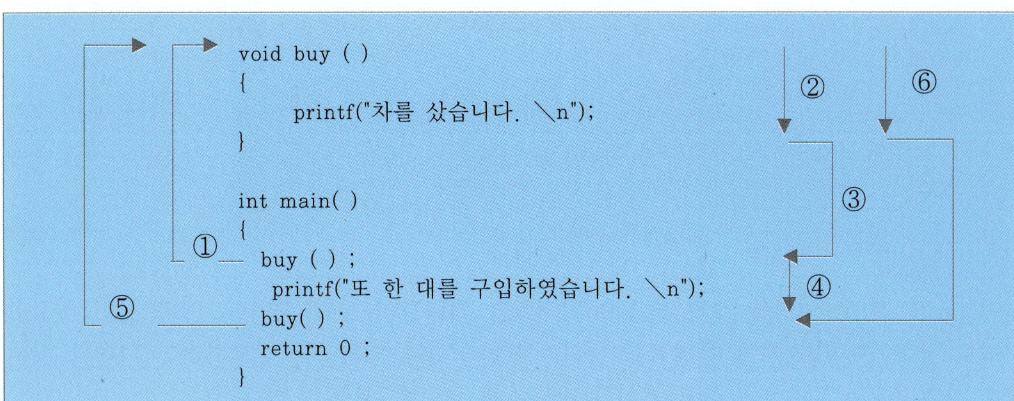

그림 7-3 함수의 여러 번 호출

▶ 함수는 여러 번 호출할 수 있다.

7.2.4 함수로 처리를 통합

그런데 이와 같은 함수의 처리를 번거로운 작업으로 생각할지도 모른다. 지금까지 살펴본 buy() 함수는 단지 한 개의 문만을 처리하기 때문에 함수로서 특별히 정의할 필요는 없다. 함수를 사용하지 않고 main() 함수 내에서 화면 출력 처리를 모두 기술하는 편이 간단할 것이다. 즉, 다음과 같이 코드를 기술해도 Sample2와 동일한 결과를 얻을 수 있다.

```
#include <stdio.h>

int main ( )
{
      printf("차를 샀습니다\n");
      printf("또 한대를 구입했습니다.\n");
      printf("차를 샀습니다.\n");

     return 0 ;
}
```

Sample2와 같은 처리라고 말할 수 있다.

그러나 아주 복잡한 코드에서는 어떨까? 함수에서는 여러 가지 복잡한 처리를 정의할 수 있다. 예를 들면, 다음과 같은 buy() 함수를 생각해보자.

```
//buy 함수의 정의
void buy( )
{
       printf("통장을 자동 지급기에 넣는다.\n");
      printf("비밀번호를 입력한다.\n");
      printf("인출 금액을 지정한다.\n");
      printf("돈을 받는다.\n");
      printf("돈과 통장을 확인한다.\n");
      printf("차를 구입한다.\n");
}
```

복잡한 처리도 통합된다.

이 buy() 함수는 여섯 개의 문으로 되어있는 처리를 통합한 것이다. 이와 같이 복잡한 처리도 통합하여 정리하여 두면 편리하다. 차를 구입하는 처리를 실행하려면 다음과 같이 짧은 함수명을 이용하여 일련의 처리를 간단하게 호출할 수 있기 때문이다.

```
buy();
```

이 짧은 호출만으로 복잡한 처리가 행해진다.

차를 구입할 때마다 여섯 개의 문을 몇 번이고 기술할 필요가 없다. 함수를 사용하면 단 하나의 문을 기술함으로서 해결될 수 있다. 또, main() 함수에 다양한 처리를 길게 기술하면 큰 프로그램에서는 어떤 처리가 실행되고 있는지 이해하기가 매우 어렵게 된다.

함수를 사용하면, 통합하여 정리된 처리에 이름을 붙여 기술함으로서 알기 쉽게 코드를 작성할 수 있다. 함수는 복잡한 프로그램을 기술하기 위하여 부족함이 없는 기능인 것이다.

함수를 사용하여 복잡한 프로그램을 알기 쉽게 작성할 수 있다.

7.3 인수

7.3.1 인수를 사용한 정보 전달

이 절에서는 함수에 대하여 다시 자세히 살펴보기로 한다. 함수 처리를 통합하는것 이외에 보다 유연한 처리를 하는 방법도 준비되어 있다.

함수를 호출할 때는 다음과 같은 처리를 하게 된다.

호출하는 쪽에서 함수 내에 어떤 정보(값)를 전달해 주고 그 값에 따라서 처리를 한다.

함수에게 전달해 주는 정보를 인수(argument)라고 한다. 인수를 사용하는 함수는 다음과 같은 형태로 기술한다.

```
//buy 함수의 정의
void buy (int x)
{
      printf("%d 천만원짜리 차를 구입하였다.\n", x);

}
```

int 형의 인수를 준비한다.

인수를 함수 내에서 사용하였다.

이 buy() 함수는 호출하는 함수로부터 호출을 받을 때, 한 개의 int 형의 값을 함수 내에 전달하도록 정의한 것이다. 함수의 ( ) 내에 있는 int x를 인수라고 한다. 인수 x는 이 함수 안에서만 사용할 수 있는 int 형의 변수가 된다.
변수 x(인수)는 함수가 호출될 때 호출한 함수로부터 전달받는 int 형의 값이 기억된다. 따라서 변수 x의 값은 함수 내부의 처리에 이용할 수 있도록 되어 있다. buy() 함수에서는 전달받은 값을 출력하는 처리를 행하고 있다.

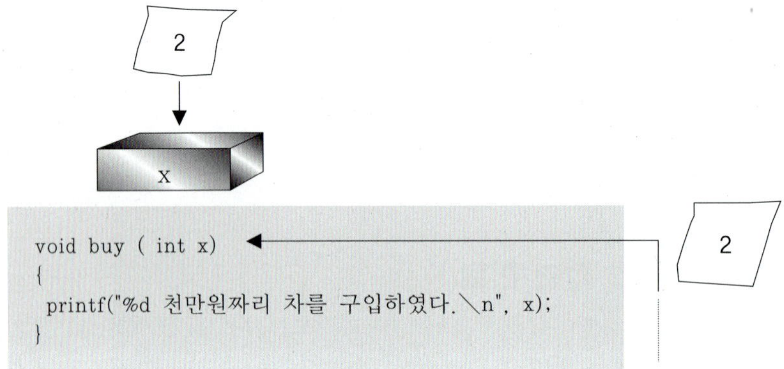

그림 7-4 인수

▶ 함수의 본체에 인수를 전달하여 처리를 할 수 있다.

이 때 변수 x는 buy() 함수 이외의 장소에서는 사용될 수 없다. buy() 함수 이외의 장소에서 값을 대입하거나 출력할 수 없기 때문이다. 즉, 이 변수의 x를 main() 함수 중에서는 사용할 수 없다는 것에 주의하기 바란다.

인수를 전달하여 함수를 호출한다.

따라서 실제로 인수를 갖는 buy() 함수를 호출해 보도록 하자. 인수를 갖는 함수를 호출할 때는 함수 호출문의 () 속에 지정된 형의 값을 기술하고 함수에 그 값을 전달한다.

Sample3.c ▶ 인수를 갖는 함수를 사용한다.

```
#include <stdio.h>


//buy 함수의 정의
void buy (int x )            값을 받는 가인수이다.
{
   printf("%d 천만원짜리 차를 구입하였다.\n", x);
}
//buy 함수를 호출한다.
int main( )
{
      buy (2) ;              실인수로 2를 전달하여 호출하였다.
      buy (5) ;              실인수로 5를 전달하여 호출하였다.

      return 0 ;
}
```

Sample3의 실행 화면

```
2천만원짜리 차를 구입하였다.
5천만원짜리 차를 구입하였다.
```

이 main() 함수 내에서는 다음과 같은 처리를 한다.

처음에 buy() 함수를 호출할 때 2라는 값을 전달하여 호출한다.
다음에 buy() 함수를 호출할 때는 5라는 값을 전달하면서 호출한다.

값은 buy() 함수의 인수 x에 전달되어 기억된다. 2가 전달되면 2를, 5를 전달하면 5가 출력된다. 함수를 호출할 때마다 전달되는 인수에 따라 해당하는 금액이 출력된다는 것을 알 수 있다.

이와 같이 같은 함수에서도 전달되는 인수 값에 따라 다른 처리를 한다는 것을 알 수 있다. 인수를 사용하면 유연한 함수를 작성할 수 있다. 또한 함수 본체에서 정의하고 있는 인수(변수)를 가인수(parameter)라고 하고 함수를 호출한 곳에서 전달되는 인수(값)을 실인수(argument)라고 한다. 여기서는 변수 x가 가인수, 2나 5가 실인수이다.

함수의 정의 내에서 값을 전달받는 변수를 가인수라고 한다.
함수를 호출할 때 전달받는 값을 실인수라고 한다.

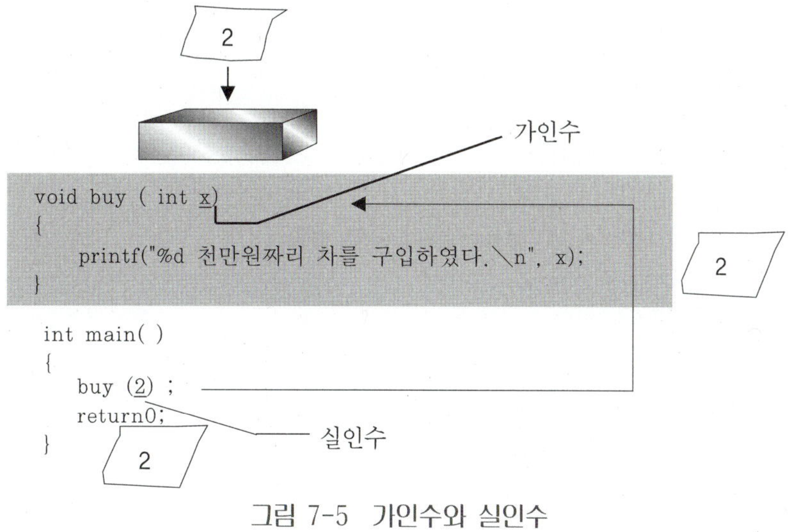

그림 7-5 가인수와 실인수

▶ 함수에는 가인수를 정의하여 둘 수 있다.함수를 호출할 때는 실인수를 전달하여 처리할 수 있다.

7.3.2 키보드로부터 입력

인수에 대한 이해를 돕기 위하여 다음과 같이 키보드에서 입력한 값을 함수에 전달해 보자.

Sample4.c ▶ 실인수를 변수값으로 한다.

```
#include <stdio.h>


//buy 함수의 정의
void buy (int x )
{
  printf("%d 천만원짜리 차를 구입하였다.\n", x);
}
        //buy 함수의 호출
     int main( )
       {
        int num ;

        printf("첫 번째 차는 얼마짜리입니까? \n");
        scanf("%d", &num);

        buy (num) ;     ● 인수로 변수 num의 값을 전달하였다.

        printf("두 번째 차는 얼마짜리입니까? \n");
        scanf("%d", &num);

        buy (num) ;
                        ● 다시 한번 인수로 변수 num의 값을 전달하였다.
        return 0 ;
       }
```

Sample4의 실행 화면

```
첫 번째 차는 얼마짜리입니까?
2↵
2천만원짜리 차를 구입하였다.
두 번째 차는 얼마짜리입니까?
5↵
5천만원짜리 차를 구입하였다.
```

이 프로그램에서는 호출한 함수로부터 전달받은 실인수로서 main(0 함수 내에서 준비한 변수 num을 사용하였다. 키보드에서 읽어 들인 값을 변수 num에 기억시키고 이 값을 함수에 전달하도록 하였다.

이와 같이 실인수로 변수를 사용한 때는 실인수와 가인수의 변수명은 같아도 상관이 없다. 이 프로그램에서는 다른 이름을 사용하고 있다. C에서는 함수에 전달되는 것이 실인수 그 자체가 아니고 거기에 기억되어 있는 값이 전달되는 것이다. 이러한 인수의 전달을 call by value라고 한다.

함수가 호출되면 실인수의 값이 전달된다.

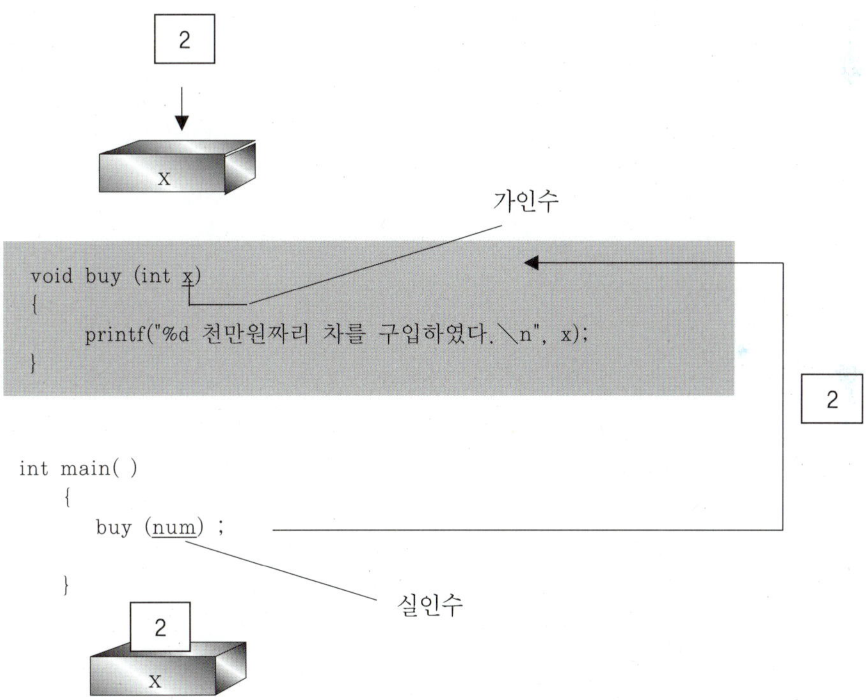

그림 7-6 값의 전달(call by value)

▶ 함수가 호출되면 실인수의 값이 전달되어 가인수의 초기화가 실행된다.

7.3.3 복수의 인수를 갖는 함수의 처리

지금까지 설명한 함수의 정의는 인수가 하나뿐이었다. 그러나 함수에는 두 개 이상의 인수를 갖게 할 수 있다. 함수를 호출할 때에 복수의 값을 함수 내에 전달하는 처리를 할 수 있다. 다음과 같은 프로그램을 작성해 보자.

Sample5.c ▶ 복수의 인수를 갖는 함수의 처리

```
#include <stdio.h>


//buy 함수의 정의
void buy (int x, int y )
{
  printf("%d 천만원과 %d 천만원짜리 차를 구입하였다.\n", x, y) ;
}

//buy 함수의 호출
int main( )
{
   int num1, num2 ;

   printf("얼마짜리 차를 샀습니까?\n");
   scanf("%d", &num1);

   printf("얼마짜리 차를 샀습니까?\n");
   scanf("%d",&num2);

   buy (num1 ,num2) ;

   return 0 ;
}
```

Sample5의 실행 화면

```
얼마짜리 차를 샀습니까?
2↵
얼마짜리 차를 샀습니까?
5↵
2천만원과 5천만원짜리 차를 구입하였다.
```

복수의 인수를 갖는 함수도 지금까지의 함수와 기본적인 내용은 같다. 단, 호출할 때 복수의 인수를 콤마(,)로 구분하여 지정할 뿐이다. 이와 같은 복수의 인수들을 인수 리스트라고 한다. 그러면 구분된 순서대로 실인수의 값이 가인수에 전달된다. 즉, Sample5의 buy() 함수에서는 다음과 같이 순서로 값이 전달된다.

가인수		실인수
x	←	2
y	←	5

함수 내에서는 전달받은 두 개의 값을 출력하는 처리를 행하고 있다는 것을 알 수 있다.

함수에는 복수의 인수를 전달할 수 있다.

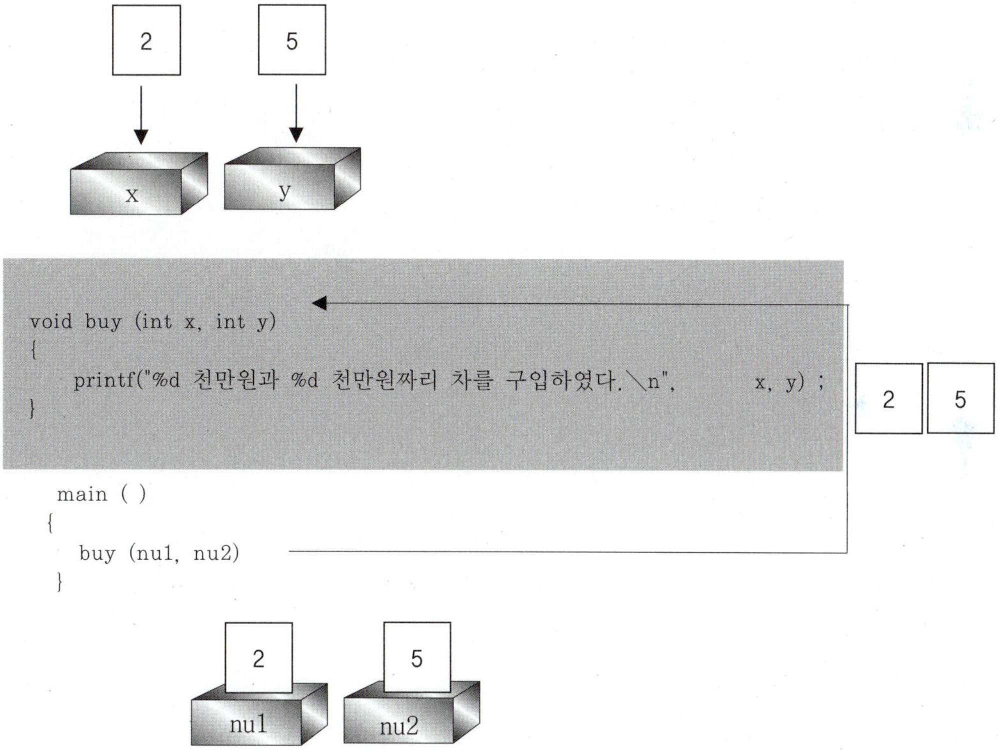

그림 7-7 복수의 인수

▶ 인수는 복수로 지정될 수 있다. 인수 리스트의 순서대로 값이 전달된다.

가인수와 실인수의 개수가 다르면 함수를 호출할 수 없다. 예를 들어 두 개의 인수를 갖는 buy() 함수를 정의한 경우에 실인수 하나만을 지정하여 호출할 수 없다는 것에 주의하기 바란다.

```
//buy 함수의 호출
...
buy (num1, num2) ;   ● 가인수에 해당하는 실인수 전달
buy (num1) ;   ● 호출 오류
```

7.3.4 인수가 없는 함수의 호출

그런데 함수 중에는 이 장의 맨 처음에 정의한 buy() 함수와 같이 인수가 없는 함수가 있다. 인수가 없는 함수를 정의할 때는 인수를 지정하지 않거나 또는 인수의 데이터 형으로서 void라고 하는 특수한 데이터 형을 지정한다.

```
// buy 함수의 정의
void buy ( )   ● 인수를 갖지 않는 경우는 인수 지정을 않거나 void 형으로 한다.
{
      printf("차를 구입하였다\n");
}
```

이와 같은 함수를 호출할 때는 () 내에 값을 지정하지 않고 호출한다. 이 장의 맨 처음에 인수를 지정하지 않은 buy() 함수를 호출한 것을 다시 살펴보기 바란다.

```
// buy 함수의 호출
...
buy ( );   ● 인수를 갖지 않는 경우는 인수 지정을 않거나 void 형으로 한다.
```

인수가 없는 함수에서는 인수 지정을 하지 않거나 void 형으로 한다.

```
void buy ( )
{
  printf("차를 구입하였다\n");
}

int main ( )
{
   buy ( ) ;
   return0;
}
```

그림 7-8 인수가 없는 함수

▶ 인수가 없는 함수를 작성할 수 있다. 인수는 void 형 또는 인수지정을 하지 않는다.

7.4 리턴값(return value)

함수를 사용하기 위해서는 인수의 전달과 반대로 리턴값이 있다. 이 리턴값은 함수를 호출한 본래 함수에게 함수 자체에서 처리한 특정한 값을 반환해 준다.

이와 같이 함수에서 반환되는 정보를 리턴값(return value)라고 한다. 복수 개를 지정할 수 있는 인수와는 달리 리턴값은 하나만을 호출한 함수에게 반환할 수 있다.

7.2절에 소개한 함수의 정의 형식을 다시 한번 살펴보자. 리턴값을 반환할 때는 먼저 반환하는 값의 데이터 형을 함수의 정의 중에 표시해 둔다(①). 그리고 함수의 블록 중에서 return이라는 문을 사용하여 실제 값을 반환하는 처리를 한다(②).

```
리턴값의 데이터형 함수명(인수 리스트)
{                         ① 리턴값의 데이터 형을 지정한다.
      문;
      …
      return  식;  ●──  ②식의 값을 호출한 함수에게 반환한다.
}
```

여기서는 블록의 맨 마지막에 return 문을 기술하고 있지만 이 return 문은 블록 중 어디라도 기술할 수 있다. 단, 함수가 처리된 때에 블록의 마지막까지 실행되지 않아도 return 문이 처리되는 곳에서 그 함수의 처리가 종료된다. return 문의 구조 및 위치에 주의할 필요가 있다.

```
int buy(int x, int y)
{
        ...
        return z;
}
```

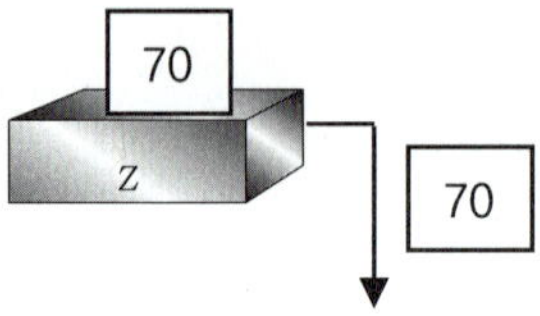

그림 7-9 리턴값

▶ 함수 내로부터 호출한 함수로 리턴값을 반환할 수 있다.

그러면 리턴값을 갖는 함수를 살펴보자.

```
//buy 함수의 정의
int buy(int x, int y)          ← int 형을 반환한다는 것을 나타낸다.
{
        int z;

        printf("%d 천만원과 %d 천만원짜리 차를 구입하였다\n", x, y);

        z = x+y;

        return z;          ← 이 값을 리턴값으로 반환한다.
}
```

이 함수에서는 받아들인 x와 y의 인수를 덧셈 처리를 하고 있다. 덧셈 결과는 함수 내에서 선언한 변수 z에 기억시킨다.

그리고 return 문에서는 z의 값을 리턴값으로 반환하는 처리를 한다. z는 int 형이기 때문에 리턴값의 데이터 형은 int 형으로 지정되어 있다.

실제로 코드를 작성하여 이 함수를 사용해 보도록 하자.

Sample6.c ▶ 리턴값을 갖는 함수

```
#include <stdio.h>

//buy 함수의 정의
int buy(int x, int y)          // 리턴값을 갖는 함수이다.
{
        int z;

        printf("%d 천만원과 %d 천만원짜리 차를 구입하였다.\n", x, y);

        z = x+y;

        return z;              // 리턴값을 반환한다.
}

//buy 함수의 호출
int main()
{
        int num1, num2, sum;

        printf("차 값이 얼마입니까?\n");
        scanf("%d", &num1);

        printf("차 값이 얼마입니까?\n");
        scanf("%d", &num2);

        sum = buy(num1, num2);   // 이 함수를 호출하고, 그 리턴값을 변수 sum에 대입한다.

        printf("합계는 %d 천만원입니다.\n", sum);   // 리턴값을 출력한다.

        return 0;
}
```

Sample6의 실행 화면

```
차 값이 얼마입니까?
2↵
차 값이 얼마입니까?
5↵
2 천만원과 5 천만원짜리 차를 구입하였다.
합계는 7 천만원입니다.
```

이 프로그램에서는 함수 내에서 계산된 결과의 리턴값을 호출한 함수의 변수 sum에 기억시키도록 한다. 리턴값을 이용하기 위해서는 함수의 호출문에 대입 연산자를 사용하여 대입을 하면 된다.

```
// buy() 함수의 호출
                    ...
      sum = buy(num1, num2);
```

리턴값을 sum에 대입한다.

호출한 함수에서는 이 변수 sum의 내용을 출력한다. 이와 같이 함수의 리턴값을 변수에 대입하여 호출한 함수에서 이용할 수 있다.

리턴값을 반드시 호출한 함수에서 이용하지 않아도 된다. 리턴값을 이용하지 않을 때는 다음과 같이 작성을 한다.

```
                    ...
    buy(num1, num2);
```

리턴값을 이용하지 않아도 된다.

리턴값을 사용하면 호출한 함수로 정보를 반환할 수 있다.

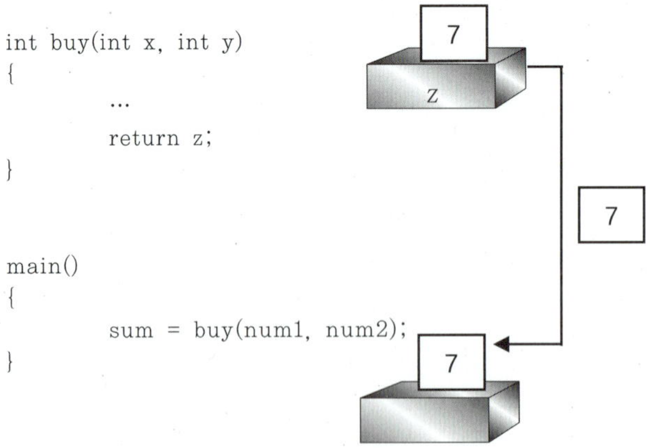

그림 7-10 리턴값의 이용

▶ 호출한 함수에서는 리턴값을 사용하여 처리를 행할 수 있다.

7.4.1 리턴값이 없는 함수

인수가 없는 함수를 정의할 수 있는 것과 마찬가지로 리턴값이 없는 함수도 정의할 수 있다. 예를 들어 7.2절에서 정의한 buy() 함수는 리턴값을 갖지 않는 함수이다.

```
// buy() 함수의 정의
void  buy()
{
        printf("차를 구입하였다\n");
}
```

리턴값을 갖지 않는 경우는 void 함수로 한다.

함수가 리턴값을 갖지 않는다는 것을 나타내기 위해서는 리턴값의 데이터 형으로 void 형을 지정해 둔다. 리턴값이 없는 함수가 호출되어 처리되는 경우에는 블록의 맨 마지막의 }까지 처리해 가거나 다음과 같이 아무런 값도 갖지 않는 return 문에 의하여 함수가 종료되도록 하면 된다.

return 문의 구문

```
return ;
```

위와 같이 buy() 함수를 return 문을 사용하여 작성해 보자. 단, 이와 같이 단순한 함수에서는 return 문을 기록하지 않아도 된다.

```
//buy 함수의 정의
void buy()
{
        printf("차를 구입하였다\n");

        return;
}
```

호출한 함수의 처리로 복귀한다.

```
 void buy()
 {
        printf("차를 구입하였다\n");
 }

int main()
 {
        buy();
       return0;
 }
```

그림 7-11 리턴값이 없는 함수

▶ 리턴값을 갖지 않는 함수에서는 함수의 리턴값의 데이터 형으로 void를 지정한다.

7.5 함수의 이용

7.5.1 합을 구하는 함수

함수의 구조와 처리의 흐름이 이해되었을 것이라고 생각한다. 이 절에서는 지금까지 학습한 내용을 기초로 여러 가지 처리를 하는 함수를 작성해 보도록 한다. 먼저 앞 절에서 기술한 buy() 함수를 보다 넓게 사용할 수 있는 함수로 작성해보자. 두 수의 합을 구하는 함수를 작성해보도록 한다.

Sample7.c ▶ 합을 구하는 함수

```
#include <stdio.h>

//sum 함수의 정의
int sum( int x, int y)          두개의 수를 전달받는다.
{
     return x+y ;               두 수를 더한 값을 반환한다.
}

int main ( )
{
   int num1, num2, ans ;

  printf("첫 번째 정수를 입력하시오.\n");
  scanf("%d",  &num1);

 printf("두 번째 정수를 입력하시오.\n");
  scanf("%d",  &num2);

  ans = sum(num1, num2) ;       함수를 호출한다.

  printf("합계는 %d입니다.\n", ans);
                                리턴값을 출력한다.
  return 0 ;
}
```

Sample7의 실행 화면

```
첫 번째 정수를 입력하시오.
10↵
두 번째 정수를 입력하시오.
5↵
합계는 15입니다.
```

이 프로그램에서는 두 개의 숫자 값의 합을 구하는 sum() 함수를 정의하였다. 이 함수의 처리는 앞 절에서 설명한 리턴값을 갖는 buy() 함수와 실제로 동일한 함수이다. 앞 절에서는 알기 쉽도록 합을 일단 변수에 기억시키고 나서 그 값을 반환하였지만 여기서는 합을 구하는 식을 사용하여 바로 그 값을 반환하였다. 따라서 보다 간단한 코드를 작성할 수 있다.

```
return x+y;    // 합한 결과를 리턴값으로 반환하고 있다.
```

7.5.2 최대값을 구하는 함수

다른 한 가지 예로서 편리한 함수를 정의하는 연습을 해보자. 다음과 같은 프로그램 코드를 입력해보자.

Sample8.c ▶ 최대값을 구하는 함수

```
#include <stdio.h>

//max함수의 정의
int max( int x , int y )          // 두 개의 수를 전달받는다.
{
      if ( x > y )                // x가 y보다 큰 경우에는 …
          return x ;              // x의 값을 반환한다.
      else
          return y ;              // 그렇지 않은 경우에는 y의 값을 반환한다.
}

int main( )
{
   int num1, num2, ans ;

   printf("첫 번째 정수를 입력하시오.\n");
   scanf("%d",  &num1);

   printf("두 번째 정수를 입력하시오.\n");
   scanf("%d",  &num2);

   ans = max(num1, num2) ;        // 함수를 호출한다.

   printf("최대값은 %d입니다.\n", ans) ;   // 리턴값을 출력한다.

   return 0 ;
}
```

Sample8의 실행 화면

```
첫 번째 정수를 입력하시오.
10↵
두 번째 정수를 입력하시오.
5↵
최대값은 10입니다.
```

재귀적 호출(recursive call)

C 함수에서는 그 함수 내부에서 자기 자신을 호출하는 처리를 할 수 있도록 되어 있다.

```
void func()
{
    ...
    func();    ● 자기 자신의 처리를 호출한다.
}
```

이와 같은 방법을 재귀적 호출(recursive call)이라고 한다.

Sample8의 프로그램은 두 개의 수 중에서 큰 쪽을 반환하는 max() 함수를 정의하였다. 이 함수는 변수 x 또는 y 중에서 큰 수의 값을 호출한 원래 함수에 반환시킨다. 둘 중에서 어떤 한 쪽의 return 문이 처리되면 함수의 처리가 종료되고, 호출한 원래 함수로 처리가 복귀된다.

실제 결과를 보면 두 개의 값 중에서 큰 값이 출력되고 있다는 것을 알 수 있다. 이와 같이 사용하기 쉬운 함수를 작성해 놓고 여러 가지 프로그램 코드에서 이용하게 할 수 있다.

7.6 함수의 선언

7.6.1 함수의 선언

지금까지 정의한 함수는 그 함수를 호출하는 코드의 앞부분에 기술하여 왔다. 그런데 만일 함수의 호출을 정의보다 앞부분에 기술하면 어떻게 될까? 즉, main() 함수의 뒤에 기술하면 어떻게 될까?

실제로 이와 같이 사용을 하면 함수가 정의되지 않는다는 에러 메시지가 발생하여 코드를 컴파일할 수 없다.

○

```
int max(int x, int y)
{
...
}
```

함수의 정의

```
int main( )
{
  int ans = max(num1, num2) ;
}
```

함수의 호출

×

```
int main( )
{
   int ans = max(num1, num2) ;
}
```

함수의 호출

```
int max(int x, int y)
{
 ...
}
```

함수의 정의

에러 발생으로 컴파일되지 않는다.

그림 7-12 함수를 정의하는 위치

▶ 함수를 호출하기 전에 함수를 정의하지 않으면 컴파일되지 않는다.

C에서는 함수의 호출을 함수정의보다 앞부분에서 기술하기 위해서는

함수의 이름과 인수 리스트를 컴파일러에게 알려 주는 작업이 필요하다.

이 작업을 함수 프로토타입 선언(함수선언:function declaration)이라고 한다. 즉, 함수의 호출을 함수의 정의보다 앞부분에 기술할 경우에는 함수의 프로토타입 선언이 필요하다.

함수의 프로토타입 선언은 함수를 호출하기 전에 호출하는 함수명 · 리턴값의 데이터형 · 인수 리스트를 다음과 같이 기술한다.

함수의 프로토타입 선언

```
리턴 데이터형 함수명(인수리스트);
```

그러면 함수 프로토타입 선언을 사용한 프로그램 코드를 작성해보자. 함수 본체는 main() 함수 뒤에 정의하는 것으로 하였다.

Sample9.c ▶ 함수 프로토타입을 선언한다.

```
#include <stdio.h>

//max 함수의 선언                    ← 함수 프로토타입 선언
int max(int x, int y) ;

//max 함수의 호출
int main( )
{

    int num1, num2, ans ;

    printf("첫 번째 정수를 입력하시오.\n");
    scanf("%d",  &num1);

    printf("두 번째 정수를 입력하시오.\n");
    scanf("%d",  &num2);
    ans = max(num1, num2) ;          ← 함수를 호출한다.

    printf("최대값은 %d입니다.\n", ans) ;
  return 0 ;
  }
//max 함수의 정의
int max( int x, int y)
{
     if ( x > y)
        return x ;
     else                            ← 함수의 정의를 나중에 할 수 있다.
        return y ;
}
```

Sample9의 실행 화면

```
첫 번째 정수를 입력하시오.
10↵
두 번째 정수를 입력하시오.
5↵
최대값은 10입니다.
```

Sample10에서는 max() 함수가 두 개의 인수를 갖고, int 형의 리턴값을 반환한다는 것을 함수 프로토타입 선언으로 나타내었다. 만일 뒤에서 기술한 max() 함수의 리턴값이나 인수가 프로토타입 선언과 다른 경우는 에러가 발생하여 컴파일 할 수 없게 된다. 이와 같은 함수 프로토타입 선언을 잘 익혀두기 바란다.

```
int max( int x, int y) ;              함수 프로토타입 선언

int main( )
{
    int ans = max (num1 , num2) ;     함수를 이용한다(함수 호출).
    return0;
}

int max(int x, int y)
{
    ...                               함수 본체의 정의
}
```

그림 7-13 함수 프로토타입 선언

▶ 함수를 호출하기 전에 함수의 프로토타입을 선언해 둘 필요가 있다.

함수 호출보다 뒷부분에 함수의 정의를 기술하는 경우에는 함수 선언이 필요하다.

대규모의 프로그램 작성시 참고사항

함수의 본체를 나중에 정의하기 위하여 함수 프로토타입을 선언한다. 그러나 함수 프로토타입이 가장 큰 위력을 발휘하는 것은 대규모 프로그램을 작성하는 경우이다. 이 방법에 대해서는 10장에서 설명하기로 한다.

7.7 예제

예제 1 정수를 입력받아 그 수의 제곱을 구하는 프로그램을 작성하시오.

```
#include <stdio.h>

get_sqr()
{
        int num;

        printf("enter a number: ");
        scanf("%d", &num);
        return num*num; /* 제곱을 구한다 */
}

void main()
{
        int sqr;

        sqr = get_sqr();
        printf("square : %d\n", sqr);
}
```

결과

```
enter a number: 23
square : 529
Press any key to continue
```

제 8 장

포인터

8.1 어드레스

8.1.1 어드레스의 구조

제3장에서는 변수의 값이 컴퓨터의 메모리에 기억된다는 것을 학습하였다. C에서는 메모리의 위치를 직접 나타내는 포인터라고 하는 기능을 준비하고 있다. 포인터는 상당히 어려운 것 같지만 단계별로 배워나가기로 한다. 이 장에서는 메모리 상의 위치를 직접 나타내는 어드레스(address : 번지)라고 하는 용어부터 학습해보자.

어드레스라는 말을 듣게 되면 먼저 연상되는 것이 집의 주소나 우편물의 주소 등을 생각할지 모른다. C에서 어드레스는 메모리의 위치를 직접 나타내기 위하여 사용된다. 다시 말하면 메모리 상의 주소를 말한다. 컴퓨터 내의 주소와 같이 16진수의 값 등을 사용하여 0x1000, 0x1004, … 라고 하는 숫자 값으로 나타내는 경우가 많다.

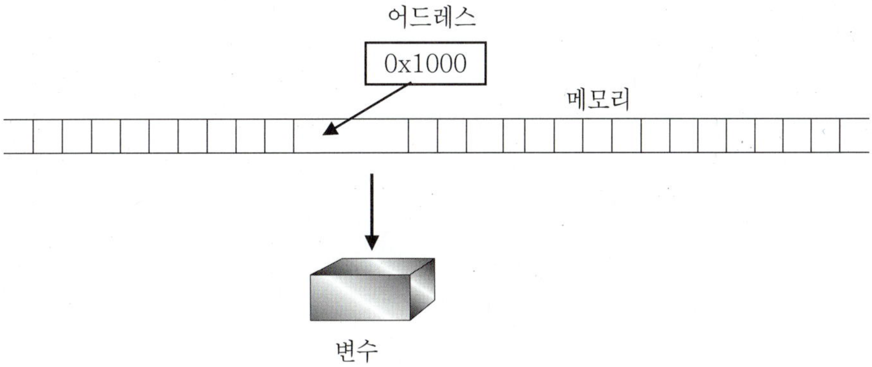

그림 8-1 메모리·변수·어드레스

▶ 어드레스는 메모리 상의 위치를 직접 나타내기 위하여 사용된다.

8.1.2 변수의 어드레스

변수의 값이 기억되어 있는 메모리의 어드레스를 알기 위해서는 어드레스 연산자(address operator)인 &를 사용한다.

함수 호출의 구문 구조

&변수명	변수의 어드레스를 나타낸다.

그러면 & 연산자를 사용하여 어드레스를 실제로 출력하여 보자. 다음 코드를 입력하도록 한다.

Sample1.c ▶ 어드레스를 출력한다.

```
#include <stdio.h>


int main ( )
{
    int a ;

    a = 5 ;

    printf("변수 a의 값은 %d입니다.\n", a);
    printf("변수 a의 어드레스는 %p입니다.\n",&a);

    return 0 ;
}
```

변수 a의 어드레스를 출력한다.

어드레스를 출력하기 위한 형식 변환자 %p를 사용한다.

Sample1의 실행 화면

```
변수 a의 값은 5입니다.
변수 a의 어드레스는 0x00F4입니다.
```

처음 행에서는 지금까지와 마찬가지로 변수 a의 값인 5가 출력되는 것을 확인할 수 있다. 다음 코드에서는 어드레스 연산자를 사용한 &a를 출력하고 있다. 이 연산자를 사용하여 변수 a의 어드레스를 출력할 수 있다. &a로부터 다음과 같은 사실을 알 수 있다.

그리고 어드레스를 출력하기 위한 printf() 함수의 형식 변환자는 %p이다.

변수 a의 값이 메모리 상의 어떤 위치에 기억되고 있는 알 수 있다.

&a의 값을 보면 0x00F4라고 하는 16진수 값이 출력되고 있다는 것을 알 수 있다. 이것이 변수 a의 값이 기억되어 있는 메모리의 장소를 의미하는 어드레스이다. 이 컴퓨터의 경우 변수 a의 값은 그림과 같이 0x00F4라고 하는 메모리의 위치에 기억되어 있다는 것을 알 수 있다.

또한 여기서는 0x00F4를 출력했지만 어드레스의 값은 사용하고 있는 환경이나 프로그램 실행 상황에 의하여 바뀔 수 있다. 다른 컴퓨터에서는 0x00F4가 아니고 다른 값이 출력될 것이다. 그러나 변수의 어드레스가 실제로 몇 개인가는 그다지 의미가 있는 것은 아니다. 여기서 중요한 것은 어드레스를 사용하여 메모리의 위치를 나타낼 수 있다는 것이다.

메모리 위치를 나타내기 위한 어드레스를 사용한다.

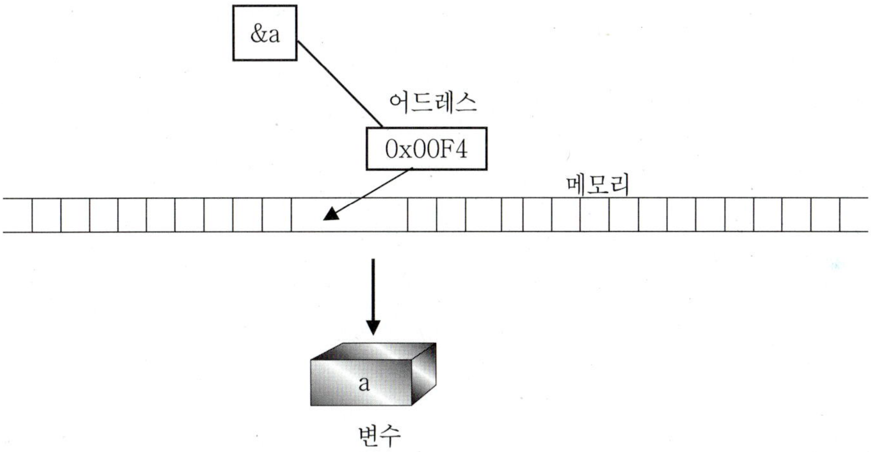

그림 8-2 어드레스 연산자

▶ 변수명에 &연산자를 붙이면 그 변수의 어드레스를 알 수 있다.

8.2 포인터

8.2.1 포인터의 구조

변수의 값이 기억되고 있는 메모리의 번지(어드레스)를 알 수 있기 때문에 이용하는 방법에 대하여 알아보자. 먼저 어드레스를 사용하는 코드를 작성하기 위하여 어드레스를 기억하는 특수한 변수를 익혀보자. 이 변수를 포인터(pointer)라고 부른다.

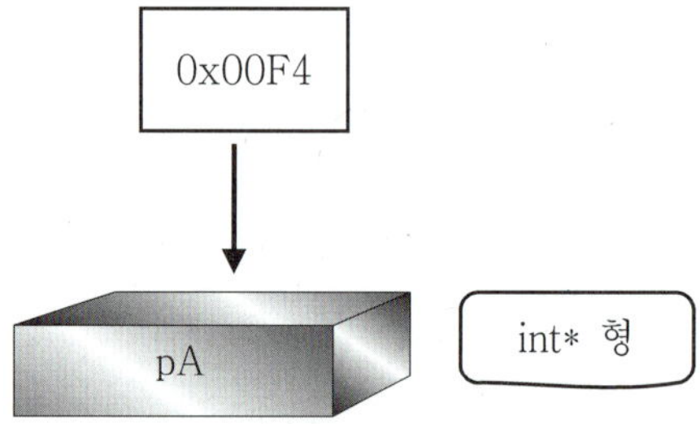

그림 8-3 포인터

▶ 포인터는 어드레스를 기억시킬 수 있는 변수이다.

포인터를 사용하는 방법은 원칙적으로 지금까지 학습한 변수와 동일하다. 제3장의 변수와 마찬가지로 포인터도 사용하기 전에 pA 등의 이름을 정하여 선언한다. 단, 포인터를 나타내는 변수에는 반드시 * 기호를 붙여서 선언해야 한다. 다음 포인터의 선언 방법을 살펴보자.

```
데이터 형 * 포인터명 ;        포인터를 선언한다.
```

즉, 포인터 선언은 다음과 같이 행할 수 있다.

```
int * pA;        포인터 pA를 선언한다.
```

이 문법은 int 형의 변수의 어드레스를 기억시킬 수 있는 포인터 pA를 선언한 것이다.

이것을 int형 포인터 pA라고도 한다.

포인터는 원칙적으로 지정한 형 이외의 값을 갖는 어드레스는 기억시킬 수 없다. 따라서 pA에는 int 형 이외의 값은 기억시킬 수 없다. 데이터형을 지정할 때는 주의를 해야 한다. 그럼 pA에 어떤 어드레스를 기억시키도록 해보자.

Sample2.c ▶ 포인터에 어드레스를 기억한다.

```
#include <stdio.h>

int main ( )
{
    int a ;
    int* pA ;                 ① 포인터 pA를 선언한다.

    a = 5 ;
    pA = &a ;                 ② 변수 a의 어드레스를 pA에 기억시킨다.

    printf("변수 a의 값은 %d입니다.\n", a);
    printf("변수 a의 어드레스(&a)는 %p입니다.\n",&a);
    printf("포인터 pA의 값은 %p입니다.\n", pA);

    return 0 ;                ③pA의 값(변수 a의 어드레스)를 출력한다.
}
```

Sample2의 실행 화면

```
변수 a의 값은 5입니다.
변수 a의 어드레스(&a)는 0x00F4입니다.
포인터 pA의 값은 0x00F4입니다.     포인터 내용은 변수 a의 어드레스이다.
```

앞에서 설명한 바와 같이 &a는 int 형의 변수 a의 어드레스를 나타내고 있다. 그래서 &a라고 하는 값을 ②와 같이 포인터 pA에 대입할 수 있다.

```
pA = &a;     변수 a의 어드레스를 pA에 기억시킨다.
```

이 대입에 의하여 포인터 pA에 변수 a의 어드레스를 기억시킨다. 포인터 pA의 값으로 출력시키는 값은 변수 a의 어드레스인 &a와 같은 값이 된다. 즉, ②와 같은 대입에 의하여 변수 a와 pA 사이에는 어떤 관계가 생겼다고도 볼 수 있을 것이다.
이 관계를 pA는 변수 a를 가르킨다고 말하기도 한다. 어렵게 들릴지도 모르지만 포인터 pA에는 변수 a의 메모리 상의 위치(어드레스)가 들어 있는 것으로 생각할 수 있다.

pA(의 값)가 변수 a(의 번지)를 나타내고 있다.

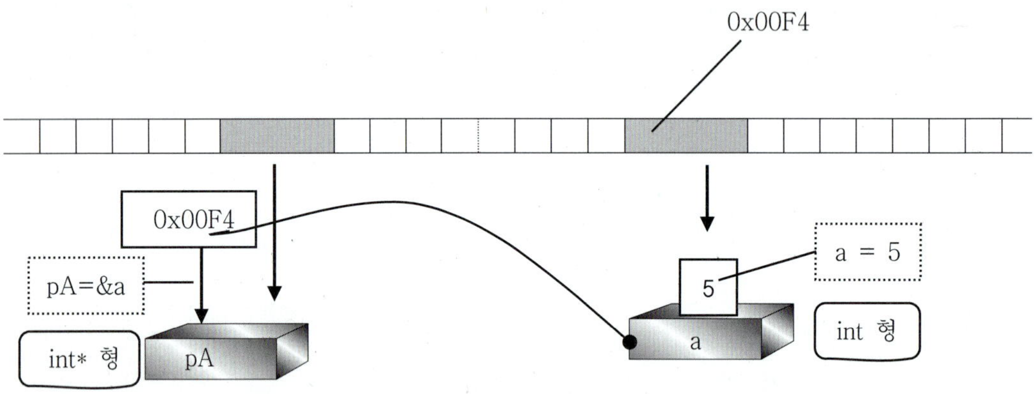

그림 8-4 변수와 포인터

▶ ① int 형의 변수 a에 5를 대입한다.
② int 형의 포인터 pA에 변수 a의 어드레스를 대입한다.

포인터는 어드레스를 기억시킬 수 있다.

8.2.2 포인터로 변수의 값을 알기

포인터에 변수의 어드레스를 기억시키면

그 포인터로부터 역으로 원래 변수의 값을 알 수 있게 된다.

포인터로부터 변수의 값을 얻기 위해서는 포인터에 대하여 *라고 하는 연산자를 사용한다.
* 연산자는 간접 참조 연산자(indirection operator)라고 부른다.

```
* 포인터명;
```

이 연산자를 사용하면 그 포인터에 기억되어 있는 어드레스에 대응하는 변수의 값을 알 수 있다. 예를 들면, 포인터 pA에 변수 a의 어드레스가 기억되어 있는 장소에는

*pA; 로 기술하면 변수 a의 값을 간접적으로 알 수 있게 된다.

그러면 다음과 같은 코드를 살펴보자.

Sample3.c ▶ 간접 참조한다.

```
#include <stdio.h>


int main( )
{
    int a ;
    int* pA ;

    a = 5 ;
    pA = &a ;
    
    printf("변수 a의 값은 %d입니다.\n", a) ;
    printf("변수 a의 어드레스는 %p입니다.\n", &a) ;
    printf("포인터 pA의 값은 %p입니다.\n", pA) ;
    printf("*pA의 값은 %d입니다.\n", *pA) ;

    return 0 ;
}
```

변수 a의 어드레스를 pA에 기억시킨다.

*를 사용하면 포인터가 가리키고 있는 변수의 값을 알 수 있다.

Sample3의 실행 화면

```
변수 a의 값은 5입니다.
변수 a의 어드레스는 0x00F4입니다.
포인터 pA의 값은 0x00F4입니다.
*pA의 값은 5입니다.
```

포인터가 가리키고 있는 변수의 값을 출력한다.

이 코드에서도 처음 포인터 pA에 변수 a의 어드레스를 대입하고 있다. 즉, 포인터 pA가 변수 a를 가리키도록 하고 있는 셈이다. 나중에 pA는 * 연산자를 사용하면 변수 a의 값을 알 수 있다. pA에 *를 붙인 *pA는 변수 a와 같은 대상을 가리키고 있다는 것에 주목하기 바란다. 즉, 다음과 같이 되어 있다.

*pA ◀——▶ a

*pA의 값을 출력해보면 변수 a의 값인 5가 출력된다는 것을 알 수 있다.

간접 참조 연산자 *에 의하여 포인터가 가리키고 있는 변수의 값을 알 수 있다.

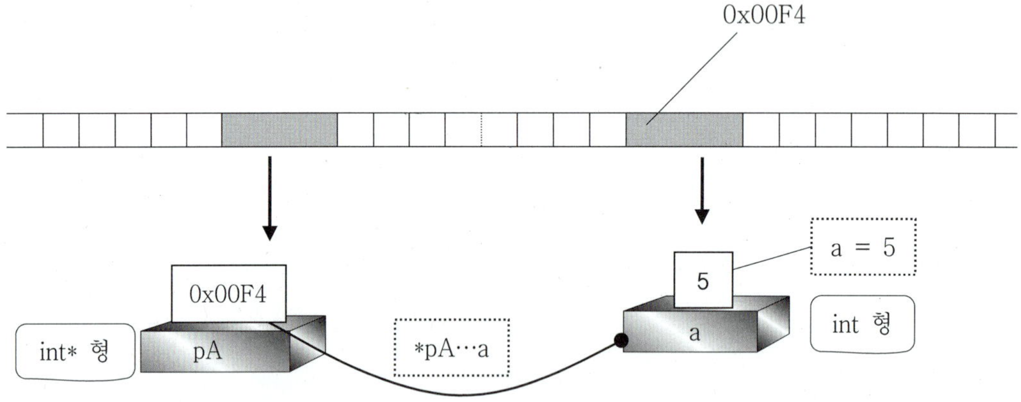

그림 8-5 간접 참조 연산자

▶ 포인터에 * 연산자를 사용하면 포인터가 가리키고 있는 변수의 값을 알 수 있다.

8.2.3 포인터 정리

상당히 복잡하게 되어 있기 때문에 지금까지 설명한 내용들을 차례로 정리하도록 한다. 먼저 변수 a와 그 어드레스 &a는 다음과 같이 나타낼 수 있다.

a	변수 a
&a	변수 a의 어드레스

그리고 「pA = &a;」를 대입한다. 포인터 pA가 변수 a를 가리키게 한다. 그러면 pA와 *pA는 다음과 같이 된다.

pA	변수 a의 어드레스를 기억시킨 포인터 ——→ 변수 a
*pA	변수 a의 어드레스를 기억시킨 포인터를 가리키고 있는 변수

8.2.4 포인터 선언의 복습

이 장에서 배운 포인터 선언을 생각해 보자.

```
int* pA;
```

int 형의 변수의 어드레스를 기억하는 포인터 pA를 준비하고 있다. 포인터 pA는 int 형이다.

```
int* pA;
int *pA;
```

위의 두 가지는 동일한 의미를 나타낸다.
복수의 포인터를 콤마(,)로 구분하여 한 줄에 기록할 수 있다.

```
int* pA, pB;
```

이것을 다음과 같이 기술하여도 같은 의미이다.

```
int* pA;
int* pB;
```

또는 int *pA, *pB; 와 같이도 기술한다.

8.2.5 포인터에 다른 어드레스 대입하기

지금까지 설명한 것과 같이 포인터는 어드레스를 기억시키는 변수이다. 그래서 이번에는 변수 a가 아니고 다른 변수 b의 어드레스를 pA에 기억시키도록 포인터 값을 변경해 보자.

Sample4.c ▶ 포인터 값을 변경한다.

```
#include <stdio.h>


int main( )
{
  int a = 5 ;
  int b = 10 ;
  int *pA ;

  pA = &a ;      // 변수 a의 어드레스를 대입

  printf("변수 a의 값은 %d입니다.\n,", a);
  printf("포인터 pA의 값은 %p입니다.\n", pA);
  printf("*pA의 값은 %d입니다.\n", *pA);

  pA = &b ;      // 변수 b의 어드레스를 대입


  printf( "변수 b의 값은 %d입니다.\n", b);
  printf("포인터 pA의 값은 %p입니다.\n", pA);
  printf("*pA의 값은 %d입니다.\n", *pA);
  return 0 ;
  }
```

Sample4의 실행 화면

```
변수 a의 값은 5입니다.
포인터 pA의 값은 0x00F4입니다.
*pA의 값은 5입니다.            // 처음에는 변수 a를 가리키고 있다.
변수 b의 값은 10입니다.
포인터 pA의 값은 0x00F0입니다.  // 변수 b의 어드레스로 변경되었다.
*pA의 값은 10입니다.           // 변수b를 가리키도록 되어 있다.
```

먼저 포인터 pA에 변수 a의 어드레스를 대입하고 있다. 따라서 *pA의 값을 출력해 보면 변수 a의 값과 같은 5가 출력된다. 이것은 지금까지 설명한 것과 동일하다. 그 다음에 「pA = &b」을 대입하여 포인터 값의 변경을 시도하였다. 이번에는 포인터 pA에 변수 b의 어드레스가 기억된다.

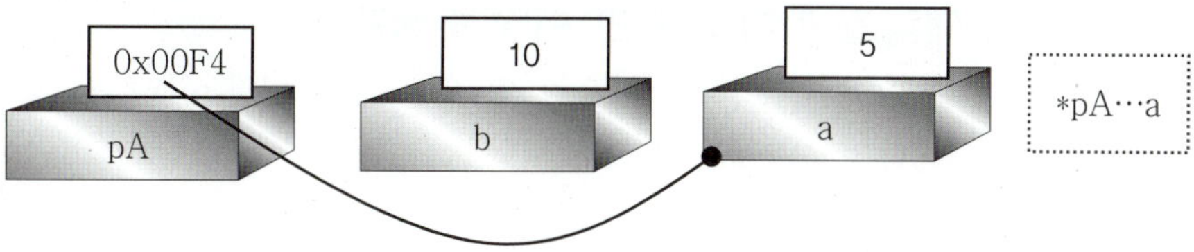

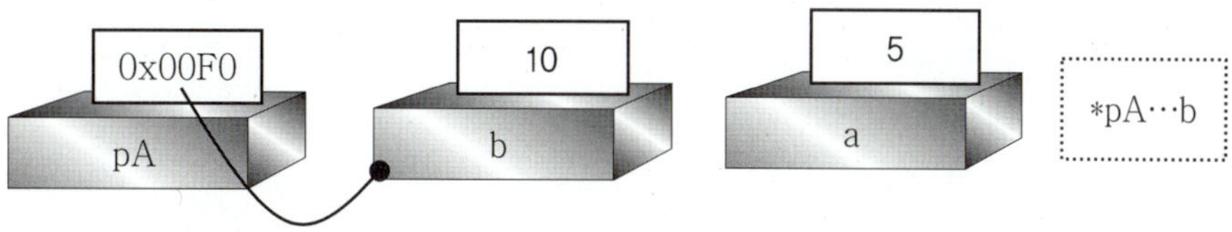

다시 한번 *pA를 출력하면 이번에는 변수 b의 값인 10이 출력되는 것을 확인할 수 있다. 이것은 포인터 pA가 변수 b를 가리키도록 변경되었다는 것을 의미한다. 이와 같이 포인터의 값을 변경하여 다른 변수를 가리키도록 할 수 있다.

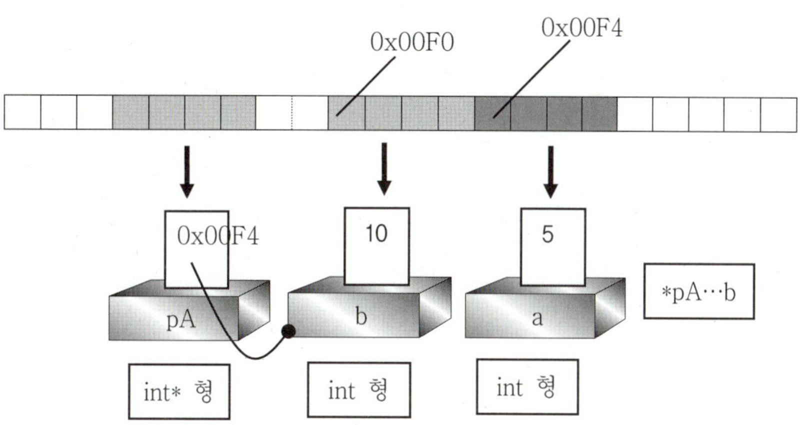

그림 8-6 다른 변수의 어드레스를 기억한다.

▶ 포인터에 다른 변수의 어드레스를 대입하여 값을 변경할 수 있다.

포인터에는 지정한 형에 해당하는 값의 어드레스 이외에는 원칙적으로 기억시킬 수 없다. pA의 경우에는 int 형 이외의 값에 대한 어드레스를 없다는 것에 주의하기 바란다.

8.2.6 포인터에 대입을 하지 않으면 어떻게 될까?

포인터를 사용하는데 있어서 주의하지 않으면 안 되는 것이 있다. 「pA = &a;」를 대입하지 않고 *pA를 출력하는 경우를 생각해 보자.

```
// 잘못된 코드
int a = 5;
int* pA;

printf("포인터 pA의 값은 %p입니다.\n", pA);
printf("*pA의 값은 %d입니다.\n", *pA);
 ...
```

어떤 변수를 가리키고 있는 지 알 수 없다.

여기서 「pA = &a;」라고 하는 문이 없기 때문에 포인터 pA는 어떤 어드레스도 기억하고 있지 않다. 즉, 포인터가 어떤 것도 가리키고 있지 않는 상태로 되어 있다. 따라서 *pA를 기술하여도 의미가 있는 값을 얻을 수 없다.

이와 같이 어디를 가리키고 있는지 알 수 없는 포인터를 사용하면 프로그램 실행시에 생각지 못한 에러를 발생시킬 수 있다.

포인터는 될 수 있는 한 다음과 같이 초기화하여 사용하는 것이 바람직하다.

```
int  a;
int* pA = &a;
```

포인터를 초기화 한다.

이와 같이 선언할 때 변수의 어드레스를 초기화하면 무심코 포인터에 값을 대입하는 것을 잊어버려도 포인터가 아무것도 지적하지 않는 상태가 되지 않는다.

포인터에는 반드시 어드레스를 대입하여 사용한다.

8.2.7 포인터를 사용하여 변수를 변경하기

이제 포인터를 다시 이용하여 보도록 하자. 사실 포인터를 사용하면 포인터가 사용하고 있는 변수 그 자체의 값을 변경할 수 있다. 다음 프로그램을 살펴보자.

Sample5.c ▶ 포인터를 사용하여 변수 a의 값을 변경한다.

```
#include <stdio.h>

int main( )
{
   int a ;
   int* pA ;

   a = 5 ;
   pA = &a ;

   printf("변수 a의 값은 %d입니다.\n", a);

   *pA = 50 ;          ● *pA(변수a)에 값을 대입한다.

   printf("*pA에 50을 대입하였다.\n");
   printf("변수 a의 값은 %d입니다.\n", a);
                                           ● 변수 a의 값을 출력한다.
   return 0 ;
 }
```

Sample5의 실행 화면

```
변수 a의 값은 5입니다.
*pA에 50을 대입하였다.
변수 a의 값은 50입니다.  ● 변수 a의 값이 변경되었다.
```

이 코드에서는 변수 a의 값이 도중에 변경 되었다. 그러나 이것은 제3장에서와 마찬가지로 「a = 50;」의 대입문을 기술하여 변수 a의 값을 변경한 것이 아니고, 「*pA = 50;」라고 하는 코드를 기술하였다. 이것은 포인터 pA가 a를 가르킬 때 *pA와 a가 같은 것을 의미한다는 사실을 이용한 것이다.

> *pA ↔ a 이기 때문에
> *pA = 50; ↔ a = 50; 이라고 할 수 있다.

「a = 50;」과 「*pA = 50;」 모두 변수 a의 값을 기억하는 처리를 하는 문이라고 말할 수 있다. 그러나 변수 a의 값을 변경하는 목적이라면 *pA에 값을 대입하는 것보다도 a에 직접 대입하는 것이 좋을 것이다.

간접 참조 연산자 *를 사용하여 포인터가 가리키는 변수에 값을 대입시킬 수 있다.

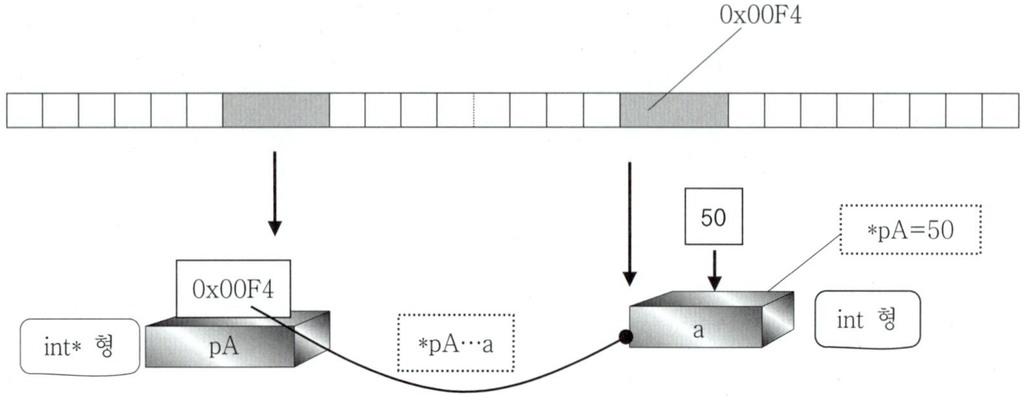

그림 8-7 *pA에 값을 대입한다.

▶ *pA에 값을 대입하는 것은 포인터 pA가 가리키고 있는 변수a에 값을 대입하는 것이라고 말할 수 있다.

8.3 인수와 포인터

먼저 포인터의 편리한 사용을 배우기 전에 제7장에서 익힌 함수를 생각해보자. 이 장에서는 다음의 swap()이라는 이름의 함수를 정의해 본다.

```
//잘못된 swap() 함수의 정의

void swap( int x, int y)
{
    int tmp ;

    tmp = x;
    x = y ;
    y = tmp ;
}
```

x와 y를 교환하려는 의도의 함수이다.

swap() 함수는 인수 x와 y를 교환하려는 함수이다. 이 함수 내에서는 다음과 같은 순서로 변수 x와 y의 값을 교환하고 있다.

① x의 값을 temp에 대입한다.

↓

② y의 값을 x에 대입한다.

↓

③temp의 값(원래 x의 값)을 y에 대입한다.

변수 temp를 매개로 하여 x와 y의 값의 교환을 시도하고 있다. 그래서 x의 값과 y의 값이 교환되게 된다. 그런데 이 함수를 호출하여 보면 실제로는 생각했던 것과 같은 처리가 되지 않는다. swap() 함수를 실제로 사용해 보자.

Sample6.c ▶ 잘못된 함수를 사용해 본다.

```
#include <stdio.h>


//잘못된 swap() 함수의 선언
void swap( int x, int y) ;

int main ( )
{
      int num1 = 5 ;
      int num2 = 10 ;

      printf("변수 num1의 값은 %d입니다.\n", num1);
      printf("변수 num2의 값은 %d입니다.\n", num2);
      printf("변수 num1의 값과 num2의 값을 교환합니다.\n");

      swap(num1, num2) ;          // swap() 함수를 호출하지만 …

      printf("변수 num1의 값은 %d입니다.\n", num1);
      printf("변수 num2의 값은 %d입니다.\n", num2);

      return 0 ;
}
//잘못된 swap() 함수의 정의
void swap(int x, int y)
{
   int tmp ;

   tmp = x ;
   x = y ;
   y = tmp ;
}
```

Sample6의 실행 화면

```
변수 num1의 값은 5입니다.
변수 num1의 값은 10입니다.
변수 num1의 값과 num2의 값을 교환합니다.
변수 num1의 값은 5입니다.
변수 num1의 값은 10입니다.      값이 교환되지 않았다.
```

변수 num1과 num2를 교환하기 위하여 swap() 함수를 호출하여 num1과 num2를 실인수로서 전달하였다. 그러나 실행 화면을 보면 변수 num1과 num2의 값은 교환되지 않았다. 어떻게 된 것일까?

8.3.1 값에 의한 전달과 참조에 의한 전달

이 비밀을 풀기 위해서는 함수에 인수를 전달하는 방법에 대하여 제7장을 다시 한번 살펴볼 필요가 있다. 함수에 실인수를 전달할 때에는

실인수의 값만이 함수에 전달된다.

이와 같은 인수 전달 방법을 값에 의한 전달(call by value)라고 한다. 예를 들어 swap() 함수에서는 변수 num1과 num2의 값인 5와 10만이 함수에 전달되게 된다.

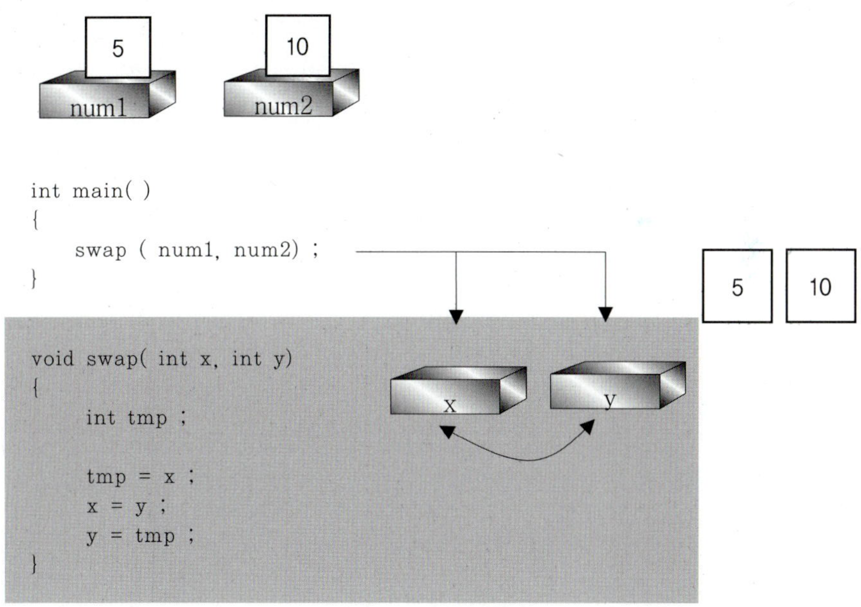

그림 8-8 함수호출

▶ 보통 값의 전달 방법에서는 호출하는 곳의 실인수를 변경할 수 없다.

그림 8-8에서 볼 수 있는 바와 같이 함수 내에서 x와 y를 교환하는 처리를 하여도 이것은 변수 num1과 num2의 값을 복사한 5와 10을 교환한 것에 불과하다. 즉, swap() 함수 내에서 값을 교환하여도 호출한 원래의 변수인 num1과 num2에 영향을 줄 수 없다는

것이다.

그런데 포인터를 잘 사용하면 함수의 호출시에 지정한 인수의 값을 변경할 수 있게 된다. 이를 위해서는 swap() 함수의 가인수를 포인터로 정의할 필요가 있다. 그러면 다음과 같은 swap() 함수를 작성해보자.

```
//swap 함수의 정의
void swap(int* pX, int* pY)     ← 가인수를 포인터로 한다.
{
   int tmp ;

   tmp = *pX ;
   *pX = *pY ;                  ← 포인터를 사용하여 값을 교환한다.
   *pY = tmp ;
}
```

이번에는 가인수의 포인터를 사용하였다. 단 함수 내에서는 *를 사용하여 포인터가 지시하고 있는 것끼리 교환하기 때문에 바로 앞의 swap() 함수와 내용은 같은 형태로 되어 있다. 이 함수를 호출하는 데는 가인수가 포인터이기 때문에 변수의 어드레스를 인수로 전달한다. 그러면 이번에는 어떤 결과를 출력하는지 살펴보자.

Sample7.c ▶ 함수의 인수에 포인터를 사용한다.

```
#include <stdio.h>


//swap 함수의 정의
void swap(int* pX, int* pY);

int main ( )
{
   int num1 = 5 ;
   int num2 = 10 ;

   printf("변수 num1의 값은 %d입니다.\n", num1);
   printf("변수 num2의 값은 %d입니다.\n", num2);
   printf("변수 num1의 값과 num2의 값을 교환합니다.\n");

   swap(num1, num2) ;          어드레스를 전달하여 호출한다.

   printf("변수 num1의 값은 %d입니다.\n", num1);
   printf("변수 num2의 값은 %d입니다.\n", num2);

   return 0 ;
}
//swap 함수의 정의
void swap( int* pX, int* pY)
{
    int tmp ;

    tmp = *pX;                 인수로 포인터를 한 함수 정의
    *pX = *pY;
    *pY = tmp ;
}
```

Sample7의 실행 화면

```
변수 num1의 값은 5입니다.
변수 num2의 값은 10입니다.
변수 num1의 값과 num2의 값을 교환합니다.
변수 num1의 값은 10입니다.     값이 교환되었다.
변수 num2의 값은 5입니다.
```

호출할 때에 변수 num1과 num2의 어드레스(&num1, &num2)를 전달하고 있다. 그래서 이번에는 올바르게 num1과 num2가 교환되게 된다. 이와 같이 호출하는 원래의 변수 값을 변경하고자 하는 경우에는 가인수를 포인터로 해둔다. 그리고 함수를 호출할 때는 어드레스를 함수에 전달한다. 그러면 가인수는 전달받은 어드레스로 초기화된다. 결국 num1과 num2의 어드레스가 포인터 pX, pY에 기억되게 된다.

가인수		실인수
pX	←	num1의 어드레스
pY	←	num2의 어드레스

8.2절에서 설명한 바와 같이 포인터에 *를 붙인 것은 그 포인터가 가리키고 있는 변수와 동일한 곳을 가리키고 있다는 것을 나타낸다.
이것은 다음과 같이 생각할 수 있다.

*pX나 *pY는 num1과 num2와 같은 것을 나타낸다.

8.2절과 같은 형식으로 기록하면 다음과 같은 관계를 나타낼 수 있다.

*pX(가인수측)	↔	num1(실인수측)
*pY(가인수측)	↔	num2(실인수측)

따라서 이와 같은 관계를 다음과 같이 설명할 수 있다.

가인수측의 *pX, *pY를 변경한다 ↔ 실인수측의 num1과 num2를 변경한다.

그림 8-9를 살펴보자. 가인수와 실인수에는 특정한 관계가 존재한다. 그래서 함수의 호출에 의하여 호출하는 곳의 변수 값을 교환할 수 있게 된다. 바로 앞의 함수에서는 가인수에 전달되는 것은 실인수 값의 복사이었고 가인수측과 실인수측에는 어떤 관계도 성립하지 않았다. 이와 같이 포인터를 함수의 가인수로 사용하면 실인수의 값을 변경할 수 있게

된다. 함수가 호출될 때 실인수의 어드레스가 함수에 전달되는 것을 참조에 의한 전달(call by reference)라고 한다. 여기서 설명한 포인터를 사용한 함수는 어드레스를 지정하여 함수에 전달되기 때문에 실질적으로 참조에 의한 전달이 된다.

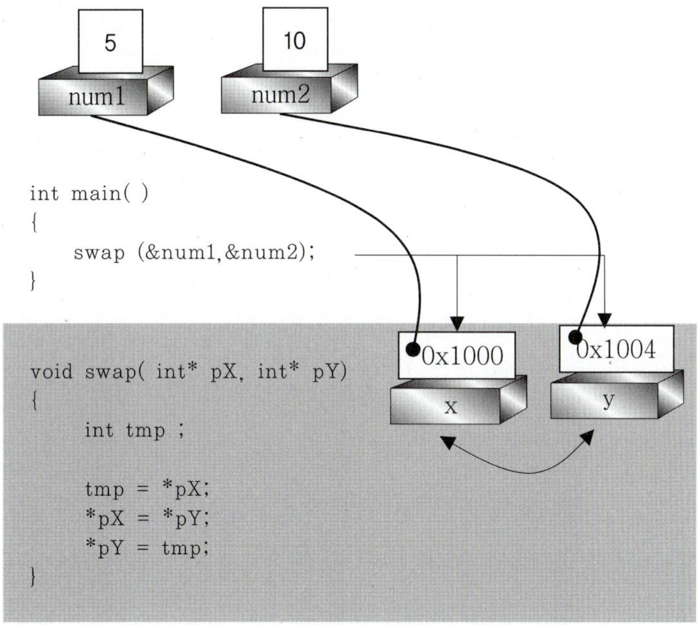

그림 8-9 함수의 호출(포인터)

▶ 가인수에 포인터에 사용하면 실인수측을 변경할 수 있다.

원칙적으로 함수내의 실인수를 변경할 수 없다. 그러나 포인터를 사용하면 함수내의 실인수측을 변경할 수 있다.

8.4 예제

예제 1 포인터가 가리키는 주소의 값을 출력하는 프로그램을 작성하시오.

```
#include <stdio.h>

int main(void)
{
        int *p, q;

        q = 100; /* q에 100을 치환한다. */

        p = &q; /* p에 q의 주소를 치환한다. */

        printf("%d\n", *p); /* 포인터를 이용하여 q의 값을 출력한다. */

        return 0;
}
```

결과

```
100
Press any key to continue
```

예제2 포인터를 이용한 정수 계산식 프로그램을 작성하시오.

```
#include <stdio.h>

void main(void)
{
        int a,b,*p1,*p2;
        a=10, b=20;
        p1=&a, p2=&b;
        *p1=*p1+3,*p2=*p2+3;
        printf("a+b = %d\n",a+b);
}
```

결과

```
a+b = 36
Press any key to continue
```

제 9 장

배열

9.1 배열

9.1.1 배열의 구조

프로그램 중에는 많은 데이터를 취급하는 경우가 있다. 예를 들면 50명이 한 반인 학생의 성적 데이터를 처리하는 프로그램을 작성하는 경우를 생각해보자. 이금까지 배운 지식을 사용하면 50명의 성적을 변수에 기억시켜서 관리하는 코드를 작성할 수 있다. 그리고 name1부터 name50이라는 이름을 모두 50개 준비해서 작업를 시작하게 된다.

```
int name1 = 80 ;
int name2 = 60 ;
int name3 = 22 ;
   ...
int name50 = 35 ;
```

50개 변수를 초기화하고 있다.

단, 이렇게 많은 변수를 사용하면 코드가 복잡해져서 프로그램을 읽기 어려운 경우가 있다. 이와 같은 때에는 배열(array)라고 하는 구조를 이용하면 편리하다. 변수가 특정의 한 개 값을 기억시키는 기능을 갖고 있다는 것을 생각할 때 배열도 특정한 값을 기억시킨다는 점에서는 변수와 같은 역할을 하고 있다. 그러나 배열은

같은 데이터 형의 값을 여러 개 통합하여 기억하는 편리한 기능을 준비하고 있다.

여러 개의 같은 이름을 붙인 상자가 나란하게 나열되어 있는 모습을 생각하면 편리하다. 변수와 마찬가지로 배열의 상자 중에도 값을 기억하여 이용할 수가 있다. 배열 각각의 상자를 배열 요소(element)라고 부른다.

배열은 같은 데이터 형의 값을 통합하여 기억하는 기능을 갖는다.

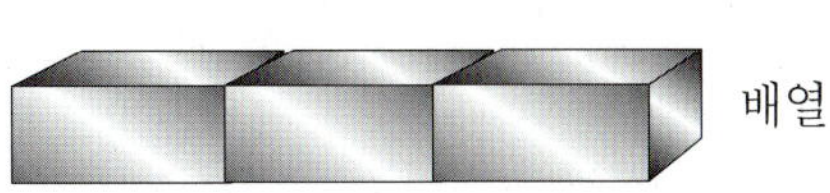

그림 9-1 배열

▶ 동일한 데이터 형의 값을 통합하여 기억하기 위해서는 배열을 사용한다.

9.2 배열 선언

9.2.1 배열의 선언

그러면 배열을 사용하여 보도록 하자. 변수와 마찬가지로 배열도 사용하기 전에

배열을 선언해야 한다.

배열의 선언이란 배열에 대한 여러 개의 상자를 준비하는 작업에 해당한다. 배열의 경우도 식별자(제3장)로부터 적당한 배열명을 준비하여 데이터 형을 지정한다.

단, 배열의 경우에는 이외에도

값을 몇 개 기억시킬 것인가를 지정할 필요가 있다.

배열에서는 상자의 수를 지정할 필요가 있다는 것이다. 이 수를 배열의 요소수라고 부른다. 배열의 선언은 다음과 같은 형식이 있다.

데이터형 배열명[요소수]	데이터 형과 요소수를 지정한다.

여기서는 int 형의 값을 5개 기억해보자. 요소수 5인 배열 test[5]를 선언해 보자.

int test[5] ;	int 형의 값을 5개 기억할 수 있는 배열을 선언하였다.

배열의 요소수는 정해진 수가 되어야 한다. 즉, []에 기술되는 수는 5나 10과 같이 고정된 값이 되어야 한다. 준비한 배열의 요소에는 각각의 상자에 다음과 같은 이름이 붙여진다.

```
test[0]
test[1]
test[2]
test[3]
test[4]
```

[] 가운데에 지정되는 번호를 첨자(인덱스 : index)라고 한다. 이 첨자에 의하여 배열의 상자를 특별히 지정할 수 있게 된다. C에서 배열의 첨자는 0부터 시작하기 때문에 마지막 첨자는 「요소수−1」이 된다.

따라서 배열의 요소수가 5인 경우에는 test[4]가 값을 기억할 수 있는 마지막 요소가 된다. test[5]라는 이름의 요소가 없다는 것에 주의하기 바란다.

배열은 데이터 형과 요소수를 지정하여 선언한다.
마지막 배열 요소의 첨자는 요소수보다 1이 작다.

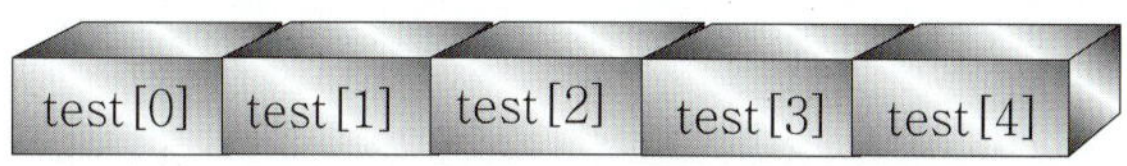

그림 9-2 배열이 선언

▶ 5개의 요소를 구성된 배열을 선언하면 첨자는 0~4가 된다.

9.3 배열의 이용

9.3.1 배열 요소에 값을 대입

그러면 준비된 배열에 값을 기억시켜보도록 한다. 배열의 각 요소는 test[0], test[1], … 등의 이름으로 처리되도록 하고 있기 때문에 하나씩 값을 대입하여 보도록 한다. 이 배열의 상자에는 정수 값을 대입할 수 있다.

```
int test[5] ;          배열을 선언하였다.
test[0] = 80 ;
test[1] = 60 ;
test[2] = 22 ;         배열 요소에 하나씩 값을 대입하고 있다.
test[3] = 50 ;
test[4] = 75 ;
```

5개의 배열 요소에 성적을 대입하고 있다. 배열 요소에 값을 대입하는 방법은 변수와 동일하다. 배열의 상자를 지정하고 대입 연산자 「=」를 사용하여 기술한다.

배열 요소에 값을 대입

```
배열명[첨자] = 식;
```

배열에 값을 기억하기 위해서는 첨자를 사용하여 요소를 지정하고, 값을 대입한다.

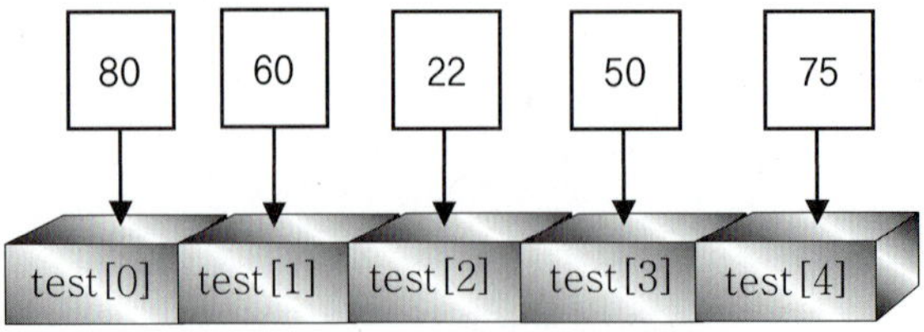

그림 9-3 배열에 값을 대입

▶ 배열에 값을 기억시킬 수 있다.

9.3.2 배열 요소수를 출력

배열을 실제로 이용하는 코드를 작성해 보도록 한다. 각 요소의 첨자는 0부터 차례대로 나열되기 때문에 제6장에서 공부한 반복문을 사용하여 간략하게 기술할 수 있다. 반복문을 사용하여 배열에 기억시킨 성적을 출력한다.

Sample1.c ▶ 배열 요소의 값을 출력한다.

```
#include <stdio.h>


int main( )
{
    int test[5], i;

    test[0] = 80 ;
    test[1] = 60 ;
    test[2] = 22 ;
    test[3] = 50 ;
    test[4] = 75 ;

    for(i=0 ; i<5 ; i++) {
        printf("%d" 번째 학생의 점수는 %d입니다.\n", i+1, test[i]);
    }

    return 0 ;
}
```

- 배열을 선언하고 있다. (int test[5], i;)
- 배열 요소에 하나씩 값을 대입한다. (test[0] ~ test[4])
- 반복문으로 배열 요소 출력 (test[i])

Sample1의 실행 화면

```
1 번째 학생의 점수는 80입니다.
2 번째 학생의 점수는 60입니다.
3 번째 학생의 점수는 22입니다.
4 번째 학생의 점수는 50입니다.
5 번째 학생의 점수는 75입니다.
```

- 배열요소의 값을 차례로 출력한다.

Sample1에서는 먼저 배열의 각 요소에 값을 대입하고 있다. 그리고 나서 for 문을 이용하여 각 요소의 값을 출력해낸다. 배열의 첨자는 0부터 시작하기 때문에 반복문 내에서 출력하는 번호를 「i+1」로 지정하고 있다.

각 요소를 지정할 때 첨자에 변수를 사용할 수 있다.

따라서 몇 번째 학생의 점수가 몇 점인가를 반복문 내에서 출력할 수 있게 된다. 배열과 반복문을 사용하여 코드가 간결하게 작성된다.

배열과 반복문을 사용하면 많은 데이터를 간단하게 처리할 수 있다.

9.3.3 배열의 초기화

배열에는 여러 가지 기술 방법이 있다. Sample1에서는 배열의 선언과 값의 대입을 별도의 코드에서 기술하였다. 배열에서는 이 두 가지 작업을 통합하여 행할 수 있다. 이것을 배열의 초기화라고 한다.

배열의 초기화

```
데이터형 배열명[요소수] = {값0, 값1, … };
```

지금까지 살펴본 성적을 처리하는 배열은 다음과 같이 초기화를 할 수 있다.

```
int test[5] = {80, 60, 22, 50, 75} ;
```

5개의 배열 요소를 초기화

{ } 가운데에 값을 나열하여 각 요소의 값을 기술하고 있다. 그러면 배열이 준비된 때에 80, 60, … 등의 값이 요소에 기억되게 된다. { } 가운데 지정된 값은 초기값(initializer)라고 부른다. 위의 예에서 80, 60, …이 초기화된다.

또 배열을 초기화하는 경우에는 [ ] 가운데에 배열 요소의 수를 지정하지 않아도 되는 경우가 있다. 요소수를 지정하지 않는 경우는

초기값의 수에 따라 요소가 자동적으로 준비된다.

다음의 초기화는 위의 코드를 통합한 것과 같은 의미를 갖는다.

```
int test[ ] = {80, 60, 22, 50, 75} ;
```

배열 요소를 지정하지 않아도 5개의 배열요소가 준비된다.

배열을 초기화하면 선언과 값의 기억이 동시에 이루어진다.

9.3.4 배열 첨자의 주의사항

또 배열의 첨자를 사용하는 경우에 주의할 사항이 있다.

배열의 크기를 초과한 원소는 이용할 수 없다.

예를 들어 지금까지 코드에서는 5개의 원소를 갖는 배열을 선언하였다. 이 배열을 처리하는 경우에 test[10] 등의 첨자를 지정하여 값을 대입할 수 없다.

```
int test[5] ;
//오류
//test[10] = 50 ;
```

이와 같은 대입은 할 수 없다.

test[10]이라고 하는 요소는 존재하지 않는다. 이와 같은 코드는 에러를 발생시킨다. 따라서 배열의 첨자 사용에 주의해야 한다.

배열의 크기를 초과한 요소에 값을 대입할 수 없다.

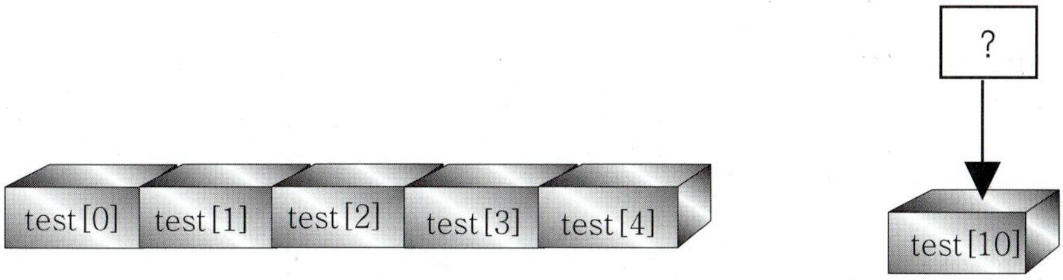

그림 9-4 배열에 값을 대입할 때 주의사항

▶ 배열에 값을 기억시킬 때에는 첨자의 숫자에 주의할 필요가 있다.

9.4 배열의 응용

9.4.1 키보드 입력

이번에는 성적을 키보드에서 입력받아 배열에 기억시키고 통합하여 출력시키는 프로그램을 작성해보자. 배열의 수를 변경하기 쉽도록 상수(constant)를 사용한다. 상수를 사용하기 위해서는 변수의 초기화를 행할 때 const 키워드를 지정한다.

Sample2.c ▶ 배열 요소의 수를 입력한다.

```
#include <stdio.h>


int main( )
{
    const int num = 5 ;
    int test[5], i, j;

    printf("%d 명의 점수를 입력하시오.\n", num);
    for(i=0; i<num; i++) {
        scanf("%d", &test[i]);
    }

    for(j=0; j<num; j++) {
        printf("%d 번째 학생의 점수는 %d입니다.\n", j+1, test[j]);
    }

    return 0 ;
}
```

- 학생의 수를 상수로 지정한다.
- 키보드로 5명의 점수를 입력한다.
- 입력한 값을 배열을 이용하여 출력한다.

Sample2의 실행 화면

```
5명의 점수를 입력하시오.
22
80
57
60
50
1번째 학생의 점수는 22입니다.
2번째 학생의 점수는 80입니다.
3번째 학생의 점수는 57입니다.
4번째 학생의 점수는 60입니다.
5번째 학생의 점수는 50입니다.
```

이 프로그램에서는 키보드에서 입력한 값을 배열에 기억시키고 for 문을 이용하여 출력하고 있다. 여기서 통합하여 점수를 출력하기 위하여 배열의 기능이 역할을 하고 있다.
이 코드에서는 const를 지정한 상수를 사용하고 있다. 따라서 시험을 치른 학생의 수에 따라 프로그램을 간단하게 변경할 수 있다. 즉, const int num = 5;의 부분의 5 대신에 해당하는 학생수를 기술하면 보다 많은 학생들의 점수를 관리하는 프로그램을 만들 수 있다.

9.4.2 배열 내용의 정렬

또 다른 배열의 이용 방법을 살펴보자. 학생들의 점수를 순서적으로 나열하는 것을 정렬(sort)라고 한다. 배열은 요소에 여러 개의 값을 기억할 수가 있기 때문에 다시 나열하는 코드를 이용하면 편리하다.

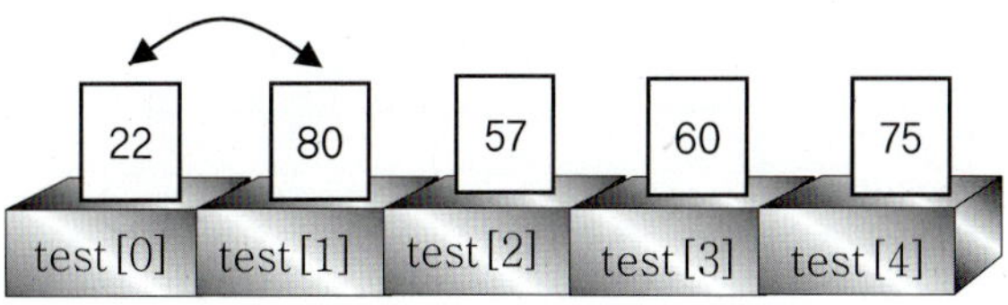

Sample3.c ▶ 배열의 요소를 정렬한다.

```
#include <stdio.h>


int main( )
[
   const int num = 5 ;
   int test[5], i, j, s, t;

   printf("%d 명의 점수를 입력하시오.\n", num);
    for(i=0; i<num; i++) {
     scanf("%d", &test[i]);
   }

   for( s=0; s<num-1; s++) {
     for( t=s+1; t<num; t++) {
       if( test[t] > test[s] ) {
          int tmp = test[t] ;
          test[t] = testp[s] ;
          test[s] = tmp ;
       }
     }
   }

   for(j=0; j<num; j++) {
      printf("%d 번째 학생의 점수는 %d입니다.\n", j+1,  test[j]);
   }

   return 0 ;
}
```

배열을 정렬하고 있다.

Sample3의 실행 화면

```
5명의 점수를 입력하시오.
22
80
57
60
50
1번째 학생의 점수는 80입니다.
2번째 학생의 점수는 60입니다.
3번째 학생의 점수는 57입니다.
4번째 학생의 점수는 50입니다.
5번째 학생의 점수는 22입니다.
```

이 프로그램은 배열의 요소를 크기순으로 정렬한 것이다. 실행결과를 보면 확실하게 높은 점수 순으로 출력되어 있는 것을 알 수 있다.
배열을 정렬하는 데는 여러 가지 방법이 있지만 여기서는 다음과 같은 방법을 사용한다.

① 먼저 배열의 각 원소를 배열의 선두 요소(test[0])와 비교한다. 비교한 요소가 큰 경우에는 선두 요소를 바꾸어 넣는다. 그러면 배열의 선두 요소에 최대값이 위치하게 된다.

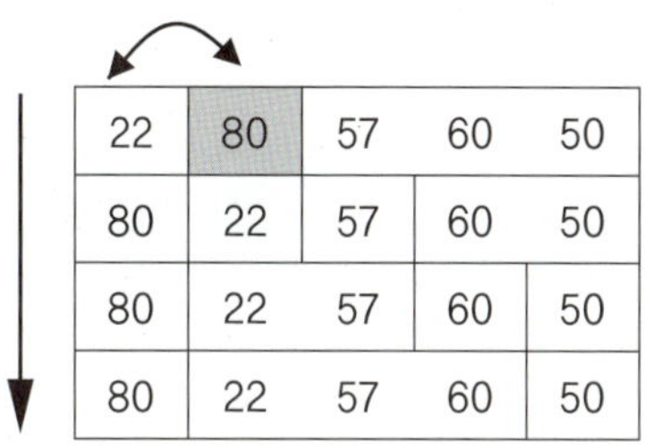

test[t]와 test[0]의 값을 비교하여 위치를 바꾼다.
test[t]쪽이 큰 경우에 위치를 바꾼다.
즉, test[t] > test[s] (s=0)인 때 위치를 바꾼다.

② 그래서 가장 큰 값의 배열의 선두 요소가 결정된다. 그리고 나머지 요소에 대해서도 같은 처리를 반복한다. 즉, 나머지 요소들을 배열의 2번째 요소(test[1])과 비교하여 큰 경우에 위치를 바꾼다. 그러면 최종적으로 2번째로 큰 값이 2번째 요소에 위치하게 된다.

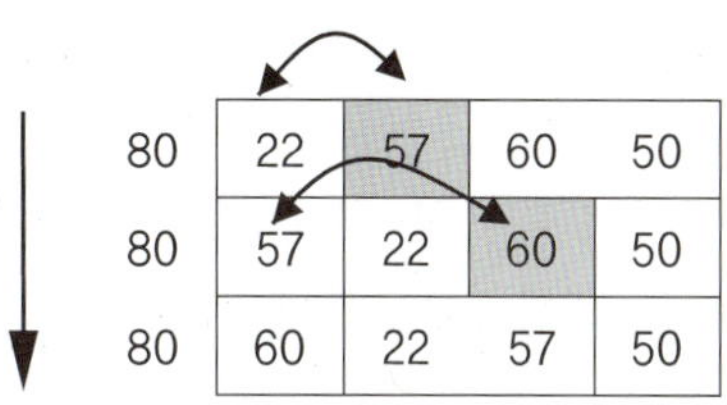

test[t]와 test[1]의 값을 비교하여 위치를 바꾼다.
test[t]쪽이 큰 경우에 위치를 바꾼다.
즉, test[t] > test[s] (s=1)인 때 위치를 바꾼다.

③ 차례로 반복하면, 배열의 정렬이 완료된다.

```
80 60 57 50 22
```

약간 복잡하지만 Sample3의 코드를 보면서 차례로 확인해 보기 바란다. Sample3에서는 반복문을 중첩하여 이 정렬 절차를 기술하고 있다. 요소의 위치를 바꾸기 위해서는 바꾸어 넣는 것과 동일한 형의 작업용 변수가 필요하다. 따라서 정렬에서는 작업용 변수 temp를 사용하고 있다.

9.4.3 다차원 배열

그런데 지금까지 설명한 배열은 일렬로 나열된 상자와 같은 모양이었다. C에서는 2차원 이상의 상자를 나열한 모양을 갖는 다차원 배열을 만들 수도 있다. 2차원 배열이라면 표계산 프로그램의 표(worksheet)와 같은 모양을 생각할 수 있다. 또한 3차원 배열이라면 x축, y축, z축 방향을 갖는 입방체를 생각할 수 있다.
다차원 배열의 선언은 다음과 같다.

다차원 배열(2차원 배열)

```
데이터형 배열명[요소수][요소수];
```

실제로 다차원 배열을 살펴보자.

```
int test[2][5];
```

이 2차원 배열은 int 형의 값은 2*5=10개 기억할 수 있는 배열이다. 다차원 배열은 여러 가지 용도로 이용할 수 있다. 예를 들면 교과목 성적을 정리할 수 있다. 또 수학의 행렬식 계산 등에 응용할 수 있을 것이다.

여기서는 간단한 예로서 바로 앞에서 설명한 5명의 성적처리에서 국어와 수학 2가지 과목의 성적을 통합하여 기억시키기 위하여 2차원 배열에 값을 대입해보도록 한다.

Sample4.c ▶ 다차원 배열을 사용한다.

```
#include <stdio.h>
#define SUB 2          ● 교과목 수
#define NUM 5          ● 학생 수

int main( )
{

    int test [SUB] [NUM], i;    ● 과목수 * 사람수에 해당하는 값을 기억하는 2차원 배열을 준비한다.

    test[0] [0] = 80 ;
    test[0] [1] = 60 ;
    test[0] [2] = 22 ;
    test[0] [3] = 50 ;
    test[0] [4] = 75 ;
    test[1] [0] = 90 ;          하나씩 값을 대입한다.
    test[1] [1] = 55 ;
    test[1] [2] = 68 ;
    test[1] [3] = 72 ;
    test[1] [4] = 58 ;

    for (i=0; i<NUM; i++) {
        printf("%d 번째 학생의 국어 점수는 %d입니다.\n", i+1,  test[0][i]);   ● 국어 점수를 출력한다.
        printf("%d 번째 학생의 수학 점수는 %d입니다.\n", i+1,  test[1][i]);   ● 수학 점수를 출력한다.
    }
    return 0;
}
```

Sample4의 실행 화면

```
1번째 학생의 국어 점수는 80입니다.
1번째 학생의 수학 점수는 90입니다.
2번째 학생의 국어 점수는 60입니다.
2번째 학생의 수학 점수는 55입니다.
3번째 학생의 국어 점수는 22입니다.
3번째 학생의 수학 점수는 68입니다.
4번째 학생의 국어 점수는 50입니다.
4번째 학생의 수학 점수는 72입니다.
5번째 학생의 국어 점수는 75입니다.
5번째 학생의 수학 점수는 58입니다.
```

여기서 test[0][x]에는 국어 점수가, test[1][x]에는 수학 점수가 기억된다. 이것을 중첩한 for 문에서 반복 출력하고 있다. 2차원 이상의 배열로 값을 출력하거나 대입해도 기본적인 형태는 동일하다.

또한 다차원 배열도 초기화를 할 수 있다. 다차원 배열에서는 보통의 배열 초기화에서 사용하는 {} 가운데에 다시 한번 {}를 기술하는 형태이다. 아래의 코드는 Sample4의 다차원 배열을 초기화하여 나타낸 것이다.

```
int test[2] [5] = {
                { 80, 60, 22, 50, 75 }, {90, 55, 68, 72, 58 }
};
int test[] [5] = {
                { 80, 60, 22, 50, 75 }, {90, 55, 68, 72, 58 }
};
```

생략할 수도 있다.

최초의 배열 요소수에 대해서도 1 차원 배열과 마찬가지로 수를 생략하고 기술할 수도 있게 되어 있다. 다차원 배열은 C 언어의 내부적으로는 1 차원 배열의 요소가 다시 배열로 처리되는 것이기 때문에 이와 같이 할 수 있게 되는 것이다.

다차원 배열을 선언하여 이용할 수 있다.

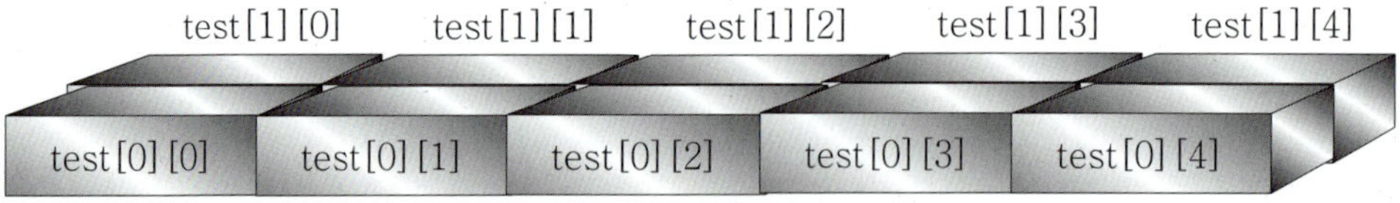

그림 9-5 다차원 배열

▶ 배열을 다차원으로 할 수 있다.

9.5 배열과 포인터의 관계

9.5.1 배열의 구조

그런데 제8장에서 설명한 포인터와 배열은 밀접한 관계가 있다. 이 관계를 살펴보기 위하여 배열의 각 요소의 어드레스를 조사해 보자.

제8장에서 설명한 어드레스 연산자 &를 생각해 본다. 변수와 마찬가지로 배열의 각 요소에 대하여 & 연산자를 사용할 수가 있다. 다음과 같이 배열의 요소에 & 연산자를 사용하면 그 요소가 기억되고 있는 어드레스를 알 수 있게 된다.

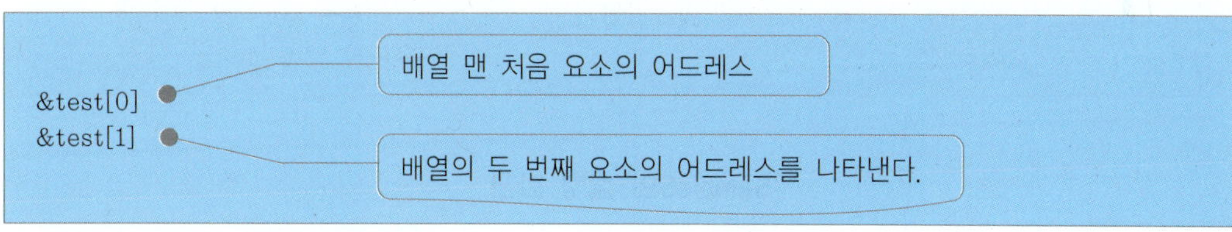

위의 표기에서 배열의 첫 번째 요소(test[0]), 두 번째 요소(test[1])의 값이 기억되어 있는 어드레스를 알 수 있다. 또한 배열에서는 특별한 표기 방법으로 배열 요소의 어드레스를 나타낼 수 있도록 되어 있다. 배열명을 기술하는 것만으로 배열의 맨 처음 요소의 어드레스를 나타낼 수 있다.

[]를 붙이거나 첨자를 쓰거나 하지 않는다. & 연산자도 필요없다. 이 표기의 구조를 알기 위하여 다음과 같은 코드를 입력해 보자.

Sample5.c ▶ 배열명으로 첫 번째 요소 값을 알 수 있다.

```
#include <stdio.h>

int main( )
{
   int test[5] = { 80, 60, 55, 22, 75 } ;

   printf("test[0]의 값은 %d입니다.\n", test[0]);
   printf("test[0]의 어드레스는 %p입니다.\n", &test[0]);
   printf("test의 값은 %p입니다.\n", test);
   printf("따라서 *test 값은 %d입니다.\n", *test);

   return 0 ;
}
```

&를 사용하여 배열의 첫 번째 요소를 알 수 있다

*test로 배열의 첫 번째 요소값을 나타낸다.

배열명으로도 첫 번째 요소의 어드레스를 나타낸다.

Sample5의 실행 화면

```
test[0]의 값은 80입니다.
test[0]의 어드레스는 0x00E4입니다.
test의 값은 0x00E4입니다.
따라서 *test 값은 80입니다.
```

&test[0]도 test도 첫 번째 요소의 어드레스를 나타낸다.

배열의 첫 번째 요소를 나타낸다.

출력 결과에서 알 수 있는 바와 같이 test의 값이 &test[0]의 값과 동일하다는 것을 알 수 있다. 이와 같이 test라는 배열명만으로 배열의 첫 번째 요소인 test[0]의 어드레스를 나타낼 수 있다. 이와 같이 배열명이 첫 번째 요소의 어드레스를 나타내기 때문에

> 배열명은 배열의 첫 번째 요소의 어드레스를 기억하고 있는 포인터와 같은 역할을 한다고 말할 수 있다.

배열명은 배열의 첫 번째 요소를 가르키는 포인터와 같이 사용되는 것이다. 제8장에서도 설명한 바와 같이 포인터에 간접 참조 연산자(*)를 사용하면 그것이 가리키고 있는 변수의 값을 알 수 있다는 것이다. 변수 test에 *를 붙인 경우에도 마찬가지로 배열의 첫 번째 요소인 test[0]의 값을 나타내게 된다. 실행 결과를 확인해보기 바란다.
이것을 다음 표에 정리하였다.

test	&test[0]	→ 배열의 첫 번째 어드레스
*test	test[0]	→ 배열의 첫 번째 요소 값

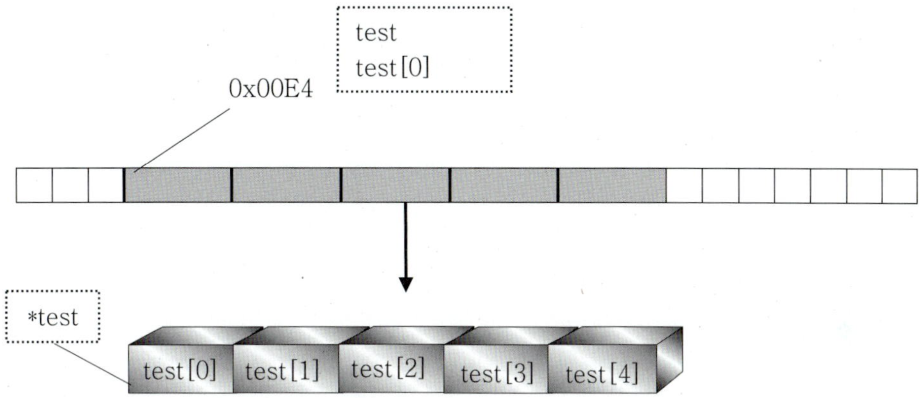

9.5.2 포인터 연산의 구조

배열명은 배열의 첫 번째 요소의 포인터로서 사용될 수 있다는 것을 알았다. 그런데 C에서는 포인터가 배열과 밀접한 관계를 갖고 있을 때 포인터에 대하여 다음과 같은 연산을 할 수 있다. 표 9-1을 살펴보자.

표 9-1 포인터 연산

연산자	포인터 연산의 예(단, p1, p2, p3는 포인터)	
+	p+1	p가 가리키고 있는 요소의 다음 요소의 어드레스를 얻는다.
–	p-1	p가 가리키고 있는 요소의 앞 요소의 어드레스를 얻는다.
	p1-p2	p1과 p2 사이의 요소수를 얻는다.
++	p++	p가 가리키고 있는 요소의 다음 요소의 어드레스를 얻는다.
--	p--	p가 가리키고 있는 요소의 앞 요소의 어드레스를 얻는다.

포인터 연산은 제4장에서 설명한 4칙 연산 등의 연산과는 다소 차이가 있다. 예를 들면 + 연산자를 살펴보자. + 연산자를 사용하여 p+1 연산을 하면

p가 가리키고 있는 바로 다음 요소의 어드레스를 얻는다.

어드레스의 값에 1을 더하는 연산을 하는 것이 아니다. 그럼 다음 예를 살펴보면서 포인터 연산을 설명해보자.

Sample6.cpp ▶ 포인터 연산을 한다.

```
#include <stdio.h>

int main( )
{
    int test[5] = { 80, 60, 55, 22, 75 } ;

    printf("test[0]의 값은 %d입니다.\n", test[0]);
    printf("test[0]의 어드레스는 %p입니다.\n", &test[0]);
    printf("test의 값은 %p입니다.\n", test);
    printf("test+1의 값은 %p입니다.\n", test+1);
    printf("*(test+1)의 값은 %d입니다.\n", *(test+1));

    return 0 ;
}
```

첫 번째 요소 다음 요소의 어드레스를 나타낸다.

첫 번째 요소의 다음 요소의 값을 나타낸다.

```
test[0]의 값은 80입니다.
test[0]의 어드레스는 0x00E4입니다.
test의 값은 0x00E4입니다.
test+1의 값은 0x00E8입니다.
*(test+1)의 값은 60입니다.
```

두 번째 요소의 어드레스가 된다.

두 번째 요소의 값이 된다.

Sample6에서는 + 연산자를 사용하여 포인터의 덧셈을 하였다. test에 1을 더한 test+1을 출력하고 있다. 따라서

하나 다음의 요소인 배열의 두 번째 요소의 어드레스가 출력되고 있다.

그리고 * 연산자를 사용한 *(test+1)를 살펴보면 배열의 두 번째 요소의 값을 알 수 있다. 결국 *(test+1)은 배열의 두 번째 요소인 test[1]과 같은 의미라는 것을 알 수 있다.

이와 같은 사실로부터 다음 표와 같은 내용을 정리할 수 있다.

*test	test[0]	→ 배열의 첫 번째 요소값
*(test+1)	test[1]	→ 배열의 두 번째 요소값
*(test+2)	test[2]	→ 배열의 세 번째 요소값
. . .	. . .	. . .

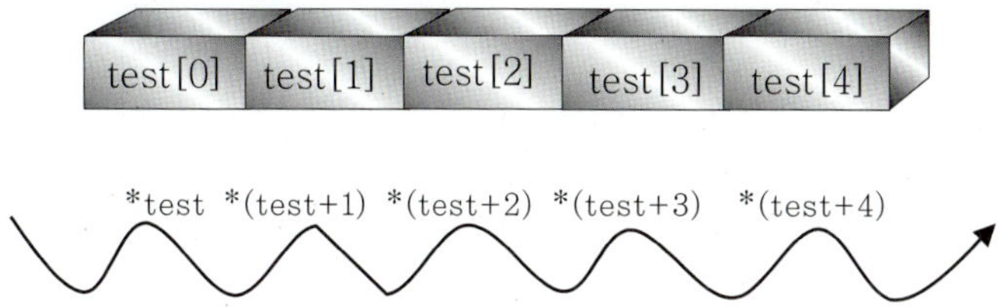

그림 9-6 포인터 연산

▶ 배열명(포인터)에 + 연산자를 사용하면 더한 수만큼의 위치의 요소를 가르킬 수 있다.

배열명(포인터)에 + 연산자를 사용하면 더한 수만큼의 위치의 요소를 가르킬 수 있다.

포인터와 배열이 밀접한 관계를 가질 때 포인터 연산을 행할 수 있다.

9.5.3 배열명을 사용할 때 주의 사항

지금까지 설명한 것과 같이 배열명은 배열의 첫 번째 요소의 어드레스를 기억하고 있는 포인터와 같다고 생각하였다. 단, 이 포인터는 보통의 포인터와는 다른 점이 있다.

배열명으로 나타내는 포인터는 다른 어드레스를 대신할 수 없다.

다음 코드를 살펴보자.

```
#include <stdio.h>

int main( )
{
   int a = 5 ;
   int test[5] = { 80, 60, 55, 22, 75 } ;

   // 오류
   // test = &a ;     다른 어드레스를 대입할 수 없다.

   return 0 ;
}
```

제8장에서 설명한 것과 같이 보통의 포인터에는 다른 변수의 어드레스를 대입할 수 있다. 그러나 배열명에는 그 배열의 첫 번째 요소 이외의 어드레스를 나타낼 수 없다. 즉, 변수 a의 어드레스를 test에 대입할 수 없다는 것에 주의하기 바란다.

9.6 인수와 배열

9.6.1 배열을 인수로 사용하기

배열과 포인터 사이에는 밀접한 관계가 있다는 것을 알았다. 이 절에서는 이 관계를 이용하여 여러 가지 프로그램을 작성해보도록 하자.
먼저 배열을 함수의 인수로 사용하는 코드를 살펴보자.

Sample7.c ▶ 함수의 인수로 배열을 사용한다.

```
#include <stdio.h>

//avg 함수의 사용
double avg (int t[]);                    // 배열을 함수의 인수로 사용한다.

int main()
{
  int test[5], i;
  double ans;

  printf("5 명의 성적을 입력하시오.\n");
  for(i=0; i<5 ; i++)
  {
          scanf("%d", &test[i]);
  }
                                          // 배열명을 실인수로 전달하였다.
  ans = avg(test);
  printf("5 명의 평균점수는 %f 입니다. \n", ans);

  return 0 ;
}
//avg 함수의 정의
double avg (int t[])
{
        int i;
    double sum = 0.0 ;
    for(i=0; i<5; i++ )
        {
      sum += t[i] ;                       // 배열을 이용한다.
    }
    return sum/5.0 ;
}
```

Sample7의 실행 화면

```
5 명의 성적을 입력하시오.
80
60
55
22
75
5 명의 평균점수는 58.400000 입니다.
Press any key to continue
```

5명의 성적의 평균점수를 반환하는 avg() 함수에서는 배열을 인수로 사용하고 있다. 이 때 가인수에는 t[]로 기술하고 실인수로서 배열명 test를 기술하여 전달하고 있다는 것에 주목하기 바란다. 이와 같이 인수로 배열을 사용하는 경우에는 실인수로서 배열명을 전달한다.

바로 앞에서 설명한 바와 같이 배열명은 첫 번째 요소의 어드레스를 나타내기 때문에 함수에는 배열의 각 요소값이 아니고 배열의 첫 번째의 어드레스만이 전달하게 된다. 배열을 함수에 전달하는 경우에는 이 첫 번째 요소의 어드레스를 전달하는 방법을 사용하기 때문에 주의하기 바란다.

9.6.2 포인터를 인수로 사용

앞 절에서 설명한 포인터와 배열의 밀접한 관계를 사용하면 같은 함수를 포인터와 같이 기술할 수 있다. 다음 코드를 살펴보자.

```
//avg 함수의 선언
double avg(int* pT);
...
//avg 함수의 정의
 double avg( int* pT)
 {
     double sum = 0 ;
     for ( int i=0; i<5; i++ ) {
          sum += *(pT+i) ;
     }
     return sum/5.0;
 }
```

가인수를 포인터로 기술할 수도 있다.

배열을 포인터 연산에 의한 표기로 이용할 수 있다.

이 함수의 가인수는 포인터 pT로 하고 있다. 이 때 호출한 곳에서 배열의 선두 요소의 어드레스가 전달되면 포인터 pT가 그 어드레스로 초기화된다. 따라서 함수 내에서는 포인터 pT에 대하여 포인터 연산을 함으로써 배열 요소를 처리할 수 있게 된다.
즉, 이 avg() 함수는 Sample7의 avg() 함수 대신에 사용될 수 있다는 것이다. 전체 코드는 다음과 같다.

```
#include <stdio.h>

//avg 함수의 선언
double avg( int *pT) ;

int main ( )
{
   int test[5], i;
   double ans;

   printf("5명의 점수를 입력하시오.\n");
   for (i=0; i<5; i++)
{
       scanf("%d", &test[i]);
   }
    ans = avg(test);
   printf("5명의 평균점수는 %f 입니다.\n" ans);
return 0;
}

//avg 함수의 정의
 double avg( int* pT)
}                                   가인수를 포인터로 표기
   int i;
   double sum = 0 ;
   for(i=0; i<5; i++) {
       sum +=*(pT+i) ;
   }                                포인터 연산에 의하여 처리한다.
   return wum/ 5.0;
}
```

avg() 함수를 이용하고 있는 부분의 코드는 Sample7과 아주 동일하다. 배열을 받는 함수는 이와 같이 포인터로 표기한 가인수를 자주 이용한다.

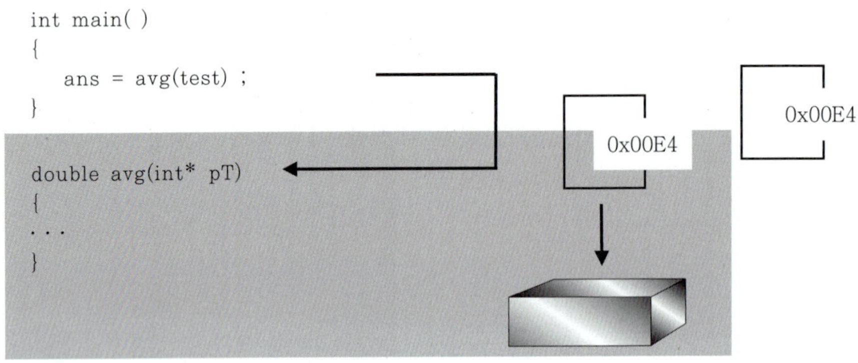

그림 9-7 인수와 배열

▶ 가인수로서 포인터를 사용하고 배열의 첫 번째 요소의 어드레스를 전달받을 수 있다.

9.6.3 포인터에 [] 연산자를 사용

지금까지 배열명을 첫 번째 요소의 포인터로 취급할 수 있다는 것을 살펴보았다. 사실은 이와 반대로

포인터에 []를 사용하여 배열과 같이 표기할 수 있다.

예를 들어 앞의 avg() 함수 가운데 포인터 pT를 살펴보자. 이 포인터 표기에 []를 사용하여 다음과 같이 표기할 수 있다.

```
pT[2]
```

포인터에 []를 사용할 수 있다.

이것을 첨자 연산자(subscript operator)라고 한다. 이와 같이 포인터에 []를 사용한 표기는 포인터 pT가 가리키고 있는 요소로부터 계산하여 두 번째 요소를 나타내고 있다. 포인터가 배열을 가리키고 있을 때는 포인터에 []를 붙여서 그것이 가리키고 있는 요소를 나타낼 수 있게 된다. 약간 배열과 다르다는 것을 알 수 있다.

단, []를 사용하는 데는 포인터와 배열이 밀접한 관계를 갖고 있을 때만 유효하다는 것을 알아야 한다.

이 함수에서는 실인수로서 배열의 첫 번째 요소의 어드레스를 전달하는 것이기 때문에 []를 사용하여 표기할 수 있다. 다른 포인터에는 []를 사용하면 프로그램을 실행할 때 생

각지 않은 에러를 유발시키는 경우도 있다.
다음 코드는 바로 전에 작성한 avg() 함수 내의 포인터에 [] 연산자를 적용하여 배열과 같이 나타내려고 한 것이다.

```
//avg 함수의 정의
double avg( int* pT)
{
    double sum = 0 ;
    for ( int i = 0 ; i<5; i++) {
        sum += pT[i] ;
    }
    return sum/5;
}
```

포인터에 []를 사용한 표기를 할 수 있다.

반복문 중에서 pT[i]라는 표기를 사용함으로서 포인터 pT가 가르키는 요소에 순서적으로 접근하고 있다. 즉, 이 함수는 앞의 avg() 함수와 완전히 동일한 처리를 하고 있다.
이와 같이 포인터와 배열이 관계가 있는 경우는 포인터와 배열을 같이 취급할 수 있다.

9.7 문자와 배열

9.7.1 문자열과 배열의 관계

이 장의 마지막에서는 배열을 응용한 구조에 대하여 학습하도록 한다. 사실은 지금까지 어느 정도 설명한 C의 문자열은 배열과 깊은 연관을 갖고 있다. 문자열은

"Hello"와 같은 문자의 나열이라고 할 수 있다.

char 형은 제3장에서 소개한 바와 같이 문자를 나타내는 데이터 형이다. 문자열은 문자의 나열이기 때문에 이 형의 배열로 취급할 수 있다.

예를 들면 위의 "Hello"라고 하는 문자열은 다음과 같이 처리된다.

```
char str[6] ;

str[0] = 'H' ;
str[1] = 'e' ;
str[2] = 'l' ;
str[3] = 'l' ;
str[4] = 'o' ;
str[5] = '\0' ;
```

- char str[6] ; — char 형의 배열을 선언한다.
- str[0] ~ str[4] — 한 문자씩 대입한다.
- str[5] = '\0' ; — 마지막에 \0를 붙인다.

char 형의 배열을 선언한 후에 각 요소에 한 문자씩 대입하고 있다. 여기서 배열 str[]로 "Hello"라고 하는 문자열을 처리하게 된다. 단, C에서는 한글 문자열을 취급하는 것은 차이가 있기 때문에 여기서는 영어 문자열만을 취급하기로 한다.

그런데 이 배열의 마지막에 대입한 '\0'는 어떤 것인가? 이 문자는 NULL 문자(NULL character)라고 한다. C에서는 문자열 배열의 마지막을 나타내기 위하여

반드시 맨 마지막에 '\0'라는 값을 추가한다.

이 '\0'를 잊어버리지 않도록 주의하기 바란다. 특히 배열을 선언할 때는 주의가 필요하다. 이 '\0'의 자리도 잊지 말고 준비해 두어야 한다.

예를 들어 "Hello"라고 하는 5개의 문자로 구성되는 문자열를 생각해보자. 이 경우에 다

섯 개의 문자로 구성된 문자열이기 때문에 요소수를 5개인 배열만으로는 문자열을 취급할 수 없다. 이 때 배열 요소는 최저 6개 준비해야 한다. 적어도 「문자열의 길이 + 1」 개의 요소가 필요하다.

문자열은 char 형의 배열로 취급한다.
문자열 배열의 마지막 요소는 '\Ø'로 한다.
문자열 배열의 요소 수는 적어도 「문자열의 길이 + 1」 이상이 필요하다.

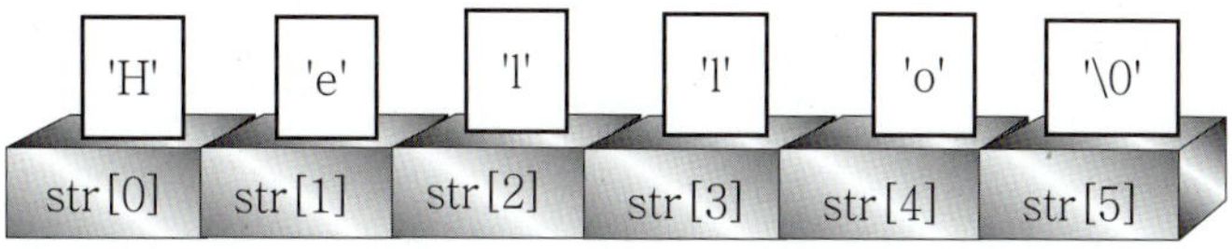

그림 9-8 문자열 배열

▶ 문자열 배열의 마지막 요소는 NULL 문자(\ 0)이다.

9.7.2 문자열 배열의 초기화

문자열 배열은 다음과 같이 초기화하여 char 형의 배열로 기억시킬 수 있다.

```
char str[6] = { 'H', 'e', 'l', 'l', 'o', '\0' } ;
char str[] = { 'H', 'e', 'l', 'l', 'o', '\0' } ;
char str[6] = "Hello" ;
char str[] = "Hello" ;
```

배열의 초기화를 한다.

" "를 이용하여 초기화 한다.

위의 내용은 모두 "Hello"라는 문자열을 취급하기 위하여 char 형 배열 str[6]을 초기화 한 것이다. 문자열의 경우는 보통의 초기화 방법 이외에 위와 같이 " "에 묶어서 초기화 하는 방법을 사용할 수 있다. "를 사용하여 문자열 배열을 초기화하는 경우는 자동적으로 NULL 문자열이 추가되게 된다.

" "를 사용하는 방법은 초기화 때만 이용할 수 있다. 다음과 같이 " "를 사용한 후에는 문자열을 대입할 수가 없기 때문에 주의하기 바란다.

```
char str[6] = "Hello" ;
/* 오류 */
/* str = "Hello " */
```

" "사용하여 초기화 할 수 있지만

" "를 사용하여 대입할 수는 없다

문자열 배열의 출력

이제는 배열에 기억한 문자열을 출력해보자. 먼저 다음과 같은 코드를 입력한다.

Sample8.c ▶ 문자열을 출력한다.

```
#include <stdio.h>


int main( )
{
   char str[] = "Hello" ;

   printf("%s\n", str);

   return 0 ;
}
```

Sample8의 실행 화면

```
Hello
```

printf("%s\n", str)을 사용하여 위와 같이 기술하면 문자열 전체가 출력하게 된다.

문자열을 포인터로 취급

문자열은 배열 대신에 char 형의 포인터를 사용하여 처리할 수 있다.
즉, 다음 코드와 같이 문자열을 처리할 수 있다.

```
char* str = "Hello";
```

이 경우 str은 char 형의 포인터를 나타내고 있다는 것에 주의하기 바란다. char 형의 포인터로 대신하는 경우는 다음과 같은 모양으로 되어 있다. 포인터로 취급하는 경우에는 " "를 사용하는 것으로 메모리 상의 어떤 장소에 문자열이 기억되고 그 장소를 가리키도록 되어 있다.

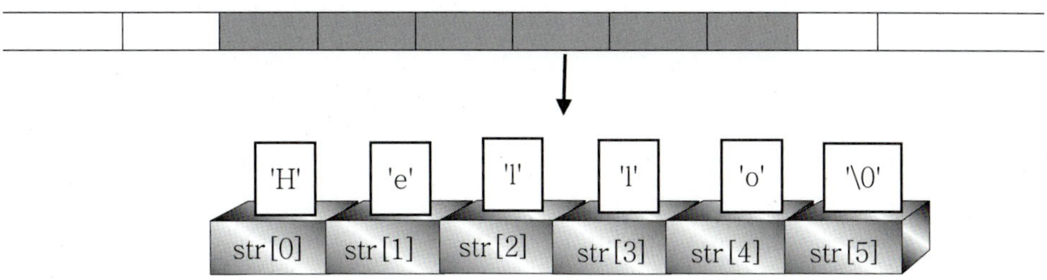

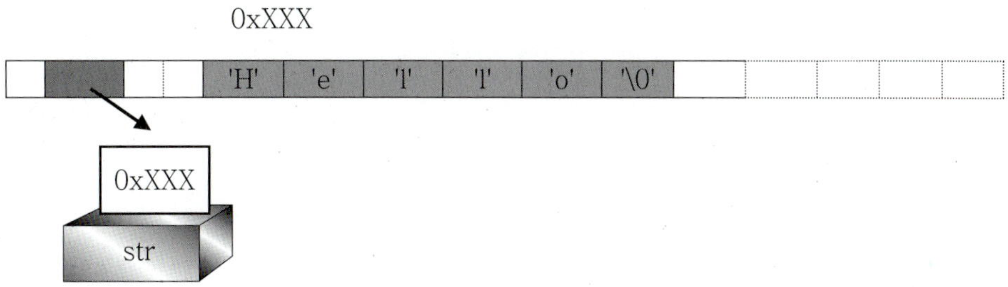

문자열을 char 형 포인터로 취급한 경우도 문자열을 출력할 수 있다.

Sample9.c ▶ 문자열을 출력한다.

```
#include <stdio.h>


int main( )
{
    char* str = "Hello" ;

    printf("%s\n", str);

    return 0 ;
}
```

출력 결과는 Sample8과 같다.

9.7.3 배열과 포인터의 차이점

문자열을 배열로 취급하는 경우와 포인터로 취급하는 경우에는 몇 가지 주의해야 할 점이 있다. 포인터에 문자열(첫 번째 요소)을 " "를 사용하여 기억시키는 경우는 배열에 기억시킨 경우와 달리 다시 " "를 사용하여 처리하는 문자열을 변경할 수 있게 되어 있다.

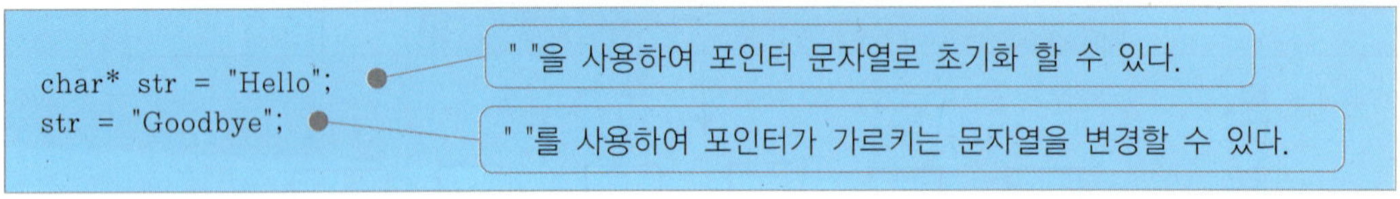

이 코드에서는 첫 번째 줄의 str이 "Hello"를 가리키도록 되어 있다. 두 번째 줄에서는 str은 "Goodbye"를 가리키도록 되어 있다. 다음 그림에서 포인터의 경우는 어떤 다른 장소에 기억된 문자열을 가리키고 있기 때문에 포인터가 가리키고 있는 곳을 변경하는 것만으로 취급하는 문자열을 변경시킬 수 있도록 한다.

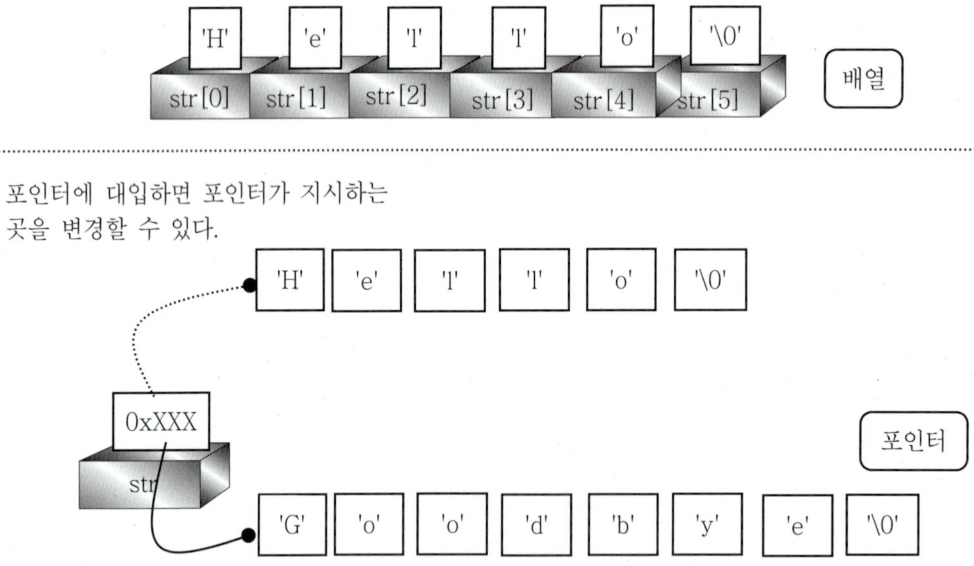

그림 9-9 문자열의 처리

▶ 문자열을 배열로 취급하는 경우에는 배열명에 대입을 하여 문자열을 변경할 수 없다(위).
문자열을 포인터로 취급하는 경우에는 포인터에 대입을 하여 문자열을 변경할 수 있다(아래).

여기서는 출력 방법에 대하여 설명하였지만 문자열을 입력하는 경우에는 배열을 선언하고 문자열을 기억하는 영역을 정확히 확보해 두어야 한다.

```
char str[100] ;          ● 문자열을 기억하는 배열을 준비한다.
. . .
printf("%s\n", str);     ● 배열에 문자열을 기억한다.
```

문자열은 배열과 포인터의 두 가지로 취급할 수 있지만 구조의 차이에 주의하면서 코드를 작성할 필요가 있다.

9.7.4 문자열 조작

지금부터는 문자열이 배열이라는 것을 이용하여 문자열을 조작하는 프로그램을 작성해 보자. 이 코드는 배열 str[]에 기억한 문자열 "Hello"의 각 문자 사이에 * 기호를 삽입하여 출력한다.

Sample10.c ▶ 문자열을 출력한다.

```
#include <stdio.h>


int main( )
{
    int i;
    char str[] =" Hello" ;

    printf("Hello\n");

    for (i=0; str[i] !='\0' ; i++) {     ● \0가 없는 한 반복한다.
        printf("%c*", str[i]);
    }
    printf("\n");

    return 0;
}
```

Sample10의 실행 화면

```
Hello
H*e*l*l*o*
```

이 코드에서는 for 문을 사용하여 문자열 배열의 요소를 1 개씩 취급하고 있다. C의 문자열은 반드시 \0로 종료하기 때문에 배열 str[]의 요소에 \0가 나올 때마다 *를 삽입화면서 배열 요소를 반복적으로 출력해 나갈 수 있다.

\0가 아닌 한 반복한다.

```
for( int i=0; str[i] ! ='\0' ; i++) {
   printf("%c*", str[i]);
}
```

이와 같이 문자열 처리하기 위한 코드의 경우는 마지막 문자가 \0이라는 것을 이용한다. 다른 기호를 삽입하거나 해서 문자열을 취급하는 습관을 익혀두는 것이 좋다.

문자열 조작할 때는 마지막이 \0이라는 것을 이용한다.

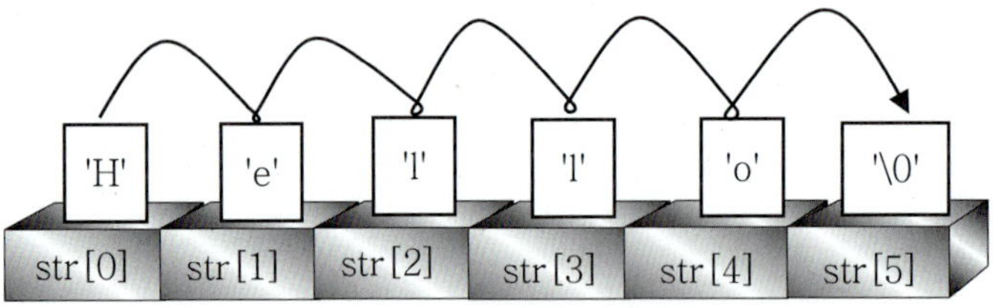

그림 9-10 문자열의 조작

▶ C의 문자열은 마지막이 \0라는 것을 이용하여 조작한다.

9.7.5 문자열을 취급하는 표준 라이브러리 함수

지금까지 문자열 조작 방법을 몇 가지 살펴보았다. 사용하는 C 환경에는 문자열을 취급하기 위한 표준 함수가 첨부되어 있다. 이 함수군은 표준 라이브러리(standard library)라고 한다. 표준 라이브러리에는 여러 가지 문자열 조작에 필요한 함수가 정의되어 있다. 이것을 프로그램 중에 이용하면 문자열의 길이를 조사하는 작업이나 복사를 하는 작업이 간단히 행할 수 있게 된다. 표준 라이브러리의 주요한 문자열 조작 함수를 소개하기로 한다.

표 9-2 문자열을 처리하는 표준 라이브러리

size_t strlen(const char* s);
문자열 s의 NULL 문자를 제외한 길이를 반환한다.
char* strcpy(char* s1, char* s2);
문자열 s2를 배열 s1에 복사하고 s1을 반환한다.
char* strcat(char* s1, const char* s2);
문자열 s2를 문자열 s1의 끝에 추가하고 s1을 반환한다.
int strcmp(const char* s1, const char* s2);
문자열 s1과 문자열 s2를 비교하여 문자열 s1이 문자열 s2보다 작을 때 : 음수값 문자열 s1이 문자열 s2와 같을 때 : 0 문자열 s1이 문자열 s2보다 클 때 : 양수값 을 반환한다.

표준 라이브러리 함수를 이용하기 위해서는 각 함수의 기능이 제공되고 있는 파일을 include한다. 문자열 조작을 이용하기 위해서는 다음과 같이 기술해야 한다.

```
#include <string.h>
```

그래서 이 가운데 strlen() 함수를 이용하여 문자열의 길이를 구하는 프로그램을 작성해보자.

Sample11.c ▶ 표준 라이브러리 strlen(0 함수를 이용한다.

```
#include <stdio.h>
#include <string.h>

int main( )
{
   char str[100] ;

   printf("문자열을 입력하시오.\n");

   scanf("%s", str);

   printf("문자열의 길이는 %d입니다.\n", strlen(str));

   return 0 ;
}
```

문자열 조작함수를 제공하는 표준 라이브러리를 취급할 수 있도록 한다.

문자열 조작 함수를 이용한다.

Sample11의 실행 화면

```
문자열을 입력하시오.
 Hello⏎
문자열의 길이는 5입니다.
```

9.7.6 문자열을 배열에 복사

다음에 문자열을 배열에 복사하는 함수를 사용해보자. 바로 전에 설명한 바와 같이 배열을 초기화하는 경우에는 " "를 사용하여 문자열을 배열에 기억할 수가 있다. 그러나 초기화 이외의 경우에서는 문자열을 배열에 기억하는 것은 번거로운 작업이 된다.

Sample12.c ▶ 표준 라이브러리 strlcpy(0 함수를 이용한다.

```
#include <stdio.h>
#include <string.h>


in main( )
{
   char str0[20] ;
   char str1[10] ;
   char str2[10] ;

   strcpy(str1, "Hello") ;
   strcpy(str2, "Goodbye") ;
   strcpy(str0, str1) ;
   strcat(str0, str2);

   printf(" 배열str1은 %s입니다.\n", str1);
   printf(" 배열str2는 %s입니다.\n", str2);
   printf(" 연결하면 %s입니다.\n", str0);
}
```

- strcpy(str1, "Hello") ; — str1[]에 "Hello"를 복사한다.
- strcpy(str2, "Goodbye") ; — str2[]에 "GoodBye"를 복사한다.
- strcpy(str0, str1) ; — str0[]에 str1[]을 복사한다.
- strcat(str0, str2); — str0[]의 끝에 str2[]를 추가한다.

Sample12의 실행 화면

```
배열str1은 Hello입니다.
배열str2는 Goodbye입니다.
연결하면 HelloGoodbye입니다.
```

문자열을 배열에 복사하는 strcpy() 함수를 사용하였다. 또 배열의 끝에 문자열을 추가하는 strcat() 함수도 사용하고 있다. 여기서는 str1[]에 "Hello"를 str2[]에 "Goodbye"를 복사하였다.

다시 str0[]에 str1[]을 복사하여 str0[]에 "Hello"가 기억되도록 하였다. 마지막으로 str0[]의 끝에 Goodbye가 추가되도록 strcat() 함수를 사용하고 있다. 이 과정을 그림으로 나타내면 다음과 같다.

strcpy(str1, "Hello");

str1	H	e	l	l	o	\0									

strcpy(str2, "Goodbye");

str2						G	o	o	d	b	y	e	\0		

strcpy(str0, str1);

str0	H	e	l	l	o	\0									

strcat(str0, str2);

str0	H	e	l	l	o	G	o	o	d	b	y	e	\0		

문자열은 이와 같이 표준 라이브러리에 의하여 처리하면 편리하다. 이들 함수를 사용하면 문자열을 복사하거나 배열에 기억하는 조작을 간단하게 행할 수 있다.

9.7.7 배열의 크기에 주의할 것

strcpy() 함수나 strcat() 함수를 사용하는 경우에는 배열의 크기에 주의해야 한다. 함수의 인수가 가르키는 배열의 크기가 충분하지 않으면 이들 함수는 배열 요소를 바꿔서 문자열 복사해버린다. 예를 들어 Sample3의 경우에 str0[]의 요소가 10개라고 하자.

```
int main( )
{
   char str0[10] ;
   char str1[10] ;
   char str2[10] ;
    ...
```

충분한 크기의 배열을 사용하고 있지 않다.

이 경우 마지막에 strcat() 함수를 사용하여 "Goodbye"를 복사한 때에 배열의 크기 요소를 초과하여 문자열을 기억하는 조작을 하게 된다. 이 장의 마지막에서도 설명한 바와 같이 배열의 요소를 초과하여 요소를 처리하도록 하는 조작을 행하지는 않는다. 이와 같이 기술한 코드는 문제없이 컴파일 할 수 있을까? 프로그램 실행 시에 생각지 않은 에러를 발생하는 경우가 있다.

특히 문자열의 끝에 추가하는 strcat() 함수에서는 잘못하여 배열의 크기를 초과하면 오류를 발생한다. 크기에 여유가 있는 배열에 추가하도록 조심해야 한다.

문자열 배열에 복사하는 경우는 배열을 크기를 초과하지 않도록 주의한다.

9.8 예제

예제 1 포인터와 배열을 이용한 프로그램을 작성하시오.

```
#include <stdio.h>

main()
{
        static char name[4] = "kim";
        int i;

        for(i=0; i<3; i++)
        {
                printf("name[%d]=%c, *(name+%d)=%c\n", i, name[i], i,
*(name+i));
        }

        return 0;
}
```

결과

```
name[0]=k, *(name+0)=k
name[1]=i, *(name+1)=i
name[2]=m, *(name+2)=m
Press any key to continue
```

예제2 배열 및 포인터와 문자열을 이용한 프로그램을 작성하시오.

```
#include <stdio.h>
main()
{
   char array_string[10] = "C program";
   char *ptr_string ="C programming";

   printf("array_string = %s\n", array_string);
   printf("*ptr_string = %s\n", ptr_string);

   return 0;
}
```

결과

```
array_string = C program
*ptr_string = C programming
Press any key to continue
```

제 10 장

실전 프로그래밍

10.1 변수와 스코프

10.1.1 변수의 종류

지금까지 함수 중에서 변수나 배열을 선언하는 구조에 대하여 학습하여 왔다. 변수와 배열의 선언은 main() 함수나 자신이 작성한 함수 가운데 기술했던 것을 생각해 보자.

```
int main( )
{
   int a ;
}
```

함수 블록 내에 선언한 지역 변수이다.

단, 이것은 반드시 함수 내에서만 행해야 하는 것은 아니다. 변수나 배열은

함수 외부에서 선언할 수 있다.

```
int a ;
int main( )
{
…
}
```

함수 블록 외에서 선언한 전역 변수이다.

이와 같이 함수 내에서 선언된 변수를 지역 변수(local variable)이라고 한다. 또한 함수 외에서 선언한 변수를 전역 변수(global variable)이라고 한다.

함수 내에서 지역 변수를 선언할 수 있다.
함수 밖에서 전역 변수를 선언할 수 있다.

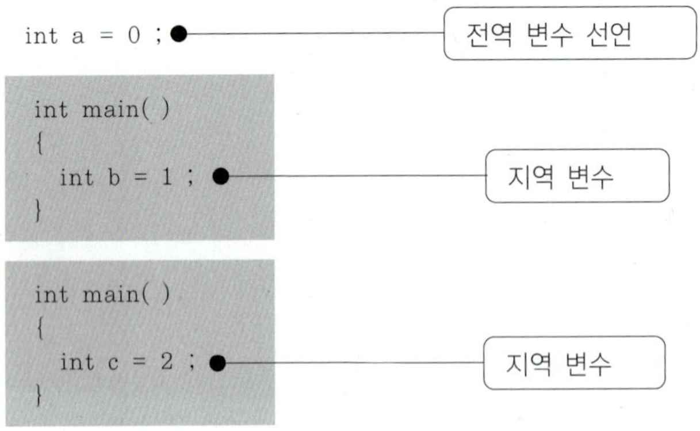

그림 10-1 지역 변수와 전역 변수

▶ 함수 내에서 선언한 변수를 지역 변수라고 한다.
함수 밖에서 선언한 변수를 전역 변수라고 한다.

✐ 스코프의 구조

그럼 지역 변수와 전역 변수는 어떤 차이가 있는 것일까? 변수와의 차이를 실제로 살펴보기 위하여 두 가지 변수를 처리하는 프로그램을 작성해본다.

Sample1.c ▶ 함수의 스코프를 확인한다.

```
#include <stdio.h>


//func 함수의 선언
void func( ) ;

int a = 0;                                                    a는 전역 변수이다.

//main 함수
int main( )
{
        int b = 1 ;          b는 지역 변수이다.
                                                              전역 변수가 사용된다.
        printf("main 함수에서는 변수 a와 b가 사용된다.\n");
        printf("변수 a의 값은 %d입니다.\n", a);
        printf( "변수 b의 값은 %d입니다.\n", b);              이 함수의 지역 변수가
        //printf("변수 c의 값은 %d입니다.\n", c);             사용된다.

        func( ) ;
                                                  다른 함수 내의 지역 변
   return 0 ;                                     수는 사용되지 않는다.
}

//func 함수의 정의
void func ( )
{
  int c = 2;         c는 지역 변수이다.                       전역 변수가 사용된다.
       printf("func 함수에서는 변수 a와 c가 사용된다.\n");
        printf("변수 a의 값은 %d입니다.\n", a);
        //printf( "변수 b의 값은 %d입니다.\n", b);            다른 함수 내의 지역 변수
        printf("변수 c의 값은 %d입니다.\n", c);               는 사용되지 않는다.
}
                                              이 함수의 지역 변수가 사용된다.
```

Sample1의 실행 화면

```
main 함수에서는 변수 a와 b가 사용된다.
변수 a의 값은 0입니다.
변수 b의 값은 1입니다.
func 함수에서는 변수 a와 c가 사용된다.
변수 a의 값은 0입니다.
변수 c의 값은 2입니다.
```

이 프로그램에서는 다음의 세 가지 변수를 선언하고 있다.

변수 a … 함수 밖에서 선언한 전역 변수
변수 b … main() 함수 내에서 선언한 지역 변수
변수 c … func() 함수 내에서 선언한 지역 변수

변수는 선언한 위치에 따라서 코드 내의 어떤 곳에서 이용될 수 있는지 그 범위가 달라지게 된다.

먼저 지역 변수의 경우는

선언한 함수 내에서만 이용될 수 있다.

예를 들면 지역 변수 b는 main() 함수 내에서 선언되고 있기 때문에 func() 함수 내에서는 이용할 수 없다. 반대로 지역 변수 c는 main() 함수 내에서는 사용될 수 없다.

한편 전역 변수는

어떤 함수에서도 이용할 수 있다.

즉, 변수 a는 main() 함수나 func() 함수 어떤 곳에서도 사용될 수 있다. 그림 10-2는 각각의 변수가 이용될 수 있는 부분의 범위를 나타내고 있다.

표 10-1 스코프(Scope)

	선언 위치	스코프
지역 변수	함수 안	변수를 선언한 장소에서 함수 종료 시까지 이용할 수 있다.
전역 변수	함수 밖	어떤 함수에서도 이용할 수 있다.

함수의 이름이 통용되는 범위를 스코프(Scope)라고 한다.

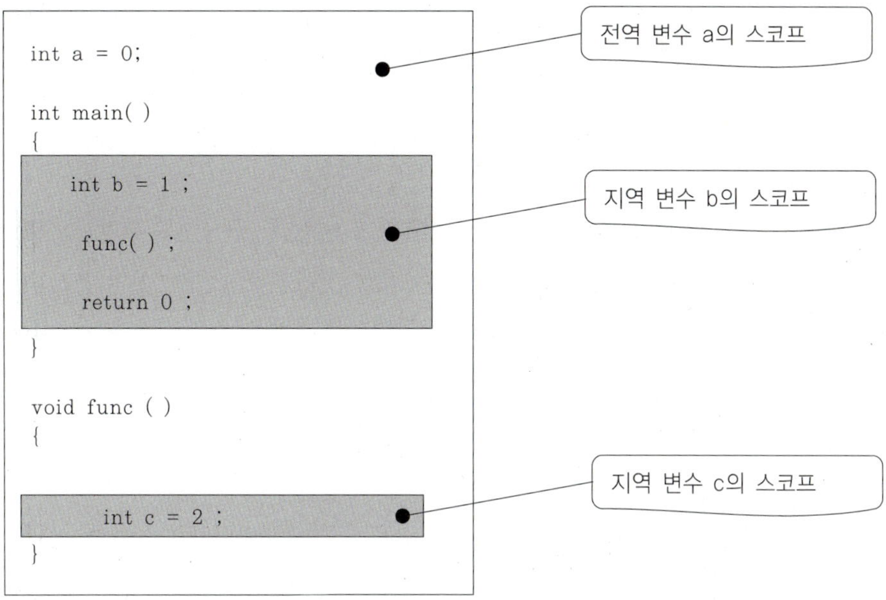

그림 10-2 변수의 스코프

▶ 지역 변수는 변수를 선언한 함수 내에만 사용할 수 있다.
전역 변수는 어떤 함수에서도 이용할 수 있다.

지역 변수와 전역 변수의 스코프에 대하여 정리한다.

10.1.2 지역 변수명의 중복

함수를 작성할 때는 변수의 이름과 선언 위치에 주의해야 한다. 예를 들면 같은 함수 내에서 같은 이름의 지역 변수를 사용할 수 없다. 단, 다른 함수에서 선언된 지역 변수의 이름은 사용할 수 있다.

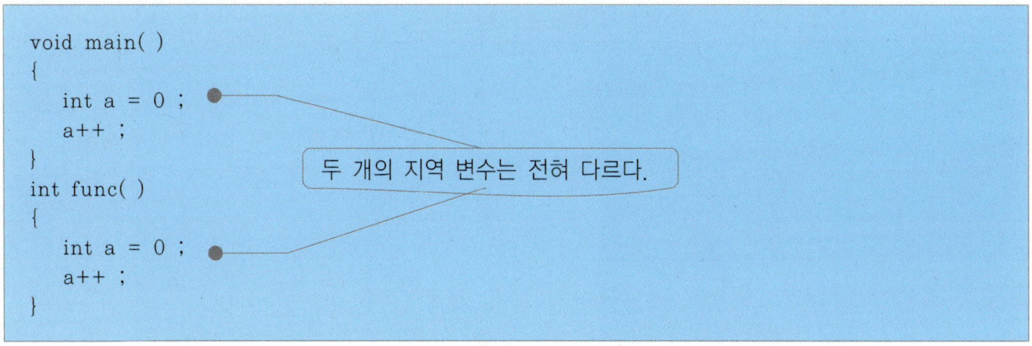

위의 코드는 main() 함수와 func() 함수에서 모두 변수 a를 선언하고 있다. 이 2 개의 지역 변수는 다른 값을 기억할 수 있다. 전혀 다른 변수로 취급된다. 같은 이름을 사용해도 다른 함수 내의 지역 변수는 다른 변수가 된다.

다른 함수 내의 지역 변수는 같은 이름이라도 다른 변수가 된다.

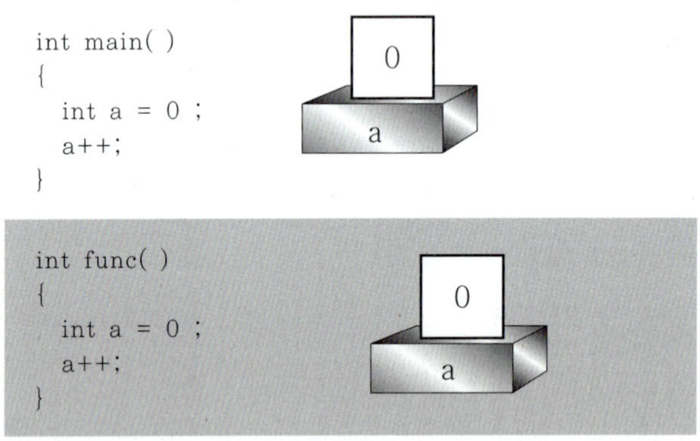

그림 10-3 지역 변수명의 중복

▶ 다른 함수 내에서 선언한 지역 변수는 완전히 다른 두 개의 변수가 된다.

10.1.3 전역 변수명의 중복

전역 변수와 지역 변수는 같은 이름을 사용해도 상관이 없다. 다음 코드를 살펴보자.

```
int a = 0;          // a는 전역 변수이다.

//main함수
int main( )
{
  int a = 0 ;       // 지역 변수 a이다.
  ...
  a++ ;             // 지역 변수 a의 값이 증가된다.

  ::a++;            // 전역 변수 a의 값이 증가된다.

}
```

여기서는 전역 변수로서 변수 a를 선언하고, main() 함수 내에서 다시 지역 변수로서 변수a를 선언하였다. 전역 변수와 지역 변수에서는 이와 같이 이름을 중복할 수가 있다. 단, main() 함수 내에서 「a++;」라고 기술하면 그것은 지역 변수 a의 값을 가르킨다. func() 함수에서는 지역 변수에 의하여 전역 변수의 이름이 숨겨져 있는 것같이 되어 있다. 전역 변수를 사용하기 위해서는 「::a++;」와 같이 전역 해결 연산자(::)를 사용한다.

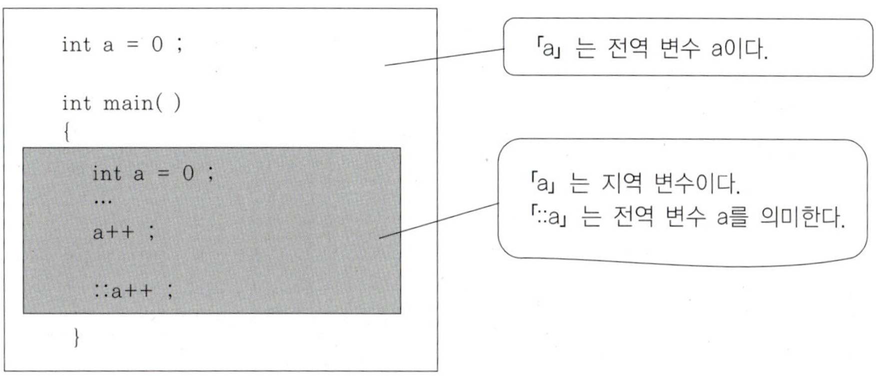

그림 10-4 전역 변수명과 지역 변수명의 중복

▶ 전역 변수명과 함수 내의 지역 변수명이 중복되면 그 함수 내의 전역 변수명이 숨겨진다.

지역 변수와 전역 변수 사이에서는 같은 이름을 사용할 수 있다.

10.2 기억수명

10.2.1 변수의 기억수명

변수나 배열은 프로그램을 시작하면서 종료할 때까지 계속해서 값을 기억하고 있는 것은 아니다. 여기서 변수의 일생을 살펴보기로 하자.

변수를 선언하면 먼저 값을 기억하기 위한 방을 메모리 내에 준비한다(①). 이것을 메모리가 확보되었다고 한다. 그 후에 변수에 값을 기억시키거나 출력시키거나 한다(②). 마지막으로 그 방을 파괴함으로써 메모리가 또 다른 용도로 사용되게 된다(③). 이것을 메모리가 해제되었다고 한다. 변수의 방이 존재하고 값이 기억되는 기간을 기억수명이라고 한다.

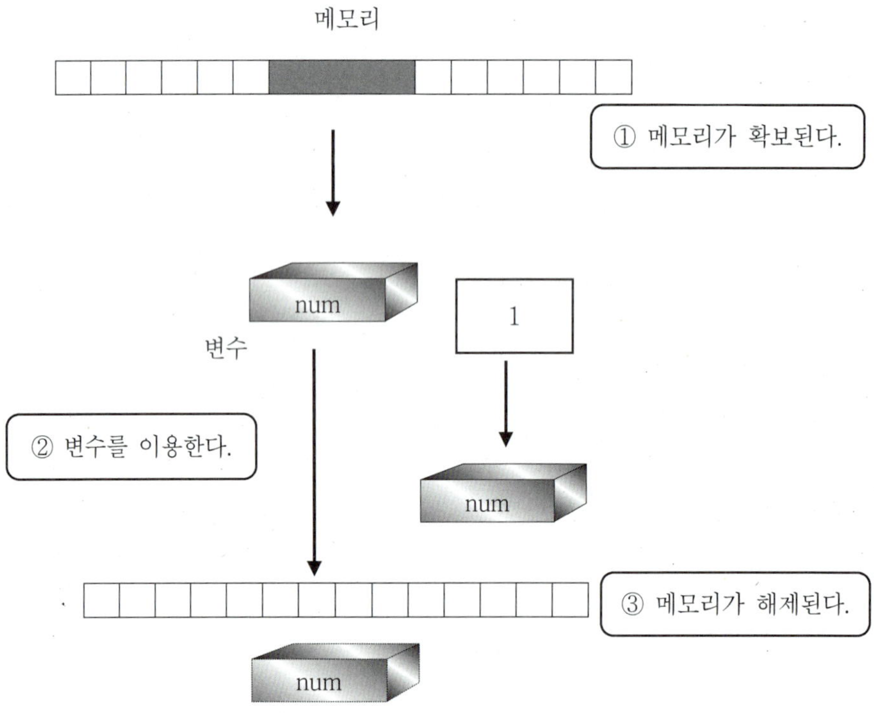

그림 10-5 변수의 기억수명

▶ ① 값을 기억하기 위한 방을 메모리 내에 준비한다.
② 변수에 값을 기억하거나 출력하거나 하여 이용한다.
③ 마지막으로 변수의 방을 해제하여 메모리는 다른 용도로 사용된다.

변수가 어떠한 수명을 갖고 있는 가는 변수의 선언 위치에도 관계가 있다. 보통 지역 변수는 다음과 같은 일생을 갖는다.

함수 내에서 선언될 때 변수의 방이 메모리 내에 준비되고

↓

함수가 종료될 때 방이 해제되어 메모리를 다른 용도로 사용되게 한다.

즉, 보통의 지역 변수는 선언되면서 종료될 때까지만 값을 기억하여 둘 수가 있다.

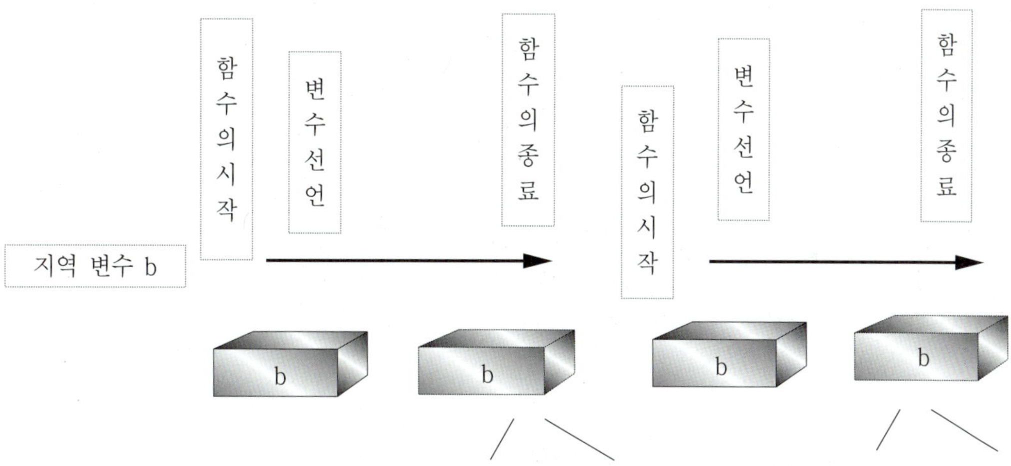

한편 전역 변수는 다음과 같은 일생을 갖는다.

프로그램 본체가 시작히기 전에 한번만 메모리를 확보한다.

↓

프로그램이 종료시에 메모리가 해제된다.

즉, 전역 변수는 프로그램의 시작부터 종료될 때까지 계속 값을 기억해 둘 수가 있다.

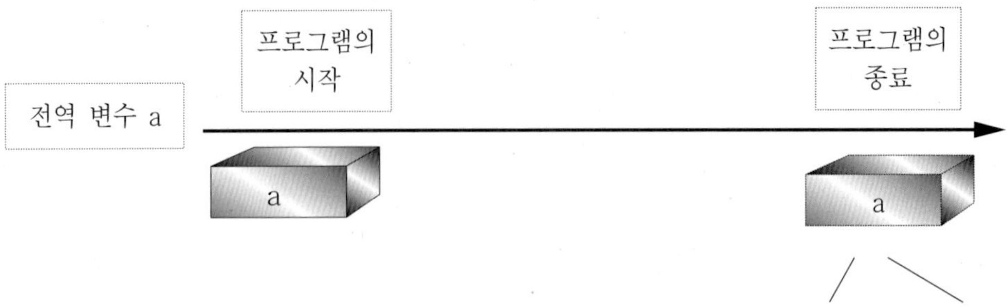

변수의 일생을 실제로 확인하기 위하여 다음 프로그램을 살펴보자.

Sample2.c ▶ 변수의 기억수명 알기

```
#include <stdio.h>


//func 함수의 정의
viod func( ) ;

int a = 0 ;

//main( )
{
        int i;
   for (i=0; i<5; i++)
     func( ) ;

   return 0 ;
}

//func 함수의 정의
void func( )
{
   int b = 0 ;
   static int c = 0 ;

   printf("변수 a는 %d 변수 b는 %d 변수 c는 %d입니다.\n", a, b, c);
   a++ ;
   b++ ;
   c++ ;
}
```

전역 변수 a

지역 변수 b

static을 붙인 지역 변수 c

각 변수를 증가시킨다.

Sample2의 실행 화면

```
변수 a는 0 변수 b는 0 변수 c는 0입니다.
변수 a는 1 변수 b는 0 변수 c는 1입니다.
변수 a는 2 변수 b는 0 변수 c는 2입니다.
변수 a는 3 변수 b는 0 변수 c는 3입니다.
변수 a는 4 변수 b는 0 변수 c는 4입니다.
```

지역 변수 b는 증가되지 않는다.

func() 함수는 변수 a, b, c의 값을 출력하고, 1씩 증가시키는 함수이다. 전역 변수 a는 프로그램의 시작부터 종료까지 값을 기억하고 있기 때문에 1씩 값이 증가되고 있다.
한편 지역 변수 b는 함수가 호출될 때마다 최초의 0이 기억되고 함수의 종료와 더불어 방이 파괴된다. 따라서 증가를 시켜도 항상 0이 된다.

10.2.2 static 변수

이처럼 보통의 지역 변수는 함수가 종료할 때까지만 기억수명을 갖는다. 단, 지역 변수에 static이라는 키워드를 지정하면 전역 변수와 같은 기억수명을 갖게 할 수 있다. 이와 같은 지역 변수를 정적 수명을 갖는 지역 변수라고 한다.
Sample2의 코드의 변수 c는 정적수명을 갖는 지역 변수이다. 이 변수는 전역 변수와 마찬가지로 프로그램 시작 시에 초기화되고 종료 시에 파괴되게 되어 있다. 즉, func() 함수가 종료해도 변수의 방은 파괴되지 않고, 값을 유지하고 있기 때문에 함수가 호출될 때마다 1씩 증가하고 있다. static은 기억클래스 지정자(storage class identifier)라고 부르고 있다. 기억수명에 관한 사항을 표 10-2와 같이 정리한다.

표 10-2 기억수명

	기억클래스	기억수명
지역 변수	(자동)	선언하면서 함수가 종료할 때까지(자동)
	static	프로그램 실행준비 때부터 종료 때까지(정적)
전역 변수		프로그램 실행준비 때부터 종료 때까지(정적)

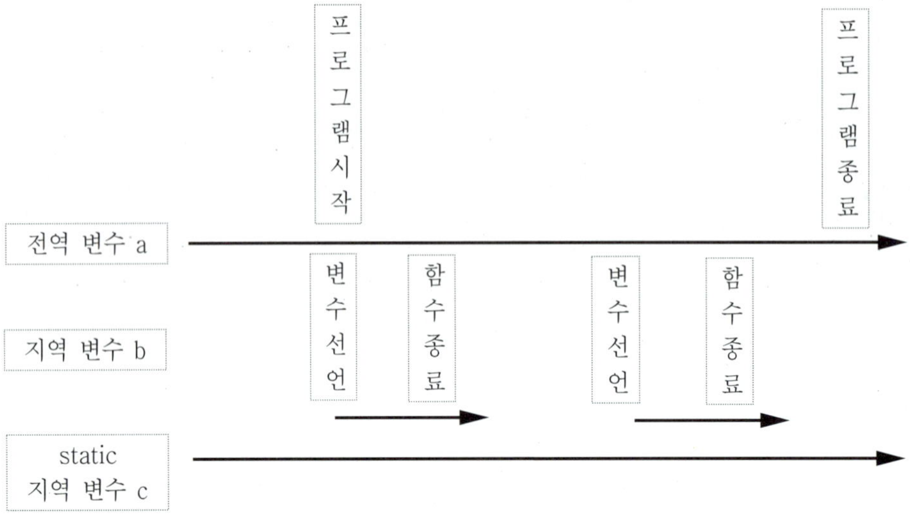

그림 10-6 변수의 수명

▶ 전역 변수, 정적 변수는 프로그램의 시작부터 종료까지의 수명을 갖지만, 보통 지역 변수는 함수 내의 수명을 갖는다.

변수 초기화 코드를 기억하지 못하는 경우에는 전역 변수와 static 지역 변수는 자동적으로 초기화되고 있지만 한편 지역 변수를 초기화하지 않는 경우의 초기값은 특별히 결정되어 있지 않다.

지역 변수의 변형

지역 변수는 함수의 처음만이 아니고 for 문이나 if 문 등의 블록의 선두에서도 선언할 수 있다. 함수의 가인수도 지역 변수의 일종이다. 지역 변수는 그것을 선언한 블록 내({ })에서만 통용하는 변수가 된다. 프로그램의 안쪽과 바깥쪽에서 변수명이 중복될 때는 안쪽의 변수명이 우선시된다.

```
void func(int x)
{
    int a;
        for(int i= 0; i <10 ; i++){
            int s;
            ...
        }
}
```

10.2.3 지역 변수의 포인터와 리턴값

그런데 제7장에서 설명한 함수에서는 포인터나 참조를 사용할 수 있다. 그러나 이 때에 주의할 점이 있다. 다음 코드를 살펴보자.

```
//func 함수의 정수
int* func( )
{
   int a = 10 ;
   int* pA = &a ;      ● 포인터 pA는 보통의 지역 변수 a를 가리키고 있기 때문에 …
   return pA ;

}

int main ( )
{
  int* pRes = func( ) ;
}
```

pRes에는 의미가 없는 어드레스가 기억되어 있다. 이와 같은 이용은 할 수 없다.

여기서 func() 함수의 리턴값을 func 내에서 선언한 지역 변수 a를 가리키는 포인터(pA)로 하고 있다. 그러나 func() 함수가 종료한 때에 보통의 지역 변수인 a는 파괴되어 있다. 이 때문에 호출한 곳으로 돌아갈 때에는 변수a의 어드레스는 의미없는 값이 되어 버린다. 즉, pRes는 의미없는 포인터가 되어 있다.

이러한 pRes를 이용한 코드를 작성하면 생각지 못했던 에러를 발생시키는 경우가 있다. 리턴값 사용에 주의할 필요가 있다. 한편 다음과 같이 리턴값을 이용하는 것이 가능하다.

```
//func함수의 정의
int* func( )
{
    static int a = 10 ;
    int* pA = &a ;      ● 이 포인터는 정적인 지역 변수 a를 가리키고 있다.
    return pA ;
}

int main( )
{
    int* pRes = func( ) ;
    …                   ● 이와 같은 이용은 가능하다.
}
```

이 코드에서도 함수 내에서 선언한 지역 변수의 포인터를 리턴하고 있다. 그러나 이 변수 a는 static을 붙인 정적인 변수로 되어 있다. 이 변수는 함수가 종료되어도 존재하기 때문에 이 변수의 포인터를 원래 호출한 곳에서도 이용할 수 있다.
같은 이유로 보통 지역 변수로의 참조를 리턴할 수도 없다. 참조는 변수의 다른 이름에 불과하기 때문이다. 변수가 파괴되어 있으면 참조도 의미가 없게 된다.

보통의 지역 변수의 포인터나 참조를 리턴값으로 사용하지 못한다.

10.3 동적 메모리 확보

10.3.1 동적 메모리 확보

10.2절에서 살펴본 바와 같이 전역 변수는 프로그램의 실행 시작 시에 메모리가 확보된다. 또 보통의 지역 변수는 함수가 호출되고 선언된 때에 메모리가 확보된다.
사실 이러한 두 가지의 방법 이외에도 우리는 프로그램을 작성하는 사람이 지정하는 시점에 메모리를 확보하는 방법이 있다. 이것을 동적인 메모리 확보(dynamic memory allocation)이라고 한다.

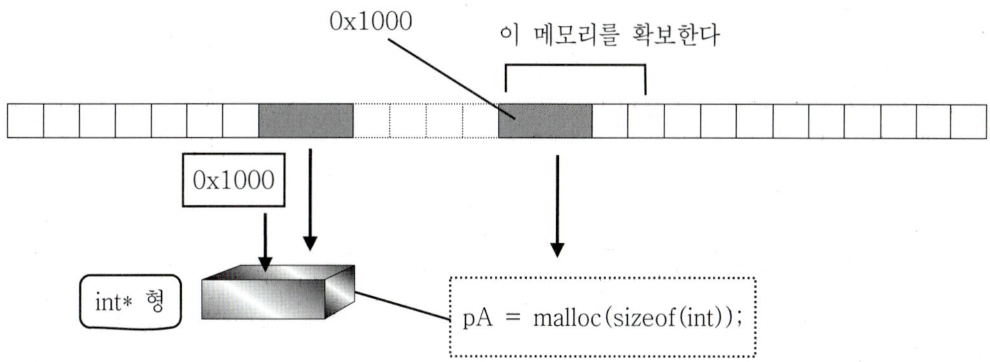

그림 10-7 new 연산자에 의한 메모리 확보

▶ new 연산자를 사용하면 지정된 시점에서 메모리를 확보할 수 있다.

이 방법을 사용하면 지금까지 설명한 것과 같은 변수를 이용한 메모리 이용과 달리 자신의 메모리를 확보하는 시점을 결정할 수 있다. 동적으로 메모리를 확보하기 위해서는 malloc 라고 하는 연산자를 사용하고 있다.

malloc 연산자에 의한 메모리 확보

```
포인터 = malloc(sizeof(데이터형));
```

동적으로 메모리를 확보하는 코드를 살펴보자.

```
int* pA ;
pA = malloc(sizeof(int));
```

포인터를 준비한다.

malloc 연산자에 의하여 메모리를 확보하고 그 어드레스를 대입한다.

동적으로 메모리를 확보하는 데는 먼저 확보하려는 데이터형의 포인터(여기서는 pA)를 준비해 둘 필요가 있다. malloc 연산자는 메모리를 확보하고 그 확보한 메모리의 어드레스를 리턴한다. 그리고 그 어드레스를 포인터 pA에 기억시킨다.

동적으로 메모리를 확보한 경우는 변수를 이용한 경우와는 달리 이 어드레스를 사용하여 메모리를 직접 처리할 필요가 있다. 즉, 확보한 메모리에 어떤 값을 기억시킬 때는 그 포인터를 사용하여 다음과 같이 대입한다.

```
*pA = 50;
```

이와 같이 포인터를 매개로 하여 값을 대입하는 방법은 이미 제8장에서 설명하였다.

10.3.2 동적 메모리의 해제

동적인 메모리를 확보한 경우에는 주의해야 할 사항이 있다. 메모리가 필요하지 않는 경우에는 사용자가 확보한 메모리를 해제시켜야 한다. 지역 변수나 전역 변수와는 달리 메모리를 언제 해제시킬 것인가를 사용자가가 결정해야만 한다.

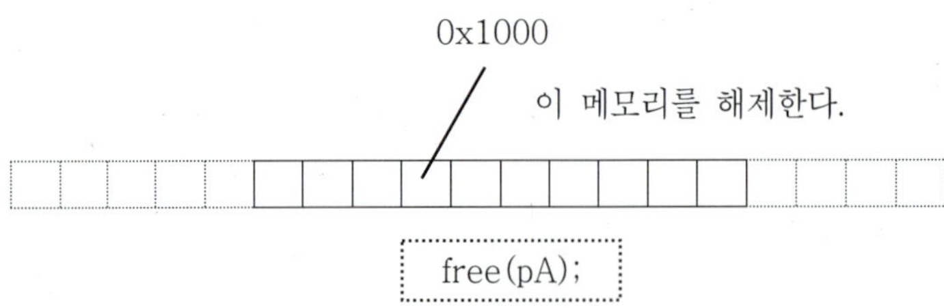

그림 10-8 free 연산자에 의한 메모리 해제

▶ free 연산자를 사용하여 지정된 시점에서 메모리를 해제한다.

동적으로 확보한 메모리를 해제하기 위해서는 다음과 같이 한다.

free 연산자에 의한 메모리 해제

```
free(포인터명);
```

즉 메모리를 이용을 종료하면서 코드 중에 다음과 같이 기술하면 된다.

free 연산자에 의한 메모리 해제

```
free(pA);     메모리를 해제한다.
```

또한 이미 해제시킨 메모리에 대하여 delete 연산자를 사용할 수 없다. 이렇게 하지 않으면 프로그램을 사용할 때마다 메모리가 확보되고 이용할 수 있는 메모리가 작아져 버리게 된다. 동적 메모리 확보와 해제를 행하면 지정된 시점에서 메모리를 이용하는 것이 가능하다. 변수를 이용하는 경우와 비교해보기 바란다.

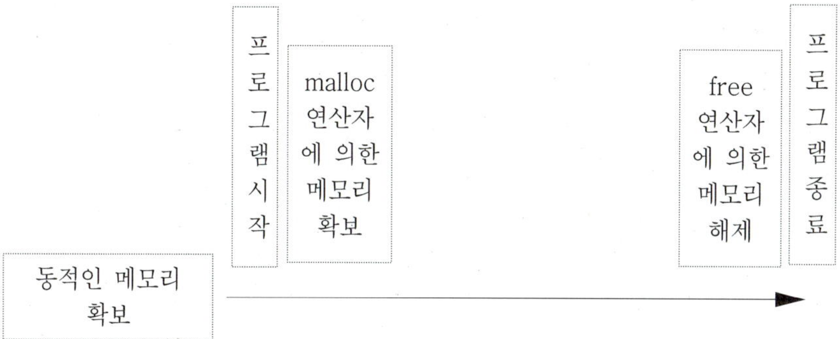

그림 10-9 동적으로 확보한 메모리의 수명

동적으로 확보하는 경우 일련의 절차를 프로그램으로 작성해 보자.

Sample3.c ▶ 동적으로 메모리를 확보한다.

```
#include <stdio.h>
#include <stdlib.h>

int main( )
{
    int* pA ;

    pA = malloc(sizeof(int));                 메모리를 확보한다.

    printf("동적으로 메모리를 확보하였다.\n");

    *pA = 10 ;

    printf(" 동적으로 확보한 메모리를 사용해서 %d을 출력하고 있다.\n", *pA);

    free(pA);                 메모리를 해제한다.

    printf("동적으로 확보한 메모리를 해제하였다.\n");

    return 0 ;
}
```

Sample3의 실행 화면

```
동적으로 메모리를 확보하였다.
동적으로 확보한 메모리를 사용해서 10을 출력하고 있다.
동적으로 확보한 메모리를 해제하였다.
```

이 프로그램에서는 동적으로 확보한 메모리를 이용하여 값을 기억하고 출력해 보았다. 이와 같은 작은 프로그램에서는 동적인 메모리 확보의 편리성을 잘 실감하지 못할지 모른다. 그러나 많은 함수가 등장하는 대규모의 프로그램에서는 함수의 시작과 종료에 상관없이 기억해 두고 싶은 값이 있는 경우에는 지역 변수를 사용할 수 없다. 지역 변수의 수명은 그 함수 내에서만 제한되기 때문이다.

또 전역 변수에서는 프로그램의 실행 중에는 계속 값을 보존하는 것이 가능하다. 그러나 전역 변수가 많아지면 제한된 메모리를 무한정 사용하게 된다. 이 두 가지 방법에 비하여 동적으로 메모리를 확보하는 방법에서는 제한된 메모리를 필요한 데에 충분히 이용할 수 있게 된다.

동적인 메모리 할당은 프로그램의 필요한 부분에서 malloc 연산자에 의하여 하고 사용을 종료하면서 free 연산자로 해제한다.

10.3.3 배열의 동적 확보

동적으로 메모리를 확보하는 것은 배열을 처리할 때에 중요하다. 프로그램의 실행시에 배열의 크기를 지정하여 처리할 수 있게 되기 때문이다. 제9장에서 설명한 바와 같이 배열의 요소수를 몇 개 이용할는지 알 수 없는 경우는 배열의 요소수를 크게 확보해 두지 않으면 안 된다. 그러나 배열을 동적으로 확보하면 큰 배열을 준비해 둘 필요가 없다. 배열의 크기를 프로그램을 실행할 때에 결정할 수 있기 때문이다.

먼저 배열을 동적으로 확보하는 구문을 살펴보자.

동적인 배열의 확보

```
포인터명 = calloc(배열의 크기, sizeof(데이터형));
```

이 경우에도 배열의 이용을 종료하면서 메모리를 해제할 필요가 있다. 이를 위해서는 다음과 같은 포인터명을 붙여서 해제한다.

동적인 배열의 해제

```
free(포인터명);
```

calloc()함수를 이용한 메모리 확보의 특징은 확보된 메모리의 모든 내용을 0으로 만든다는 것이다. 그러면 프로그램으로 실제 배열을 동적으로 확보해보자.

Sample4.cpp ▶ 배열을 동적으로 확보한다.

```
#include 〈stdio.h〉
#include 〈stdlib.h〉


int main( )
{
   int num, i,j;
   int*pT ;

   printf("몇 사람의 성적을 입력하니까?\n");

   scanf("%d", &num);

   pT = calloc(num, sizeof(int));

   printf("%d 사람의 성적을 입력하시오.\n", num);

   for(i=0; i〈num ; i++) {
     scanf("%d", pT[i]);
   }

   for( int j=0; j〈num ; j++) {
      printf("%d 번째 사람의 성적은 %d입니다.\n", j+1, pT[j]);
   }

   free(pT);

   return 0 ;
}
```

키보드로부터 값을 입력시킨다.

이 만큼의 배열요소를 확보한다.

포인트를 사용하여 성적을 기억시킨다.

Sample4의 실행 화면

```
몇 사람의 성적을 입력합니까?
5
사람의 성적을 입력하시오.
80
60
55
22
75
1번째 사람의 성적은 80입니다.
2번째 사람의 성적은 60입니다.
3번째 사람의 성적은 55입니다.
4번째 사람의 성적은 22입니다.
5번째 사람의 성적은 75입니다.
```

이 프로그램에서는 성적을 기억하기 위한 배열의 요소수가 결정되어 있지 않다. 요소수는 사용자가 키보드로 요소수(사람 수)를 입력하면서 결정된다. 이와 같이 입력된 사람의 수에 대한 배열을 동적으로 확보하면 큰 배열을 준비할 필요가 없고 나머지 메모리를 사용하지 않고도 해결할 수 있다.

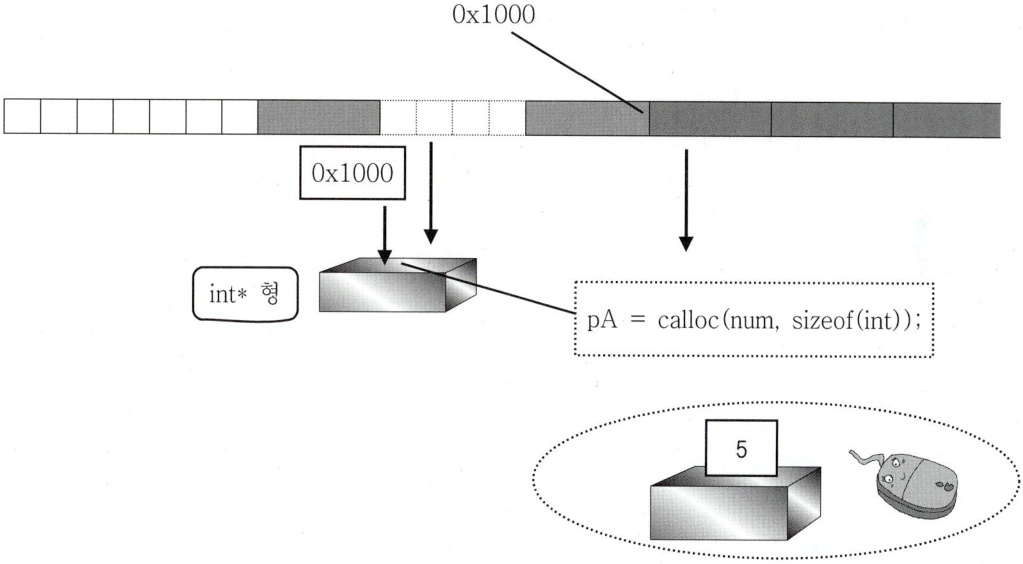

그림 10-10 동적인 배열의 확보

▶ 사용자가 입력한 값에 따라서 배열을 동적으로 확보할 수 있다.

프로그램의 실행 시에 배열의 크기를 결정하는 경우에는 배열을 동적으로 확보한다.

확보된 메모리 영역

이 장에서는 여러 가지 메모리 확보 방법에 대하여 살펴보았다. 지역 변수나 함수의 인수가 확보된 메모리 영역은 스택(stack)라고 부른다. 또 지역 변수 등의 정적인 변수가 확보된 영역은 정적 기억영역이라고 부르고 다시 동적인 확보된 메모리 영역은 동적 기억영역(복사 영역)이라고 한다.

10.4 파일의 분할

10.4.1 파일의 분할

이 절에서는 대규모 프로그램을 작성해 가는 작업에 대하여 설명한다. 대규모 프로그램을 작성할 때는 수많은 함수를 사용하게 된다. 한번 작성한 편리한 함수는 여러 프로그램에서 재사용할 수 있다면 편리할 것이다. 지금까지 작성한 함수를 사용하여 대규모 프로그램을 빨리 개발하기 쉽기 때문이다.

이 때 몇 번이고 다른 프로그램으로부터 이용하도록 하는 함수는 main() 함수와 같이 파일 내에 작성해 두는 것이 아니고 보통은 다른 파일에 분할하여 작성해 둔다. 파일을 분할함으로써 여러 프로그램에서 이용하기 쉽게 된다. 다음 코드는 파일을 분할하는 프로그램이다.

myfunc.h

```
//max 함수의 선언
int max( int x, int y) ;
```

함수의 프로토타입 선언 — 헤더 파일이다.

myfunc.c

```
//max 함수의 정의
int max( int x, int y)
{
  if ( x > y )
    return x ;
  else
       return y ;
}
```

함수의 정의를 다른 파일에 기술하였다.

Sample5.c ▶ 파일을 분할한다.

```
#include <stdio.h>
#include "myfunc.h"                    헤더 파일을 읽어 들인다.

int main( )
{
    int num1, num2, ans;

    printf("1 번째 정수를 입력하시오.\n");
    scanf("%d", &num1);

    printf("2 번째 정수를 입력하시오.\n");
    scanf("%d", &num2);
                                       다른 프로그램의 함수를 호출하였다.
    ans = max(num1, num2);

   printf("최대값은 %d입니다.\n", ans);

    return 0 ;
}
```

Sample5의 실행 화면

```
1 번째 정수를 입력하시오.
10
2 번째 정수를 입력하시오.
5
최대값은 10입니다.
```

이 코드에서는 파일을 다음의 3 가지로 분할하고 있다.

myfun.h … 함수 프로토타입 선언
myfunc.c … 작성한 max() 함수의 정의
Sample5.c … main() 함수의 정의 (프로그램 본체)

이 경우에 먼저 Sample5.c, myfunc.c을 별도의 파일로서 오브젝트 파일(object file)을 작성한다. 그리고 이 오브젝트 파일끼리 링크함으로서 하나의 프로그램으로 작성한다. myfunc.h 파일에서는 함수의 사양을 나타내는 함수 프로토타입 선언만을 기술해 둔다. 이와 같이 함수의 프로토타입 선언을 통합한 파일을 헤더 파일(header file)이라고 한다.

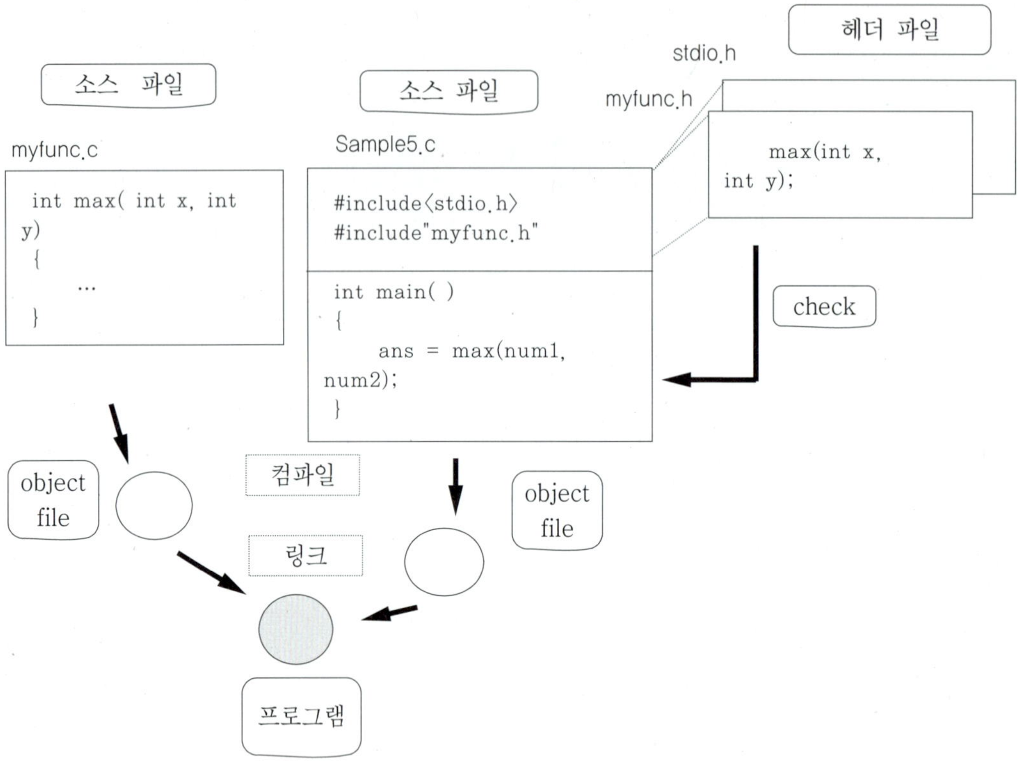

그림 10-11 파일의 분할

▶ 파일을 분할하여 컴파일하면 대규모 프로그램을 효율적으로 작성할 수 있다.

함수를 이용하는 Sample5.c의 앞부분에는 헤더 파일인 myfunc.h를 읽어 들이도록 지정되어 있다. 이와 같이 하면 파일을 분할하여도 함수 프로토타입 선언에 의하여 컴파일을 할 때에 올바른지를 체크할 수 있다.

복수의 파일을 컴파일하고 링크하는 방법은 C 개발환경에 따라 다르기 때문에 대응하는 설명서를 참고하기 바란다.

10.4.2 표준 라이브러리의 구조

파일을 분할하여 큰 프로그램을 작성할 수 있는 방법을 알게 되었다. 그런데 C의 개발환경에는 어떤 프로그램도 사용할 수 있는 표준적인 처리에 대하여 이미 정의된 함수가 첨부되어 있다. 이것을 표준 라이브러리(standard library)라고 한다. 지금까지 사용한 입출력 기능이나 문자열 조작 함수도 표준 라이브러리 함수이다.

이 표준 라이브러리 함수를 이용하기 위해서는 표준 헤더 파일을 include 해야 한다. 표준 헤더 파일을 include 하기 위해서는 <>로 에워싸야 한다. 한편 자신이 작성한 헤더 파일을 include 하기 위해서는 ""로 에워싼다.

```
#include <stdio.h>
#include "myfunc.h"
```

보통 < >로 기술하는 파일은 표준 라이브러리로서 개발환경이 지정되어 있는 디렉토리(폴더)에서 읽어 들인다. 한편, " "표기하는 헤더 파일은 자신이 작성한 소스 파일이 있는 디렉토리에서 읽어 들이도록 되어 있다.

표준 라이브러리 함수를 사용하여 코드를 기술할 수 있다.

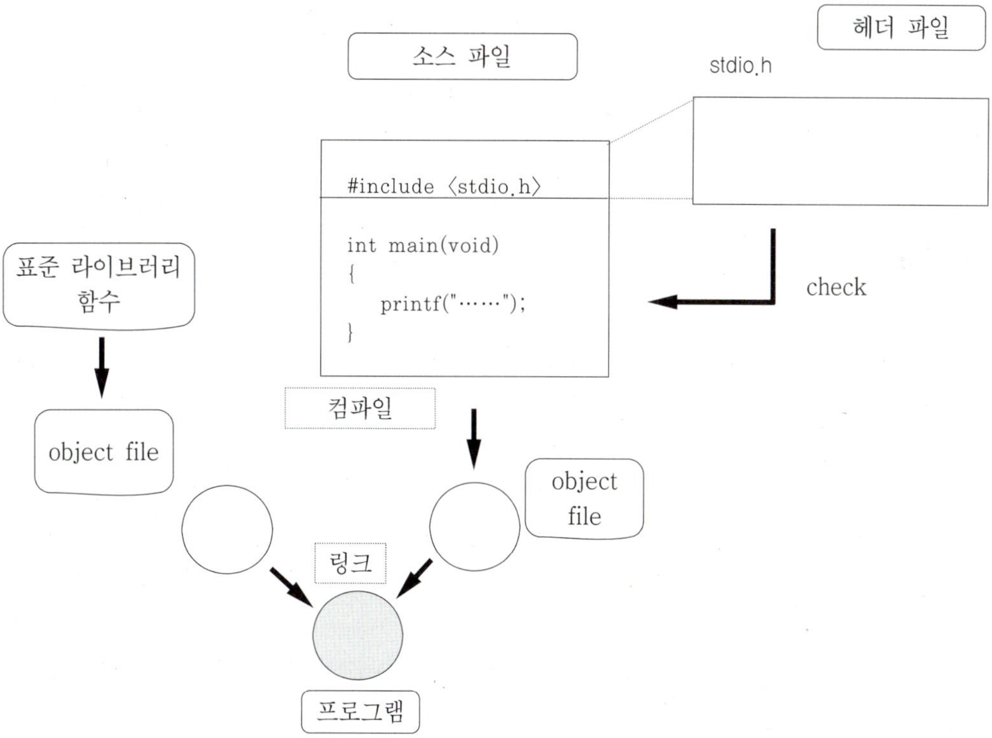

그림 10-12 표준 라이브러리 함수

▶ C 환경에 첨부되는 표준 라이브러리 함수를 사용하여 코드를 작성할 수 있다.

스코프(scope)

앞 절에서 변수의 스코프(통용 범위)에 대하여 설명하였다.
파일의 분할의 경우에는 변수나 함수가 어떤 파일에 통용하는가를 고려하지 않으면 안 된다.
지역 변수와 함수의 이름은 모든 파일에서 통용된다. 단, static을 붙이면 파일 내로만 한정될 수 있다.
이름을 모든 파일에서 통용하는 것을 「외부 linkage」를 갖는다고 한다. 또 이름이 파일 내에 한정되는 것을 「내부 linkage」를 갖는다고 한다.
즉 전역 변수와 함수는 원칙적으로 외부 linkage를 갖지만 static을 붙이면 내부 linkage를 갖게 된다. 결국 파일을 분할한 경우의 스코프는 다음과 같이 정리할 수 있다.

	기억클래스 지정자	스코프(scope)
지역 변수	(무지정)	함수 블록내
전역 변수 함수	(무지정)	모든 파일(외부 linkage)
	static	파일내(내부 linkage)

또한 다른 파일의 (무지정) 전역 변수를 이용할 때는 extern이라고 지정을 한 헤더 파일을 읽어 들여서 컴파일한다.

```
int a;
void func()
{
    …
}
```

```
#include "myfunc.h"
int main()
{
    a++;
}
```

```
extern int a;
```

10.5 예제

예제 1	다음과 같은 함수 원형을 갖는 sum_it()이라는 함수를 포함하는 프로그램을 작성하시오. void sum_it(int value); 이 함수에서 호출시 전달되는 인수값의 합을 출력하기 위해 정수형 지역 변수를 사용하여라. 예를 들어, 만약 sum_it()이 3, 6, 4의 값으로 세 번 호출되면 sum_it()은 3, 9, 13을 출력할 것이다.

```
#include <stdio.h>

void sum_it(int value);

void main(void)
{
        sum_it(10);
        sum_it(20);
        sum_it(30);
        sum_it(40);
}

void sum_it(int value)
{
        static int sum = 0;

        sum = sum + value;
        printf("current value: %d\n", sum);
}
```

결과

```
current value: 10
current value: 30
current value: 60
current value: 100
Press any key to continue
```

예제2 변수 x는 함수 main()과 print_value에서 외부 변수로 선언된다.

```
#include <stdio.h>

int x = 999;

void print_value(void);

main()
{
        extern int x;

        printf("%d\n", x);
        print_value();

        return 0;
}

void print_value(void)
{
        extern int x;
        printf("%d\n", x);
}
```

결과

```
999
999
Press any key to continue
```

프로그램 설명

이 프로그램은 x의 값을 두 번 출력한다. 처음에는 main() 함수에서 값을 출력하고, 다음에는 print_value() 내에서 출력한다.

int형 변수 x에 999의 값을 저장하고, main() 함수와 print_value() 함수에서 x를 정수형 외부 변수로 선언(extern int)한다. 변수에 저장 영역을 할당하는 변수 정의 부분과 extern을 사용하는 선언문의 차이점을 주의하자.

extern 선언문은 '이 함수는 프로그램의 다른 어떤 곳에서 이런 이름과 데이터형으로 이미 정의된 외부 변수를 사용한다' 는 사실을 알려주는 역할을 한다. 이 프로그램에서는 extern 선언이 반드시 필요하지는 않다. "extern int x" 부분이 없더라도 실행에는 문제가 없다. 그러나 함수 print_value()가 "int x = 999"의 변수 x에 전역 선언문과 다른 모듈에 포함된다면 extern 선언문이 필요할 것이다.

예제3 자동 변수와 정적 지역 변수 간의 차이를 보여준다.

```
#include <stdio.h>

void func1(void);

main()
{
        int count;
        for (count = 0; count < 20; count++)
        {
                printf("At iteration %d: ", count);
                func1();
        }

        return 0;
}

void func1(void)
{
        static int x = 0;
        int y = 0;

        printf("x = %d, y = %d\n", x++, y++);
}
```

결과

```
At iteration 0: x = 0, y = 0
At iteration 1: x = 1, y = 0
At iteration 2: x = 2, y = 0
At iteration 3: x = 3, y = 0
At iteration 4: x = 4, y = 0
At iteration 5: x = 5, y = 0
At iteration 6: x = 6, y = 0
At iteration 7: x = 7, y = 0
At iteration 8: x = 8, y = 0
At iteration 9: x = 9, y = 0
At iteration 10: x = 10, y = 0
At iteration 11: x = 11, y = 0
At iteration 12: x = 12, y = 0
At iteration 13: x = 13, y = 0
At iteration 14: x = 14, y = 0
At iteration 15: x = 15, y = 0
At iteration 16: x = 16, y = 0
At iteration 17: x = 17, y = 0
At iteration 18: x = 18, y = 0
At iteration 19: x = 19, y = 0
Press any key to continue
```

프로그램 설명

이 프로그램은 두 가지 종류의 변수를 정의하고 초기화하는 함수를 호출한다. func1() 함수가 호출될 때마다 두 변수의 값이 화면상에 출력되고 변수 x, y의 값이 증가된다.
main() 함수에서 func1()을 호출하는 for문이 포함되어 있다. for 문은 20번 반복된다.

프로그램은 다음과 같은 결과를 보여준다. 정적 변수로 선언된 x는 함수가 호출될 때 값을 보존하므로 변수의 값은 계속해서 증가한다. 반면에, 자동 변수로 선언된 y는 함수가 호출될 때마다 0으로 다시 초기화된다.

또한, 이 프로그램은 두 가지 형태의 변수에서 초기화가 수행되는 방법의 차이점을 보여준다. 즉, 변수가 정의되는 것과 초기화되는 시기에 대해서 알려준다. 정적 변수는 단지 함수가 처음 호출될 때에만 초기화된다. 나중에 다시 함수가 호출될 때 프로그램은 정적 변수가 이미 초기화 되었다는 사실을 '기억' 하고 있으므로 다시 초기화하지 않는다. 변수는 함수가 최근에 실행되었을 때 저장되어 있던 값을 그대로 가지게 된다. 이와는 대조적으로, 자동 변수는 함수가 호출될 때마다 지정된 값으로 다시 초기화된다.

제 11 장

여러 가지 데이터형

11.1 typedef

11.1.1 typedef의 구조

제3장에서는 여러 가지 데이터형에 대하여 학습하였다. 이 장에서는 먼저 typedef이라고 하는 키워드를 설명하기로 한다. typedef는 지금까지 학습한 int형이나 double형 등의 데이터 형에 대하여 새로운 이름을 붙이기 위한 키워드이다. typedef는 다음과 같이 사용한다.

typedef 구문

```
typedef 데이터형 식별자;
```

데이터형에 독자적인 식별자를 붙여서 기술할 수 있다.

다음 코드를 살펴보자.

```
typedef unsigned long int Count;
```

긴 데이터형에 짧은 이름을 붙인다.

이 코드는 unsigned long int형에 Count라는 짧은 이름을 붙였다. 이와 같이 typedef를 사용하면 다음과 같이 Count형의 변수 num을 사용할 수가 있게 된다.

```
Count num = 1 ;
```

Count형의 변수를 사용할 수 있다.

이 문은 실제로 다음과 같은 코드와 같은 의미를 갖는다.

```
unsigned long int num =1 ;
```

결국 typedef는 이미 있는 데이터형에 대하여 다른 이름을 붙일 수 있다는 것이다. typedef를 사용하면 긴 이름에 대하여 간단한 다른 이름을 붙일 수 있기 때문에 코드를 읽기 쉽게 작성할 수 있다.

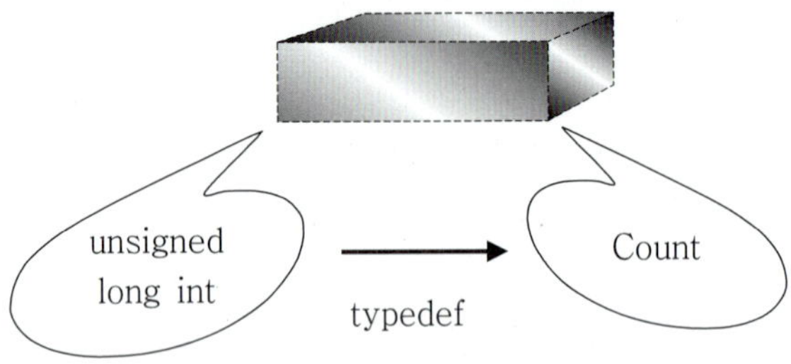

그림 11-1 typedef

▶ 독자적인 데이터형을 만드는데 typedef를 사용한다.

typedef로 독자적인 데이터형을 만들 수 있다.

11.2 열거형

11.2.1 열거형의 구조

지금까지 학습한 int형과 double형은 C에서 이미 정해 놓은 기본형이었다. 이에 대하여 사용자 프로그램을 작성하는 사람에 의하여 새로운 데이터형을 만들 수 있다.
이와 같은 형을 사용자 정의형(user defined type)이라고 한다.

먼저 이 절에서는 열거형(enumerated data type)에 대하여 설명하기로 한다. 새로운 형을 작성하기 위해서는 먼저 그 형이 어떤 값을 나타내는지를 결정할 필요가 있다. 열거형의 경우에는 열거형 선언에 의하여 나타내는 값을 결정한다. 열거형을 선언하기 위해서는 enum이라는 키워드를 사용한다.

enum을 붙여서 선언한다.

```
enum 열거형명{식별자1, 식별자2, 식별자3, …};
```

열거형은 식별자와 값으로 기억할 수 있는 데이터형을 한다. 예를 들면 다음과 같은 것이 열거형이다.

```
enum Week{ SUN, MON, TUE, WED, THU, FRI, SAT } ;
```

Week형은 이들 값을 기억한다.

이 열거형 Week는 SUN, MON, …이라고 하는 식별자의 값을 기억할 수 있는 데이터형이 된다.

11.2.2 열거형 변수의 선언

그러면 이 열거형을 사용해보자. 열거형을 선언하면 이것은 새로운 형으로서 코드 중에 이것을 사용할 수 있게 된다. 예를 들어 week형의 변수라고 하는 것을 코드 중에 선언할 수 있게 되는 것이다. week형의 변수도 보통의 변수와 마찬가지로 선언한다.

열거형 변수의 선언

```
열거형명 열거형 변수명;
```

열거형 변수를 선언한다.

다음과 같이 선언한 변수 w는 week형의 값을 기억하는 변수가 된다.

```
Week w;
```

week형 변수 w이다.

그러면 실제로 열거형을 선언하여 프로그램을 작성해보자.

Sample1.c ▶ 열거형 변수를 사용한다.

```
#include <stdio.h>

//열거형Week의 선언
enum Week { SUN, MON, TUE, WED, THU, FRI, SAT } ;

int main( )
{
   Week w ;
   w = SUN ;

   switch(w) {
     case SUN: printf("일요일입니다.\n"); break ;
     case MON: printf("월요일입니다.\n"); break ;
     case TUE: printf("화요일입니다.\n"); break ;
     case WED: printf("수요일입니다.\n"); break ;
     case THU: printf("목요일입니다.\n"); break ;
     case FRI: printf("금요일입니다.\n"); break ;
     case SAT: printf("토요일입니다.\n"); break ;
     default: printf(" 무슨 요일인지 알 수 없습니다.\n"); break;
   }

   return 0 ;
}
```

열거형을 선언한다.

week형의 변수 w를 선언한다.

값 SUN을 대입한다.

값에 따라 다른 출력을 한다.

Sample1의 실행 화면

```
일요일입니다.
```

이 프로그램에서는 열거형인 week형의 변수인 w를 선언하였다. week형의 변수 w에는 SUN, MON …라는 값을 기억시킬 수 있다. 이 코드에서는 w에 따라 다른 값을 출력하도록 하고 있다.

열거형의 값은 식별자이기 때문에 읽기 쉬운 코드로 작성할 수 있다. 여기서는 일요일부터 토요일까지의 값을 사용하고 있는 코드라는 것을 쉽게 알 수 있다.

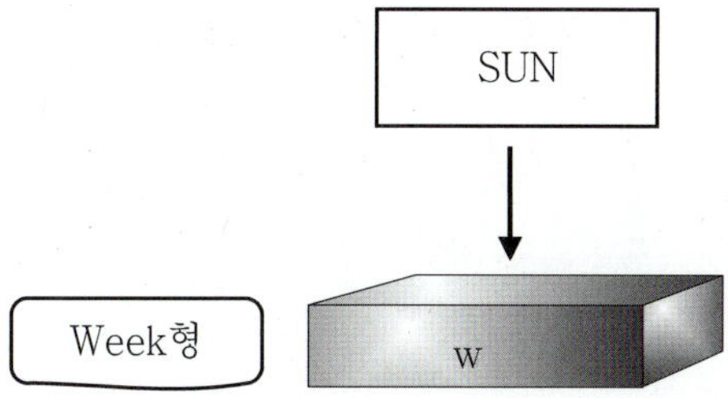

그림 11-2 열거형

▶ 열거형의 변수에는 식별자를 기억할 수 있다.

열거형을 사용하여 읽기 쉬운 코드를 작성할 수 있다.

11.3 구조체

11.3.1 구조체형의 구조

앞 절에서는 열거형에 대하여 설명하였다. 또 다른 사용자 정의형을 다루어보자. 이 절에서는 구조체형(structure)을 설명한다.

구조체형도 열거형과 마찬가지로 사용자가 작성할 수 있는 사용자 정의형 중의 하나이다. 구조체형은 다른 형의 값을 통합하는 데이터형이다. 예를 들면 차의 번호(int형)나 가솔린량(double형) 등과 같이 형이 다른 값을 통합하여 차를 나타내는 데이터형으로 만들 수 있다. 그러면 실제로 구조체형에 대하여 설명해보자. 구조체형에 대한 결정을 하는 것을 구조체형의 선언이라고 한다. 구조체형을 선언하기 위해서는 struct라고 하는 키워드를 사용한다.

구조체형의 선언

```
struct 구조체{
   데이터형 식별자;
   데이터형 식별자;
     ...
   } ;
```

struct를 붙여서 선언하였다.

구조체형은 프로그램 중에서 변수 등을 통합하여 기술한 것이다. 예를 들면 차의 번호나 가솔린량을 관리하기 위한 구조체형 Car의 선언은 다음과 같이 된다.

```
struct Car {
    int num ;
    double gas ;
} ;
```

- 차를 나타내는 구조체형이다.
- 번호를 기억한다.
- 가솔린량을 기억한다.

여기서는 int형 변수 num과 double형 변수 gas를 선언하였다. num은 차의 번호를 gas는 가솔린량을 나타낸다.

구조체를 선언하여 다른 형을 통합할 수 있다.

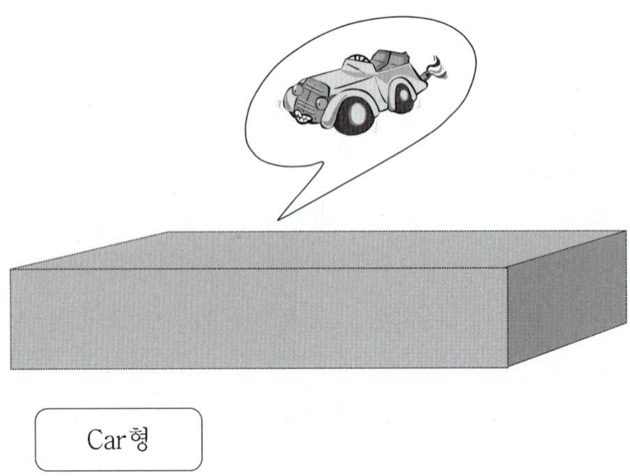

그림 11-3 구조체의 선언

▶ 다른 형의 값을 통합하여 구조체형으로 만들 수 있다.

11.3.2 구조체 변수의 선언

구조체형도 새로운 데이터형으로 코드 중에 사용할 수 있게 된다. 예를 들면, Car형의 변수를 코드 중에 선언할 수 있게 된다. Car 형의 변수도 보통의 변수와 마찬가지로 선언한다.

다음과 같이 선언한 변수 Car는 구조체인 Car형의 값을 기억시키는 변수가 된다.

구조체형 변수의 선언

```
구조체형 구조체 변수명 ;
```
(구조체형의 변수를 선언한다.)

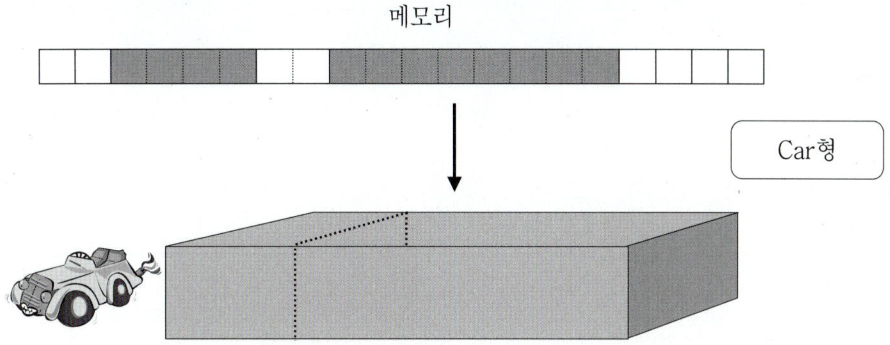

그림 11-4 구조체 변수의 선언

▶ 구조체 형의 변수를 선언할 수 있다.

11.3.3 멤버에 접근하는 방법

구조체형의 변수(구조체)를 선언하면 그 중의 num이나 gas에 실제 번호나 가솔린량의 값을 기억할 수 있게 된다. 이 num이나 gas라고 하는 변수들을 멤버(member)라고 한다. 구조체의 멤버를 이용하기 위해서는 dot 연산자(.)를 사용한다. 멤버를 이용하는 것을 멤버에 접근(access)한다고 말한다.

구조체의 멤버에 접근하는 구문

```
구조체 변수명.멤버 ;
```

예를 들면, 구조체형의 변수 car1의 경우에는 다음과 같이 대입하여 멤버값을 기억할 수 있다.

```
car1.num = 1234 ;
car1.gas = 25.5 ;
```
- car1.num = 1234 ; → 번호를 나타내는 멤버 num에 1234를 대입한다.
- car1.gas = 25.5 ; → 가솔린량을 나타내는 멤버 gas에 25.5를 대입한다.

그러면 실제로 프로그램을 작성해보자.

Sample2.c ▶ 구조체의 멤버에 접근한다.

```
#include <stdio.h>


// 구조체형 Car의 선언
struct Car{
   int num ;
   double gas ;
} ;

int main( )
{
   struct Car car1 ;

   printf("번호를 입력하시오.\n");
   scanf("%d", &car1.num);

    printf("가솔린량을 입력하시오.\n");
   scanf("%lf",  &car1.gas);  // 1이 아닌 lf(영문)입니다.

   printf("차의 번호는 %d : 가솔린량은 %f입니다.\n",car1.num, car1.gas) ;

   return 0 ;
}
```

구조체형을 선언한다.

구조체형의 변수를 선언한다.

멤버 값을 대입한다.

멤버 값을 출력한다.

Sample2의 실행 화면

```
번호를 입력하시오
1234
가솔린량을 입력하시오.
25.5
차의 번호는 1234 : 가솔린량은 25.5입니다.
```

이 프로그램에서는 구조체형의 Car를 선언한다. 그리고 나서 Car형의 변수인 car1을 선언하고 있다. 또한 car1에 dot 연산자를 사용하여 각 멤버에 접근하고있다. 각 멤버에 값을 기억하면서 화면에 출력하는 처리를 행하고 있다. 이와 같이 구조체 변수에 dot 연산자를 사용하면 구조체의 멤버에 접근하여 값을 기억할 수 있게 된다.

dot 연산자를 사용하여 구조체의 각 멤버에 접근할 수 있다.

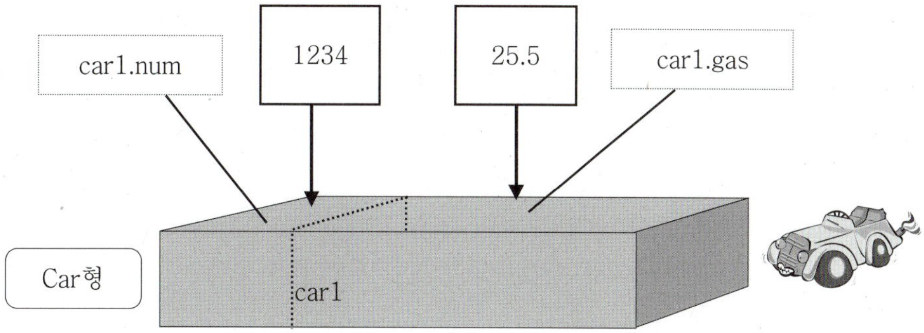

그림 11-5 구조체의 멤버에 접근

▶ Car 형 변수 Car1은 각 멤버에 접근하여 값을 기억할 수 있다.

11.3.4 구조체의 초기화

선언한 구조체를 편리하게 작성하여 이용하는 방법에 대하여 설명하기로 한다. 바로 앞에서와 같이 구조체를 선언한 다음에 dot 연산자(.)를 사용하여 멤버에 값을 대입하는 방법을 소개하였다.

```
Car car1 ;              // 구조체를 선언하였다.

car1.num = 1234 ;       // 멤버에 접근한다.
car1.gas = 25.5 ;
```

이 두 개의 작업을 동시에 통합할 수 있다. 이것을 구조체의 초기화라고 한다. 구조체의 초기화는 다음과 같이 행한다.

```
Car car1 = { 1234, 25.5 } ;   // 1234: num에 기억된다.  25.5: gas에 기억된다.
```

변수를 선언할 때에 {} 내에 값을 기술하면 컴마(,)로 구분하여 순서대로 멤버 값이 기억된다. 구조체에 미리 초기값을 기억시키는 것이 편리하기 때문에 잘 기억해두기 바란다.

구조체의 초기화 구문

```
구조체형명 구조체 변수명 = {값, 값, … }
```

지금까지는 멤버에 대해서 대입 연산자로 값을 기억시키는 코드를 소개하였다. 그러면 구조체 변수 그 자체에 대하여 대입 연산자를 사용하면 어떻게 될까?
다음 프로그램을 살펴보자.

Sample3.c ▶ 구조체에 대입한다.

```
#include <stdio.h>


// 구조체형 Car의 선언
struct Car{
  int num ;
  double gas ;
};

int main( )
{
    struct Car car1 = {1234, 25.5};
    struct Car car2 = {4567, 52.2};

    printf("car1의 차번호는 %d : 가솔린량은 %f입니다.\n",car1.num, car1.gas);


    printf("car2의 차번호는 %d : 가솔린량은 %f입니다.\n",car2.num, car2.gas);

   car2 = car1 ;  ●——— 구조체끼리 대입한다.

   printf("car1을 car2에 대입하였다.\n");


   printf("car2의 차번호는 %d : 가솔린량은 %f입니다.\n",car2.num, car2.gas);

   return 0 ;
}
```

Sample3의 실행 화면

```
car1의 차번호는 1234 : 가솔린량은 25.5입니다.
car2의 차번호는 4567 : 가솔린량은 52.2입니다.
car1을 car2에 대입하였다.
car2의 차번호는 1234 : 가솔린량은 25.5입니다.
```

대입한 구조체의 멤버 값이 되어 있다.

여기서는 car1과 car2라고 하는 두 개의 구조체를 선언하였다. 그리고 다음과 같이 대입하고 있다.

```
car2 = car1 ;
```

구조체끼리 대입한다.

이 대입은 car2의 멤버에 car1의 멤버를 하나씩 복사하여 값을 기억시킨다. 즉, 이와 같이 대입을 기술하면 car1의 멤버인 num과 gas 값이 car2의 멤버에 복사되는 것이다. 이 결과 car2의 번호와 가솔린량은 car1과 같은 값이 된다.

구조체끼리 이와 같이 대입을 할 수 있다는 것을 기억해 두기 바란다.

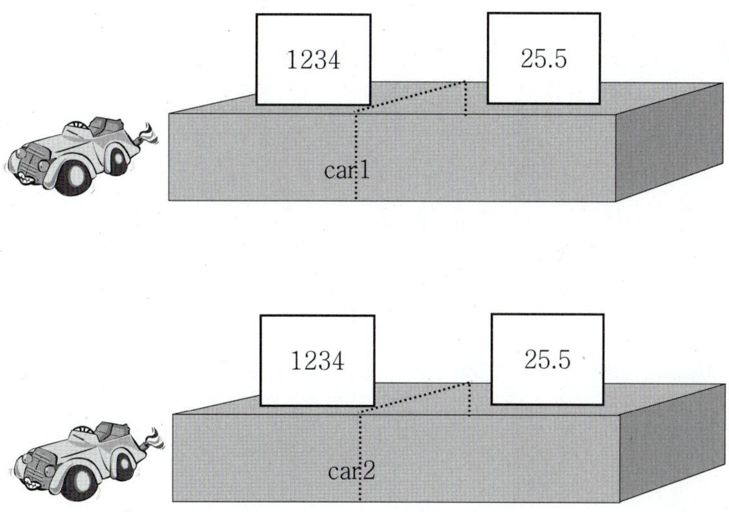

그림 11-6 구조체의 대입

▶ 구조체에 대입하면 멤버가 각각 복사되어 값이 기억된다.

구조체에 대입을 하면 각 멤버에 값이 기억된다.

11.4 구조체의 응용

11.4.1 인수로서 구조체의 사용

구조체는 여러 프로그램 중에서 사용할 수 있다. 이 절에서는 구조체를 응용하는 프로그램을 작성해보자. 먼저 구조체를 함수 중에서 사용하는 방법에 대하여 살펴보자. 구조체는 함수의 인수로 이용할 수 있다. 다음과 같은 프로그램을 작성해보자.

Sample4.c ▶ 구조체를 함수의 인수로 사용한다.

```
#include <stdio.h>


//구조체 Car의 선언
struct Car{
   int num ;
   double gas ;
} ;

//show 함수의 선언
void show(struct Car c) ;        // 구조체를 인수로 하는 함수이다.

int main( )
{
   struct Car car1 = {0 , 0.0};

   printf("번호를 입력하시오.\n");
   scanf("%d", &car1.num);

   printf("가솔린량을 입력하시오.\n");
   scanf("%lf", &car1.gas);

   show(car1) ;        // 구조체 car1을 전달한다.
   return 0 ;
}

//show 함수의 정의
void show(struct Car c)        // 전달받는 구조체의 값을 …
{
   printf("차의 번호는 %d : 가솔린량은 %f입니다.\n",c.num, c.gas);        // 출력한다.
}
```

Sample4의 실행 화면

```
번호를 입력하시오.
1234
가솔린량을 입력하시오.
25.5
차의 번호는 1234 : 가솔린량은 25.5입니다.
```

제8장에서 학습한 바와 같이 인수는 원칙적으로 값에 의한 전달로서 함수 내에 전달된다. 구조체를 인수로 하는 경우도 값이 전달된다.

실인수인 구조체의 멤버 값이 각각 복사되어 함수의 본체에 전달된다.

즉, 여기서는 구조체의 멤버인 num과 gas의 값이 복사되어 함수로 전달되게 된다.

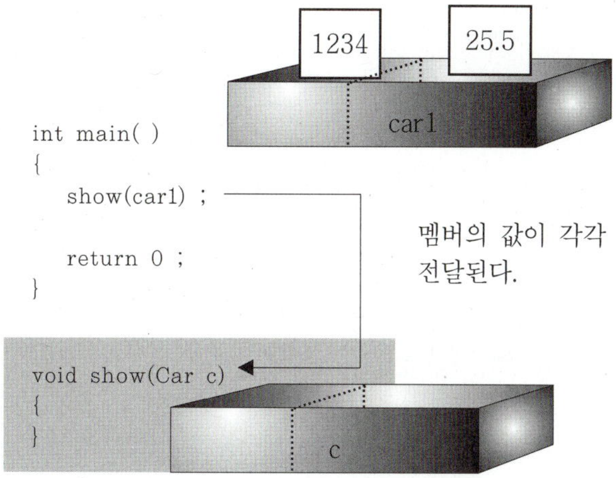

그림 11-7 인수와 구조체

▶ 함수의 인수로서 구조체를 사용하면 각 멤버가 복사되어 전달된다.

11.4.2 구조체의 포인터를 인수로 사용하기

구조체를 인수로 사용하면 각 멤버의 값이 복사되어 함수 내로 전달된다. 단, 멤버가 많이 있는 구조체를 인수로 사용하는 경우에는 주의할 필요가 있다. 함수를 호출할 때마다 많은 멤버가 복사되기 때문에 함수의 호출에 시간이 많이 걸리게 된다.

이 때문에 큰 구조체를 함수의 인수로 처리하는 경우에는

구조체의 포인터를 인수로 사용할 수 있다.

구조체형의 변수 어드레스를 사용하도록 하는 것이다. 구조체의 포인터를 함수의 인수로 하면 어드레스를 전달하는 것만으로 함수가 호출될 수 있다. 이와 같이 하면 큰 구조체의 경우에는 처리 속도가 향상되는 경우가 있다. 이 경우에는 인수를 실질적으로 참조에 의한 전달을 하기 때문에 전달된 구조체의 멤버의 값을 함수 내에서 변경할 수 있다.

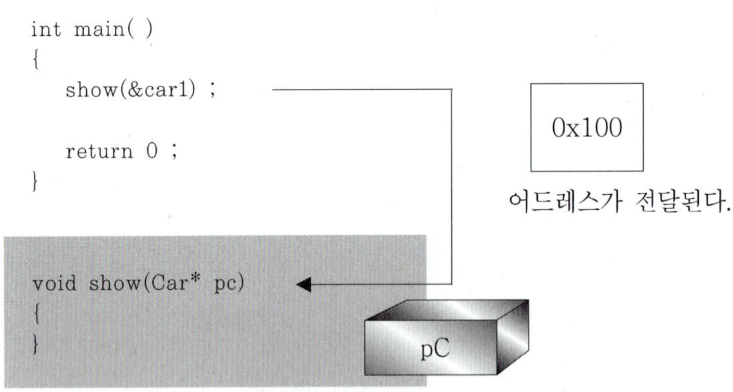

그림 11-8 인수와 구조체의 포인터

▶ 함수의 인수로서 구조체의 포인터를 사용하면 어드레스가 전달된다.

단, 이와 같은 함수 내에서는 구조체의 포인터를 사용하여 각 멤버에 접근하는 처리를 기술해야만 한다. 포인터로부터 멤버에 접근하는 경우에는 -> 연산자를 이용하면 편리하다.

구조체형의 포인터로 멤버에 접근하는 구문

```
구조체의 포인터 -> 구조체 멤버
```

다음과 같은 코드를 작성해보자. 이번에는 인수로서 구조체의 포인터를 전달하여 함수를 사용하고 있다.

Sample5.c ▶ 구조체의 포인터를 함수의 인수로 사용한다.

```
#include <stdio.h>

// 구조체형 Car의 선언
struct Car{
   int num ;
   double gas ;
};

//show 함수의 선언
void show(Car* pC) ;          ● 구조체의 포인터를 인수로 갖는 함수

int main( )
{
   struct Car car1 = { 0, 0.0 };

   printf("번호를 입력하시오.\n");
   scanf("%d", &car1.num);

   printf("가솔린량을 입력하시오.\n");
   scanf("%lf", &car1.gas);

   show(&car1) ;          ● 구조체 car1의 어드레스를 전달한다.

   return 0 ;
}

// show의 정의
void show(struct Car* pC) ;
{                                          포인터에서 멤버로 접근한다.

  printf("차의 번호는 %d : 가솔린량은 %f입니다.\n",pC->num, pC->gas);
}
```

show() 함수 내의 처리를 살펴보자.

```
printf("차의 번호는 %d : 가솔린량은 %f입니다.\n",pc->num, pc->gas);
```

이 함수 내에서는 포인터가 전달되기 때문에 멤버에 접근하는 경우에는 dot 연산자(.)가 아니고 -> 연산자를 사용하고 있다. 실행 결과는 Sample4와 같다.

이 코드와 같이 작은 구조체에서는 인수가 포인터가 아니어도 실행 속도는 거의 변화가

없다. 그러나 멤버를 매우 많이 갖는 큰 구조체를 사용하는 경우에는 그 차이를 무시할 수 없는 경우도 있기 때문에 익혀두는 것이 편리하다.

구조체의 포인터로 멤버에 접근하기 위해서는 → 연산자를 사용하면 편리하다.

11.4.3 구조체의 참조를 인수로 사용하기

그런데 제8장에서는 포인터 대신에 참조를 인수로 사용하는 방법을 설명하였다. 구조체 변수에 참조를 인수로 사용해도 Sample4와 같은 효과를 얻을 수 있다. 그래서 여기서도 참조를 사용하는 프로그램을 작성해보도록 한다.

Sample6.c ▶ 구조체의 참조를 함수의 인수로 사용한다.

```
#include <stdio.h>

// 구조체형 Car의 선언
struct Car{
   int num ;
 double gas ;
} ;

//show 함수의 선언
void show(struct Car &c) ;        ● 구조체의 참조를 인수로 갖는 함수이다.

int main( )
{
   struct Car car1 = { 0, 0.0 };

   printf("번호를 입력하시오.\n");
   scanf("%d", &car1.num);

   printf("가솔린량을 입력하시오.\n");
   scanf("%lf", &car1.gas);
   show(car1) ;        ● 구조체 car1을 전달한다.

   return 0 ;
}

//show 함수의 정의
void show(struct Car &c)        ● 전달받은 구조체로 참조가 초기화된다.
{
  printf("차의 번호는 %d : 가솔린량은 %f입니다.\n",c.num, c.gas);
}
                                        참조로 멤버에 접근
```

이 프로그램의 실행 결과는 Sample4와 같다. 단, 이 프로그램에서는 함수 내에서 멤버에 접근할 때 → 연산자가 아니고 dot 연산자(.)를 사용하고 있다는 것에 주의하기 바란다. 구조체의 포인터로 접근할 때만 → 연산자를 사용한다.

11.5 공용체

마지막으로 공용체형(union data type)이라는 데이터형에 대하여 설명하기로 한다. 공용체형은 구조체형과 비슷한 형태를 갖는 사용자 정의형이다. 공용체형의 선언은 다음과 같이 한다.

공용체형의 선언 구문

```
union 공용체형명 {
    데이터형 식별자;
    데이터형 식별자;
    …
};
```

union을 붙여서 선언한다.

공용체형은 구조체형의 struct 키워드 대신에 union이라는 키워드를 사용한다. 공용체형도 공용체형의 변수를 준비함으로서 값을 기억할 수 있게 된다.

단, 공용체형의 각 멤버는

동시에 여러 개의 값을 기억하는 것이 아니고 전체 한 개만의 값을 기억할 수 있다는 특징이 있다.

다음 코드를 살펴보자.

Sample7.c ▶ 공용체를 사용한다.

```
#include <stdio.h>

 // 공용체형 Worker의 선언
 union Worker {
    int age ;
    int pay ;
 } ;

 int main( )
 {

    union Worker man ;

    printf("나이를 입력하시오.\n");
    scanf("%d", &man.age);

    printf("나이는 %d입니다.\n", man.age);
    printf("월급은 %d 만원입니다.\n", man.pay);

    printf("월급을 입력하시오(만원 단위).\n");
    scanf("%d", &man.pay);

    printf("나이는 %d입니다.\n", man.age);
    printf("월급은 %d 만원입니다.\n", man.pay);

    return 0 ;
 }
```

공용체를 선언한다.

공용체의 변수를 선언한다.

man의 멤버 age에 값을 기억시킨다.

멤버 pay도 같은 값이 된다.

Sample7의 실행 화면

```
나이를 입력하시오.
45
나이는 45입니다.
월급은 45만원입니다.
월급을 입력하시오(만원 단위).
200
나이는 200입니다.
월급은 200만원입니다.
```

이 코드에서는 공용체 union Worker를 선언하여 새로운 형을 만들고 있다. 그리고 공용체형의 변수 man을 선언하고 그 멤버에 접근하고 있다.
코드의 실행 결과를 주의 깊게 살펴보자. 공용체의 멤버 age와 pay는

동시에 다른 값을 기억할 수 없다는 것을 알 수 있다.

어떤 멤버 값을 변경하면 다른 멤버의 값도 같이 변경되고 있다. 공용체의 멤버는 모두 같은 메모리 위치를 공유하여 값을 기억한다. 따라서 age에 값을 대입하면, pay의 값은 같게 되어 버린다. 또 pay에 값을 대입하면 반대로 age의 값도 동시에 변경된다.

공용체의 멤버는 한번에 한 개의 값만을 기억시킬 수 있다.

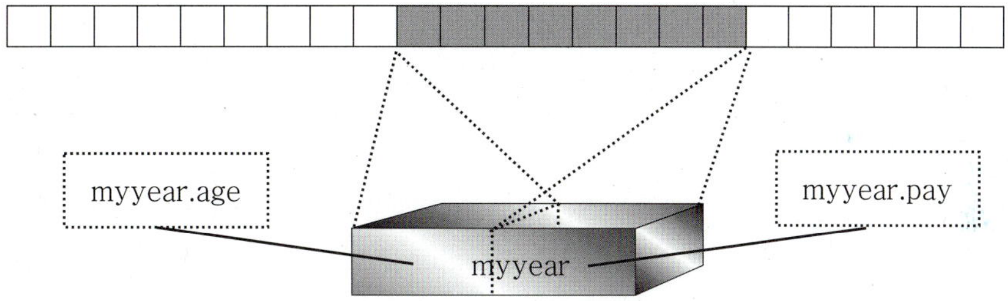

그림 11-9 공용체

▶ 공용체의 각 멤버는 전체 하나의 값만을 기억한다.

11.6 예제

예제 1 구조체를 이용하여 이름과 과목 점수를 출력하는 프로그램을 작성하시오.

```
#include <stdio.h>
#include <string.h>
struct student {
                char name[20];
                int korean;
                int english;
};
void main()
{
       struct student kdhong;
       strcpy(kdhong.name, "홍길동");
       kdhong.korean=90;
       kdhong.english=99;
       printf("이름  :  %s \n", kdhong.name);
       printf("국어  :  %d \n", kdhong.korean);
       printf("영어  :  %d \n", kdhong.english);
}
```

결과

```
이름  :  홍길동
국어  :  90
영어  :  99
Press any key to continue
```

예제2 공용체를 사용한 간단한 예제 프로그램을 작성하시오.

```
#include <stdio.h>
union tagg{  /* 공용체 정의 */
        int n;
        float i;
} v1, *pt;
void main()
{
        float k;
        pt=&v1;
        v1.n=10;
        v1.i=20.0;
        k=pt->i;   /* pt->n으로 사용할 수 없다 */
        printf("%f\n", k);
}
```

결과

```
20.000000
Press any key to continue
```

예제3 열거형(enum)을 사용한 간단한 예제 프로그램을 작성하시오.

```
#include <stdio.h>
void main()
{
        enum num{ sum=2, mon=0, tue=5, wed, thu, fri, sat, someday}d;
        d=someday;
        printf("%d\n", d);
}
```

결과

```
10
Press any key to continue
```

예제4 문자형 typedef를 이용한 문자출력 프로그램을 작성하시오.

```
#include <stdio.h>
#include <string.h>
typedef char string[80];
void main()
{
        string a, b;
        strcpy(a, "typedef의 시험용");
        strcpy(b, "문자열이다.");
        printf("이것은 %s %s \n", a, b);
}
```

결과

```
이것은 typedef의 시험용 문자열이다.
Press any key to continue
```

제 12 장

파일 입출력

12.1 파일의 열기와 닫기

12.1.1 파일 열기

이 절에서는 기본적인 파일 연산인 파일에서 데이터 읽기, 파일 닫기 등을 설명한다. 파일을 사용하면 프로그램에서 사용한 데이터를 영구히 보존할 수 있는 이점이 있다. 우리가 지금까지 학습한 내용을 보면 scanf() 함수는 키보드로부터 데이터를 입력받아 프로그램에 전달하는 역할을 하고, printf() 함수는 데이터의 출력을 화면에 보여주는 역할을 했다.

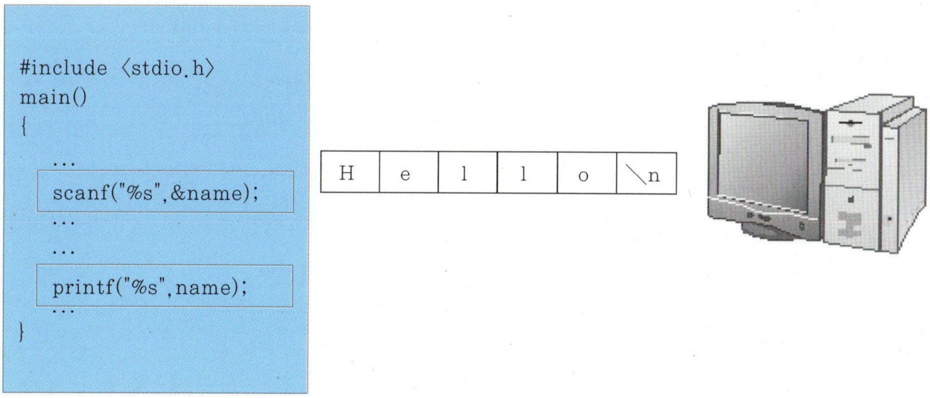

그림 12-1 scanf와 printf

하지만 여기에서는 읽고 쓰는 작업을 프로그램과 모니터 화면이 아닌 파일에 실행하는 것이 다르다. 아래의 정리를 살펴보자. 위의 간단한 프로그램은 파일 입력에 대해 설명한다. 즉, 파일을 처리하는 프로그램에서는 FILE 구조체형을 사용한다. 다시 말해 파일의 포인터를 선언하는 것이다. 파일 열기(file open) 함수는 아래에서 보듯이 fopen()이다.
fopen()의 형식으로는 인자로 파일 이름과 입출력 모드를 갖는다. 이 책에서는 파일 열기라는 용어 대신에 파일 오픈이라는 용어를 쓰기로 한다.

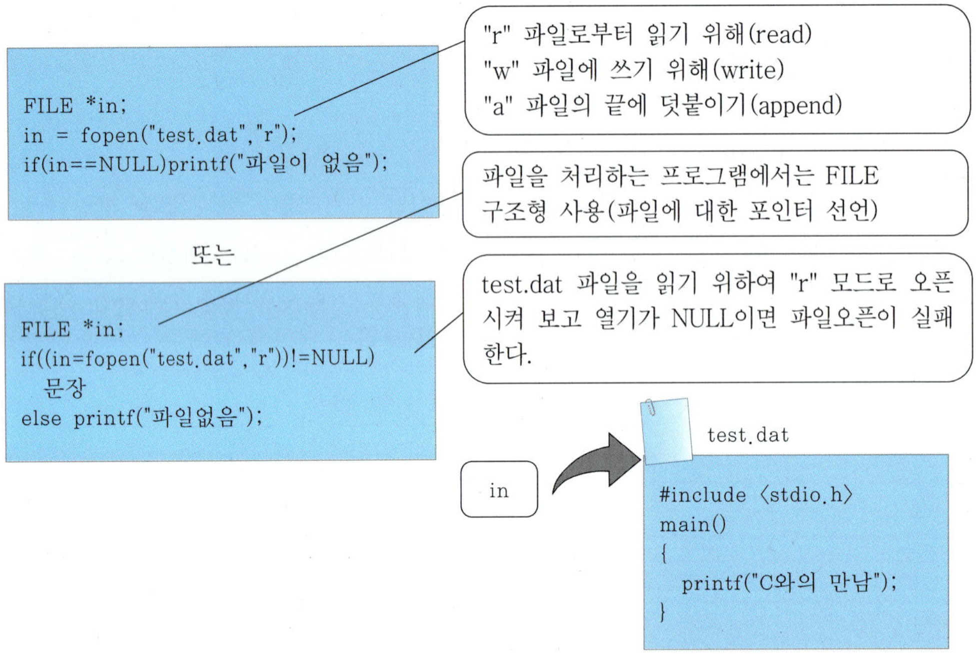

그림 12-2 fopen("파일 이름", 입출력 모드")

▶ 파일 열기는 fopen()이다.

입출력 모드 "r"은 파일로부터 읽기(read) 위한 것이고 "w"는 파일에 쓰기(write) 위한 것이며 "a"는 현존하는 파일의 끝에 덧붙이기(append) 위한 것이다. 파일로부터 읽어서 화면에 출력하기 위해서는 test.dat 파일을 open한 후 파일로부터 한 문자를 읽어서 파일의 끝인지를 확인하고 끝이 아니면 화면에 한 문자를 출력한다. 파일의 끝이면 파일을 닫는다.

```
#include <stdio.h>
main()
{
   FILE *in;
   int ch;
   in=fopen("test.dat","r");
   while((ch=fgetc(in))!=EOF)
      putc(ch,stdout);
   fclose(in);
}
```

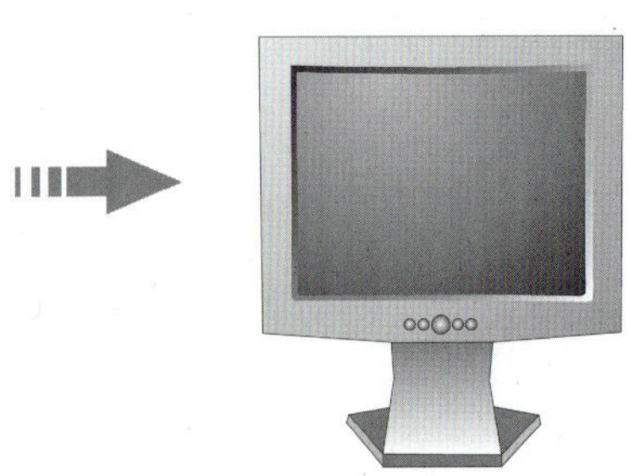

그림 12-3 fopen()과 putc()

▶ 파일(디스크)로부터 읽어서 화면에 출력

12.1.2 파일 닫기

파일 닫기는 fclose() 함수이다. fclose() 함수의 인자는 fopen()에서 사용된 파일 포인터이다. 이를 자세히 알아보기 위해서 아래의 프로그램을 살펴보자.

```
FILE *in;
if((in=fopen("test.dat","r")!=NULL)
  문장
else printf("파일없음");
fclose(in);
```

파일을 처리하는 프로그램에서는 FILE 구조형 사용(파일에 대한 포인터 선언)

파일을 읽기 위하여 "r" 모드로 개방시켜 보고 열기가 NULL이면 파일 개방이 실패한다.

in은 "test.dat"에 대한 파일 포인터이므로 "test.dat" 파일이 닫힌다.

fopen()으로 개방한 파일은 fclose()으로 꼭 닫아야한다.

in

그림 12-4 fclose(파일에 대한 포인터)파일

▶ 닫기는 fclose()이다.

위에서 in은 "test.dat"에 대한 파일 포인터이므로 fclose(in)에 의해서 "test.dat" 파일이 닫힌다. 오픈한 파일은 반드시 닫아야 한다.

12.2 간단한 성적처리 프로그램

이 절에서는 지금까지 학습한 내용을 기반으로 키보드에서 학생들의 성적을 읽어 총점, 평균 등을 계산하여 파일에 저장하는 프로그램을 작성하는 방법을 학습한다.

12.2.1 파일로부터 입력, 화면에 출력

아래의 프로그램은 파일 test.dat에 저장된 성적을 입력받아 성적 처리하는 프로그램이다. fscanf() 함수는 scanf() 함수와 같으며 단지 파일 포인터를 사용하여 파일로부터 입력하는 함수이다.

sample1.c fscanf()를 이용한다.

```
#include <stdio.h>
main()
{
    FILE *in;
    short int no, kor, eng, mat, tot;
    float ave;

    in = fopen("test.dat","r");              // test.dat 파일을 오픈한다.

    fscanf(in, "%d %d  %d %d", &no,&kor,&eng,&mat);
                                             // test.dat 파일을 열어 파일안의 성적을 입력한다.
    tot = kor + eng + mat;
    ave = tot / 3;

  printf("%d %d %d %d %d %f\n", no, kor, eng, mat, tot, ave);
                                             // 입력된 값을 화면에 출력한다.
    fclose(in);
}
```

test.dat 파일을 개방하기 위해서 모드로 "r"을 썼다. 파일의 포인터로 지정된 in을 인자로 fclose()를 써서 개방한 파일을 닫는다. 이번에는 키보드로 입력을 받아서 파일에 저장하는 방법을 알아보자.

Sample2.c ▶파일에 저장하는 예제 프로그램

```
#include <stdio.h>
main()
{
   FILE *in;
   short int no, kor, eng, mat;

   in = fopen("test.dat","a");

   scanf("%d%d%d%d", &no,&kor,&eng,&mat);

   fprintf(in, "%d%d%d%d\n", no,kor,eng,mat);

   fclose(in);
}
```


위 프로그램에서 파일에 저장을 위하여 파일 tast.dat에 덧붙이는 모드 "a"를 사용하여 파일을 오픈한다. 모드 'a'를 사용해서 파일 test.dat에 키보드로 입력된 데이터를 덧붙여서 기록한 후 test.dat 파일을 닫는다.

12.2.2 표준 입출력의 개념

파일의 종류와 파일 오픈 시 사용되는 오픈 모드, 파일 제작 시 파일의 끝을 검사하는 방법 등에 대해서 학습한다.

C 언어는 어떤 하드웨어에서 작성이 되었는지에 관계없이 컴파일러가 ANSI C를 지원하면 개발된 하드웨어나 운영체제가 아닌 다른 환경에 인식되어 사용이 가능하다. 이 때 소스 파일을 운영하려는 환경에서 재 컴파일만 하면 더 이상 변경 없이 사용이 가능하다.

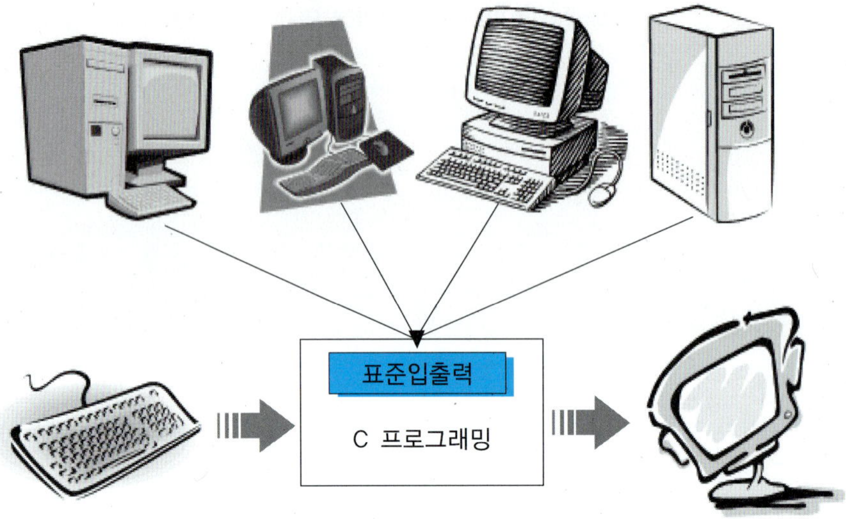

그림 12-5 표준 입출력

▶ C 언어는 이식성을 위해 하드웨어에 독립적이다.

C 언어에서는 세 가지 형식의 입출력 단위를 제공한다. 한 문자씩 입출력하는 단일 문자 단위 입출력에 사용되는 형식과, 줄 단위 입출력과 형식화된 텍스트 형태의 입출력을 제공한다. 각각의 형식에 사용되는 표준입력 함수로는 getchar(), gets(), scanf() 함수 등이 있다.

단일 문자(single character)

표준 입력 함수 : getchar()
표준 출력 함수 : putchar()

줄 단위(entire line)

표준 입력 함수 : gets(str)
표준 출력 함수 : puts(str)

형식화된 텍스트(formatted text)

표준 입력 함수 : scanf(format, ...)
표준 출력 함수 : printf(format, ...)

그림 12-6 입출력 단위

▶ C 언어에서의 데이터 입출력 단위는 세 가지이다.

12.2.3 파일 구조체

C 언어에서 사용하는 데이터 파일들은 하드웨어의 기종이나 운영체제와 관계없이 서로 호환이 가능하다. 각 환경에서 사용되는 데이터 파일들은 파일 구조체를 통해 서로간의 운영체제나 하드웨어의 특성에 관계없이 서로 다른 환경에서 사용될 수 있다. 이러한 파일들은 stdio.h 등의 헤더파일에서 제공한다. 파일은 디스크에 저장된 일련의 바이트들의 집합을 말한다.

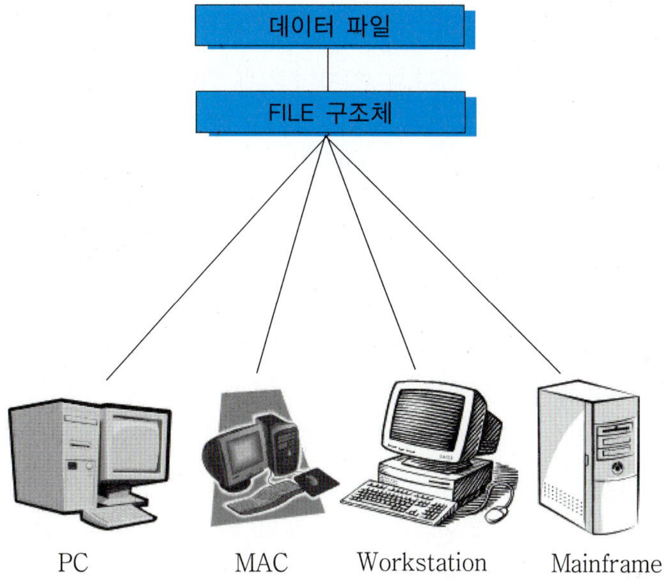

그림 12-7 파일 구조체

▶ C 언어의 데이터파일은 어떤 기종의 컴퓨터이거나 FILE 구조체로 접속

실행 프로그램들은 운영체제가 제공하는 서비스를 사용하여 이러한 파일들을 조작한다. 일반적으로 파일은 텍스트 파일(text file)과 이진 파일(binary file)의 두 가지 그룹으로 나눌 수 있다.

C 프로그램은 운영체제(operating system)을 통해서
파일을 읽거나 쓴다.

행의 끝을 나타내는 제어문자는 운영체제마다 다르다.

파일은 디스크에 저장된 일련의 byte들이 모여 있는 곳으로
제어문자(control character)에 의해 행이 구분된다.

text : 화면에 출력되는 문자들로 구성된 파일
binary : text 파일을 포함하여 모든 문자를 포함하는 파일

이진 파일과 텍스트 파일의 구조의 차이는 새로운 행을 나타내는 newline 문자에 있다. 이진 파일에서는 newline 문자 하나로 이루어진데 반해 텍스트 파일에서는 carrage return과 newline의 조합으로 이루어져 있다. 그리고 텍스트 파일은 파일의 끝을 나타내는 EOF 마크가 있는데 이진 파일에는 EOF가 없다.

12.2.4 파일 입출력

파일 입출력을 하기 위해서는 먼저 오픈 된 파일을 가리키게 될 파일 포인터 변수를 선언하여야 한다. 그 다음에는 작업하기 원하는 파일을 원하는 오픈 모드를 가지고 오픈한다. fopen() 함수는 파일을 오픈한 후 성공하면 오픈 된 파일을 가리키는 포인터를 반환하고 실패하면 NULL값을 반환한다.

파일은 FILE형 구조체 포인터 변수를 사용한다.

FILE *파일 포인터 변수명
예) FILE *input_file;

파일에 데이터를 읽거나 쓰기 위해서는 먼저 파일을 오픈(open)해야 한다.

fopen("파일명", "오픈모드")
예) fopen("payfile.dat", "r")

fopen()함수는 그 파일에 대한 FILE포인터를 반환한다. 실패할 경우, NULL값을 반환한다.

예) input_file = fopen("payfile", "r")

그림 12-8 파일을 이용하기 위한 준비

C 언어는 다양한 오픈 모드를 제공한다.

모 드	의 미
r	파일의 처음부터 읽기만 한다. 파일이 없으면 NULL값을 반환한다.
r+	파일의 처음부터 읽기와 쓰기가 가능하다. 파일이 없으면 파일을 만든다.
w	파일의 처음부터 쓴다.
w+	파일의 처음부터 읽기와 쓰기가 가능하다.
a	파일의 끝에 덧붙여 쓴다.
a+	파일의 끝에서 쓰거나 읽는다.

- 모든 w와 a모드는 파일이 없으면 파일을 새로 만든다.
- 이진 파일은 b로 표시하고 텍스트 파일과 같이 사용한다.
  "rb", "wb", "wb+", "ab", "ab+", "r+b", "w+b", "a+b"

그림 12-9 파일 구조체 오픈 모드

▶ 이미 존재하는 파일에서 "w"를 쓰면 그 파일에 있는 내용은 없어지고 새로운 내용이 쓰여 진다.

파일을 생성하기 위해서는 w나 a 모드로 파일을 오픈하면 된다. 한 가지 주의할 점은 이미 존재하는 파일을 w 모드로 오픈하면 그 파일의 모든 내용은 지워지고 같은 이름을 갖는 새로운 파일이 생긴다. 사용자의 프로그램이 파일의 읽기, 쓰기를 할 때는 운영체제를 거쳐서 작업을 수행하게 된다.

종 류	읽 기	쓰 기	파일 읽기	파일 쓰기
단일문자	getchar()	putchar()	fgetc()	fputc()
줄단위(문자열)	gets()	puts()	fgets()	fputs()
형식화된 텍스트	scanf()	printf()	fscanf()	fprintf()

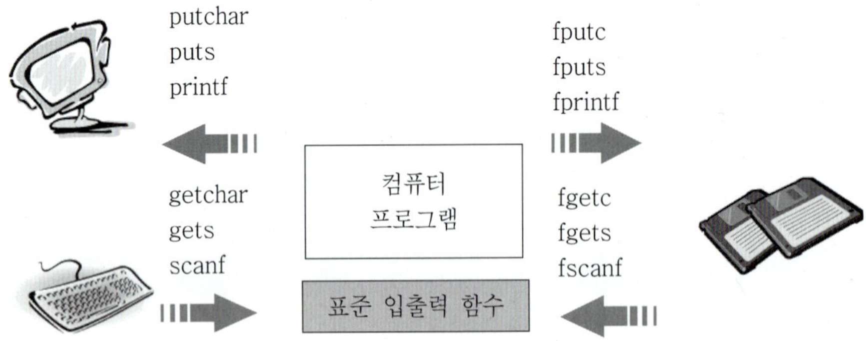

그림 12-10 표준 파일 입출력 함수

프로그램이 파일에 어떤 데이터를 기록하려고 운영체제에 요청하게 되면 운영체제는 데이터를 일단 시스템의 파일 입출력용 버퍼(buffer)에 저장을 한다.

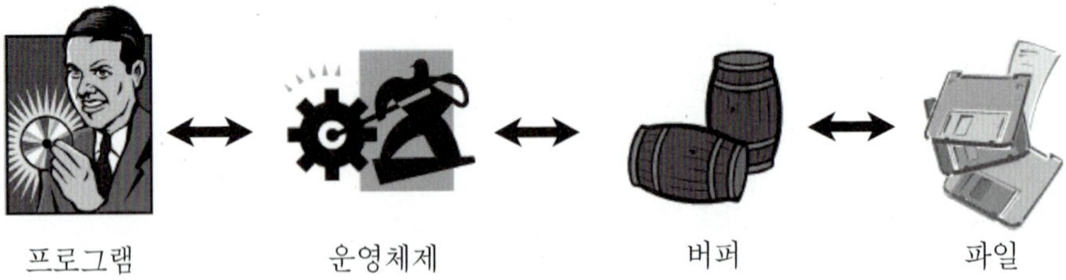

그림 12-11 표준 입출력 함수의 입출력 과정

> 메모리에 있는 임시 기억 장소로 보통 512byte의 크기를 갖는다. 파일을 읽거나 쓸 때 한번에 한 byte를 처리하는 것이 아니라 많은 양의 데이터를 한번에 처리하게 한다.

그리고 그 프로그램이 종료되거나 버퍼가 다 차게 되면 디스크의 파일에 실제로 쓰게 된다. 프로그램에서 읽기나 쓰기를 위해 오픈한 파일은 프로그램에서의 작업이 끝나면 닫아주어야 한다. 그렇지 않으면 운영체제가 그 프로그램이 종료될 때 오픈한 파일을 닫아준다. 하지만 파일의 끝을 인식하는 것은 단일문자의 경우 EOF 값을 검사하고 문자열일 경우에는 NULL 값을 비교하여 파일의 끝을 인식한다.

- 열려진 파일(fopen된 파일)은 fclose()로 닫는다.

```
fclose(파일 포인터);
fclose(input_file);
```

- 파일의 끝에는 EOF라는 문자가 있다.

							EOF

파일의 끝을 인식

* 단일 문자 입력시 문자값이 EOF이면 파일의 끝
함 수 : getchar(), fgetc()... [단일문자]

* 문자열 입력시 포인터를 반환하므로 포인터가 NULL이면 파일의 끝
함 수 : gets(), fgets()... [문자열]

그림 12-12 파일 닫기와 EOF(End Of File) 찾기

12.2.5 표준 입출력 파일의 사용

C 언어에서는 표준 입력 파일과 표준 출력 그리고 표준 에러 파일은 표준 라이브러리로서 제공한다. 이 세 가지 파일은 일반적으로 사용자들이 파일이라고 간주하지는 않지만 C 언어에서는 이들을 파일로서 제공한다. 그리고 이 세 가지 파일들은 일반적인 파일들과 같은 방법으로 다뤄진다.

C 프로그램은 자동적으로 3개의 표준 파일에 대한 3개의 포인터를 생성한다. 따로 파일 포인터를 선언할 필요가 없다.

표준파일	파일 포인터	디바이스
표준 입력	stdin	키보드
표준 출력	stdout	화면
표준 에러	stderr	화면

이 포인터들은 모두 파일에 대한 포인터로 표준 입출력 함수에서 인수로 사용될 수 있다.

그림 12-13 표준 입출력 함수

12.2.6 fgets() 함수를 이용한 파일 읽기

fgets() 함수는 읽으려는 데이터를 갖는 파일에 대한 포인터와 읽으려는 데이터의 크기, 읽는 데이터를 담을 버퍼를 인수로 받으며, newline이나 EOF를 만나는 곳까지 지정된 크기만큼의 데이터를 읽는다. fgets() 함수는 읽기를 성공했을 때 버퍼에 대한 포인터를 반환하고, 실패했을 때는 NULL을 반환한다.

fgets() 형식

* #include <stdio.h>
char *fgets(char *buffer, int n, FILE * f p)
buffer : 데이터를 저장할 버퍼에 대한 포인터
n : 버퍼의 크기(byte 수)
fp : 읽을 파일에 대한 FILE 포인터

fgets() 동작

* newline('\n') 혹은 EOF, 혹은 n-1개 문자를 만날 때까지 데이터를 읽는다.

fgets() 반환값

* NULL : 데이터가 없을 때 또는 파일이 오픈되지 않을 때
* 버퍼에 대한 포인터 : 성공

그림 12-14 fgets() 함수를 이용한 파일 읽기

위의 fgets() 함수의 동작은 newline('\n') 혹은 EOF와 n-1개 문자를 만날 때까지 데이터를 읽게 된다. 다시 아래의 프로그램을 살펴보자.

Sample3.c ▶ fgets() 함수 사용 예

```
#include <stdio.h>
main()
{
  FILE *fp;
  int i;

  char buffer[81];
  if((fp=fopen("HAMLET.dat","r"))==NULL)
  {
     printf("\n파일을 열수없다.");
     exit(1);
   }
   for(i=0; i<3; ++i)
   {
      fgets(buffer, 81, fp);
      printf("\n%s", buffer);
   }
   fclose(fp);
}
```

HAMLET.dat
To be
or not
to be

파일로부터 80자까지 데이터를 읽어 버퍼에 보관하고 NULL('\0') 문자를 끝에 붙힌다.

Sample3의 실행 결과

```
To be
or not
to be
```

위 프로그램에서는 HAMLET이라는 파일을 읽기 전용으로 열어서 세 라인을 차례로 읽으면서 출력한다. 파일에서 읽은 데이터는 문자형 배열 버퍼에 저장된다. 그리고 파일에 대한 저장이 끝난 후 fclose() 함수를 사용하여 파일을 닫는다.

12.2.7 fputs() 함수를 이용한 파일 쓰기

fputs() 함수는 fgets() 함수와 짝을 이루는 파일 입력 함수이다. fgets() 함수에서처럼 파일에 저장할 데이터를 갖는 버퍼와 기록하려는 파일을 가리키는 파일 포인터를 인수로 전달받아 호출된다. fputs() 함수는 쓰기에 성공했을 때는 0을, 실패했을 때는 0이 아닌 상수나 EOF를 반환한다.

fputs() 형식

```
* #include <stdio.h>
char *fputs(char *sting, FILE * fp )
        sting : 데이터가 저장된 버퍼에 대한 포인터
          fp : 읽을 파일에 대한 FILE 포인터
```

fputs() 의미

* 버퍼에 저장된 모든 문자를 fp가 가리키는 파일에 쓴다.

fputs() 반환값

* 성공 : 0
* 실패 : 0이 아닌 상수 혹은 EOF

그림 12-15 fputs() 함수를 이용한 파일 글쓰기

아래의 프로그램은 fputs() 함수의 사용 예를 보이고 있다.

Sample4.c ▶ fputs() 함수 사용 예

```
#include <stdio.h>
main()
{
  FILE *fp1, *fp2;
  int i;
  char buffer[81];
  if((fp1=fopen("input","r"))==NULL)
  {
     printf("\n파일을 열 수 없다.");
     exit(1);
  }
   if((fp2=fopen("output","w"))==NULL)
  {
     printf("\n파일을 열 수 없다.");
     exit(1);
  }
   for(i=0; i<3; ++i)
   {
      fgets(buffer, 81, fp1);
      fputs(buffer, fp2);
   }
   fclose(fp1);
   fclose(fp2);
}
```

두 개의 파일 input과 output을 open해서 fgets() 함수를 이용해 input 파일의 내용 세 라인을 읽고, fputs() 함수를 사용해서 output 파일에 기록한다.

12.2.8 fscanf() 함수와 fprintf() 함수

형식화된 파일 입력

	반환값
* fscanf(fp, format, list)	
fp : FILE 포인터	성공 => 파일로부터 읽은 문자들의 수
format : 형식 지정 문자열	
list : 입력되는 값들의 목록	실패 => EOF

형식화된 파일 출력

	반환값
* fprintf(fp, format, list)	
fp : FILE 포인터	성공 => 출력된 문자들의 수
format : 형식 지정 문자열	
list : 출력되는 값들의 목록	실패 => 음수값

그림 12-16 fscanf()와 fprintf() 함수

▶ print(), scanf()와 같이 형식화된 입출력을 할 수 있다.

fprintf() 함수와 fscanf() 함수는 다양한 형식으로 파일을 입출력하게 한다.

Sample5.c ▶ fscanf() 함수 사용 예

```
#include <stdio.h>a
#define MAX 20
int main(void)
{
  FILE *fp;
  char *filename="word.dat";
  char words[MAX];
  if((fp=fopen(filename,"a+"))==NULL)          파일을 읽고 파일의 끝에 쓴다.
  {
    fprintf(stderr, "%s 파일을 열수 없습니다.", "filename");
    exit(1);
  }
  puts("파일에 첨가할 단어를 입력하세요:");
  while(gets(words)!=NULL && words[0] != '\0' )
     fprintf(fp, "%s", words);
  puts("파일 내용은:");                          파일의 처음 부분으로 포인터를 옮긴다.
  rewind(fp);
  while(fscanf(fp, "%s", words)==1)
     puts(words);
  if(fclose(fp)!=0)                             파일의 끝에 도달할 때까지 출력한다.
    fprints(stderr, "파일 닫기 오류\n", filename);
    return 0;
}
```

fscanf() 함수는 읽기에 성공하면 파일에서 읽은 데이터들의 수를 반환하고, 실패했을 때는 EOF 값을 반환한다. 그리고 fprintf() 함수는 성공하면 출력된 데이터들의 수를, 실패하면 인수를 반환한다. fscanf() 함수의 사용을 알아보기 위해서 아래의 프로그램을 살펴보자. 아래의 프로그램에서는 데이터 파일을 append 모드로 오픈한 다음 사용자에게 추가할 데이터를 입력받고, 데이터 파일의 끝에 입력받은 내용을 추가한다. 이 때 파일을 오픈할 때 오류가 발생하면 표준 에러 파일, 즉 화면에 에러 메시지를 출력한다. 그리고 파일의 현재 위치를 가리키는 파일 포인터를 처음으로 돌려 파일에 기록된 내용을 출력한다. 아래 프로그램은 fprintf() 함수의 예로서 파일을 읽기 전용으로 오픈하고 사용자로부터 이름을 입력받고, 레코드 번호와 이름을 데이터 파일에 출력을 한다. 이 때 표준 출력 파일인 화면에 데이터 파일의 출력한 내용을 함께 표시한다. 또 파일 오픈시 에러가 발생하면 표준 에러 파일인 화면에 에러 메시지를 출력한다.

Sample6.c ▶ fprintf() 함수 사용 예

```
#include <stdio.h>
#include <string.h>
#define TRUE 1
int main(void)
{
int number = 0;
  FILE *fp;
  char name[40];
  if((fp=fopen("name.dat","w"))==NULL)
  {
     fprintf(stderr, "%s 파일을 열수 없습니다","name.dat");
     exit(1);
  }
  while(TRUE)
  {
     printf("이름을 입력하세요:");
     gets(name);
     if(strlen(name)==0)
         break;
         ++number;
     fprintf(fp,"%d %s\n",number, name);
     fprintf(stdout, "%d %s\n",number,name);
   }
   fclose(fp);
}
```

표준 에러에 대한 포인터로 화면에 출력

이름 입력 없이 enter키만 쳤을 경우 gets() 함수에 null('\0')이 들어가 while문을 빠져 나온다.

표준 출력에 대한 포인터로 화면에 출력

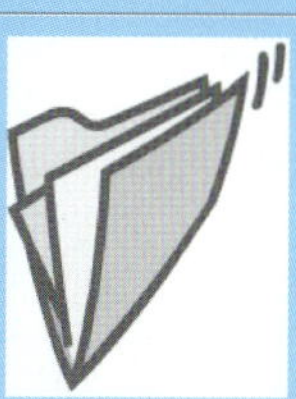

name.dat

12.2.9 랜덤 파일 처리

지금까지는 순서 파일에 대해서만 설명을 하였다. 이제는 랜덤(random) 파일의 처리를 설명한다. 랜덤 파일에서는 파일 내에서의 원하는 레코드의 위치를 알면 순차적으로 파일 포인터를 증가시키면서 원하는 레코드를 찾는 것이 아니라, 파일 내에서의 레코드 위치로 바로 원하는 레코드를 검색할 수 있다. 랜덤 파일에서 원하는 레코드로 이동하는 것은 fseek() 함수를 사용한다. fseek() 함수로 파일 포인터를 원하는 레코드로 이동시킬 때 세 가지 옵션을 주어 이동하는 방법을 정할 수 있다.

fseek()

* int fseek(FILE *fp, long offset, int origin)
  origin : SEEK_SET => 파일의 시작부터
           SEEK_CUR => 현재 위치부터
           SEEK_END => 파일의 끝부터
  의미 : 파일 포인터의 위치를 origin에 의해 주어진 위치로부터 offset byte만큼 포인터 fp의 위치를 옮긴다.

fseek()의 사용예

* fseek(fp, 100L, SEEK_SET)
* fseek(fp, -5L, SEEK_CUR)
* fseek(fp, 0L, SEEK_END)

그림 12-17 랜덤(random)파일 처리

▶ printf(), scanf()와 같이 형식화된 입출력을 할 수 있다.

다음에서 fseek() 함수에 대해서 알아보고 프로그램에서는 명령어의 인수로 전달받은 파일을 이진 파일 구조의 읽기 전용으로 오픈하여 화면에 파일의 내용을 역으로 출력한다.

Sample7.c ▶ 랜덤 파일 처리 예

```
#include <stdio.h>
#include <string.h>
#define TRUE 1
int main(int argc, char* argv[])
{
  char ch;
  FILE *fp;
  long count, last;
  if(argc != 2) {
    printf("reverse 파일을 사용할 수 없다\n");
    exit(1);
  }
  if((fp=fopen(argv[1], "rb"))==NULL) {
    printf("%s파일을 열수 없다\n",argv[1]);
    exit(1);
  }
  fseek(fp,0L, SEEK_END);
  last = ftell(fp);
  for(count=1L;count<=last;count++){
    fseek(fp,-count, SEEK_END);
    ch = fget(fp);
    putchar(ch);
  }
  fclose(fp);
  return 0;
}
```

파일 포인터를 파일 끝으로 이동

파일의 끝에서부터 반대로 파일의 처음까지 파일을 읽어 출력

reverse.dat

처음 파일을 오픈한 후에 파일 포인터를 파일의 끝으로 이동시킨 다음 파일의 끝에서부터 한 문자씩 읽으면서 파일의 처음이 될 때까지 파일 포인터를 이동시키며 파일의 내용을 화면에 출력한다.

12.2.10 이진 모드에 대한 파일 입출력

이진 파일 구조에 파일 입출력에 사용되는 fread()와 fwrite() 함수를 설명한다.

이진 모드에 대한 파일 입출력의 형식

```
* fread(ptr, size, num_items, fp)
  fwrite(ptr, size, num_items, fp)

  ptr : 데이터를 읽거나 저장할 수 있는 메모리에 대한 포인터
  size : unsigned int로 전달되는 item의 수
  fp : 파일에 대한 포인터

   * 전달되는 byte의 수 = size*num_items
```

fread( ), fwrite( )는 메모리에 있는 값들을 변경 없이 디스크 (이진모드)에 저장할 수 있다.

이 두 함수는 실행 파일과 같이 텍스트 파일이 아닌 파일을 다룰 때 유용하다. 이 두 함수에서 첫 번째 인수는 데이터를 담을 버퍼로, 두 번째 인수는 입출력 할 데이터 유닛의 바이트로, 세 번째 인수는 입출력할 데이터의 유닛으로 사용된다. 여기서 입출력 유닛은 문자열일 경우는 1바이트, 어떤 특정 레코드일 경우는 그 레코드의 크기가 된다. 아래에서 간략하게 이에 대해서 살펴보자. 다음에 나오는 프로그램은 여덟 개의 실수를 한번에 데이터 파일에 출력하고 다시 파일 포인터를 파일의 시작으로 이동시킨 다음 다시 여덟 개의 실수를 한번에 데이터 파일에서 읽어서 화면에 출력하고 파일을 닫으면, double형 실수가 된다. 그리고 입출력 할 데이터 유닛의 수는 여덟 개가 된다.

Sample8.c ▶ fread()와 fwire()의 예

```
#include <stdio.h>
void main()
{
  FILE *fp;
  double cod[][2]={{10000.00, 20000.00},
                   {11000.01, 22000.02},
                   {11100.10, 22200.20},
                   {11110.11, 22220.22}};
  double read[4][2];
  int i;
  fp = fopen("survey.dat","w+");
  fwrite(cod, sizeof(double), 8, fp);
  fclose(fp);
  fp = fopen("survey.dat","r");
  fread(read, sizeof(double), 8, fp);
  for(i=0, i<4;++i)
    printf("\n cod %d x:%8.3f y:%8.3f",
            i+1, read[i][0], read[i][1]);
  fclose(fp);
}
```

survey.dat

12.3 파일 입출력 프로그램

이제부터는 키보드로부터 사용자의 입력을 받아들여 입력된 내용을 디스크의 파일에 저장하는 프로그램을 만들어 보자.

그림 12-18 파일 입출력 예제 프로그램 작성 절차

▶ 사용자의 입력을 받아들여 입력된 내용을 디스크의 파일에 저장한다.

키보드로부터 받아들이는 사용자의 입력은 이름, 시간당 급여 등의 사원 정보가 된다. 그럼 먼저 의사 코드를 살펴보자.

메인 프로그램

```
* main()
data_num() = input_data(employee)
save_data(employee, data_num)
exit
```

입력 프로그램

```
* input_data(employee배열)
  for(count < MAXNAME) {
    gets(name)
    if(이름이  'Q'이면)
      return(count)
    rate = getint(message)
    hours = getint(message)
  }
  return(count)
```

출력 프로그램

```
* save_data(employee배열, 입력 데이터수)
    open output file
    for(각 데이터에 대해)
     fprintf(각 데이터 항목의 구조)
    close out put file
    return
```

그림 12-19 급여 프로그램의 의사 코드

파일에 저장하는 급여 프로그램을 개략적으로 보면 위에서와 같은 세 가지 부분으로 나누어진다. main 프로그램에서는 먼저 input_data() 함수를 호출한다. input_data() 함수에서는 키보드로부터 사용자의 입력을 받아 들여 고용인 배열에 저장을 하고 입력된 레코드 수를 반환한다. main 프로그램은 고용인 배열과 레코드 수를 인수로 save_data() 함수로 호출한다.

Sample9.c ▶ 메인 프로그램

```
#define YES 1
#define NO 0
#define MAXNAME 30
#define MAXLEN 81
#include <stdio.h>
#include "getint.c"
struct payroll {
   char emp_name[MAXLEN];
   long int hours;
   long int rate;
};
main()
{
  struct payroll employee[MAXNAME];
  short int input_date();
  void save_data();
  data_num = input_data(employee);
  save_data(employee, data_num);
  exit(0);
}
```

사용 함수

* payroll()
* employee()
* input_data();
* save_data();

save_data() 함수는 각 레코드를 출력 파일에 저장을 한다. 모든 레코드를 처리하고 나면 출력 파일을 닫고 main() 함수로 복귀한다. 좀더 자세히 알아보자. 먼저, save_data() 함수는 입력받은 데이터를 파일에 저장하는 역할을 하는데 출력 파일을 쓰기 전용으로 오픈하고 인자로 전달된 배열로부터 레코드 수만큼의 데이터를 읽어서 파일로 출력을 한다. 레코드를 출력할 때에는 fprintf() 함수를 사용하여 사용자가 지정한 형식으로 출력을 한다. 다음 프로그램을 보자.

Sample10.c ▶ save_data() 함수

```
void save_data(patrex, dt_num)
struct payroll* payrec;
short int dt_num;
{
        FILE *fp;
        short int count;
        fp =fopen("payfile.dat", "w");
        for(count=0; count <dt_num;count++){
          fprintf(fp, "%s\n %d\n %d\n",
                 payrec->emp_name, payrec->rate,
               payrec->hours);
         payrec++;
        }
        fclose(fp);
        return;
}
```

return할 데이터가 없으므로 함수 타입은 void이다.

employee 배열을 가리키는 구조체 포인터로서 payrec를 사용한다.

이제 전체적인 프로그램과 실행 결과 그리고 고용인 배열에 입력된 레코드 구조와 디스크 상의 출력된 레코드 구조를 알아보자. 아래의 프로그램이 그것을 보여주고 있다. 파일을 오픈할 때 오픈 모드에 "b"가 포함되지 않아 텍스트 구조로 파일을 오픈 하여서 파일의 끝을 나타내는 EOF 마크가 출력 파일의 끝에 있다.

Sample11.c ▶ 급여 프로그램의 실행

```
.
.
.
main()
{
  struct payroll employee[MAXNAME]
.
.
.
   data_num = input_data(employee);
   save_data(employee, data_num);
   exit(0);
}
short int input_data(…)
{
.
.
.void save_data(…)
{
.
.
.
}
```

Sample11의 실행 결과

```
이름을 입력하세요(Q to quit):홍길동
시간당 급여를 입력하세요:3000
근무시간을 입력하세요:40
이름을 입력하세요(Q to quit):임꺽정
시간당 급여를 입력하세요:2500
근무시간을 입력하세요:42
.
.
이름을 입력하세요(Q to quit):Q
```

employee 배열의 구조

name	rate	hours
임꺽정	2500	42
홍길동	3000	40

employee 배열의 메모리 구조

임꺽정	2500	42	홍길동	3000	40

12.3.1 파일로부터 읽기

이제까지 사용자에게 키보드를 통해 입력받아 디스크에 저장하는 프로그램에 대해서 알아보았다. 이제부터는 디스크에 있는 payfile로부터 레코드를 읽어서 급여에 관계된 내용을 계산하고 이를 출력하는 프로그램에 대해서 알아보자.

파일 payfile.dat로부터 사원 기록을 읽어 들이고 사원 각각에 대한 총 급여를 화면에 출력한다

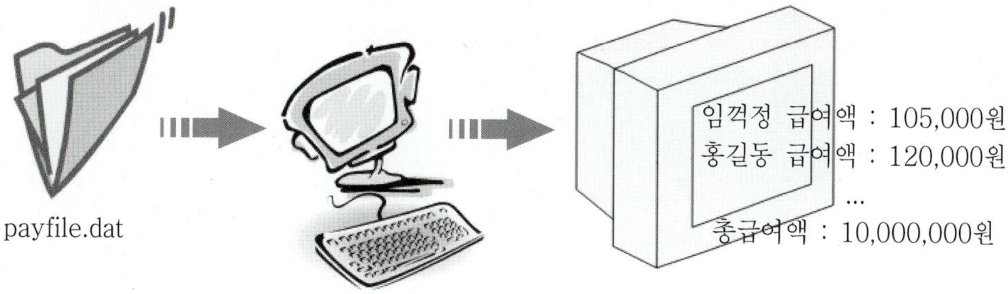

그림 12-20 파일로부터 읽기

읽기 프로그램의 의사 코드부터 살펴보면, 아래에서는 파일에서 레코드를 읽어 처리하는 급여 명세 프로그램의 3가지 이색 코드를 설명하고 있다. main 프로그램에서는 input_data() 함수를 호출하여 디스크에서 각 레코드를 고용인 배열로 읽어 들인다. 그 다음에는 출력 프로그램이 호출되어 제목과 이름 급여 등을 출력한다.

주 프로그램

```
* main()
   data_num() = input_data(employee)
   save_data(employee, data_num)
   exit
```

출력 프로그램

```
* print_table(employee배열,data_num)
     제목출력
     for(각 데이터에 대해)
        printf(이름, 총급여)
     return
```

입력 프로그램

```
* input_data(employee배열)
  open input file
  for(count < MAXNAME) {
     fgets(emp_name)
     if(파일의 끝)
              return(count)
     rate를 읽고 숫자로 변경하
 여 기억시킴
     hours를 읽고 숫자로 변경
하여 기억시킴
  }
  close input file
```

main() 함수에서는 먼저 구조체 payroll의 템플릿을 정의하고 main 함수의 본체 부분에서는 입출력에 관계된 함수들을 선언한다.

그림 12-21 급여 읽기 프로그램의 의사 코드

main() 함수에서는 먼저 구조체 payroll의 템플릿을 정의하고 main() 함수의 본체 부분에서는 입출력에 관계된 함수들을 선언한다.

Sample12.c ▶ 메인 함수

```
#define YES 1
#define NO 0
#define MAXNAME 30
#define MAXLEN 81
#include <stdio.h>
#include "getint.c"
struct payroll {
   char name[MAXLEN];
   long int hours;
   long int rate;
};

main()
{
   struct payroll employee[MAXNAME];
   short int data_num;
   short int input_data();
   void print_table();
   data_num = input_data(employee);
   print_table(employee, data_num);
   exit(0);
}
```

사용 함수

* input_data()

그리고 input_data 함수와 print_table 함수를 호출한다. main() 함수 속에서 payfile에 저장되어 있는 payrec를 읽어 payroll형 구조체 payrec에 기억시킨다. 이때 숫자로 변환을 하여야하는 문자형 데이터들을 숫자형 데이터로 변환을 하여 payfile에 저장을 한다.

Sample13.c ▶input_data() 함수

```
short int input_data(struct payroll *payrec)
{
  FILE *fp, *fopen();
  char *fgets(), instr[MAXLEN];
  short int count ;
  if((fp=fopen("payfile.dat","r"))==NULL){
    printf("payfile.dat 파일을 열수가 없습니다.");
    exit(0);
  }
  for(count=0;count<MAXNAME;count++){
    if(fgets(payrec->name, MAXLEN, fp)==NULL)
      break;
    fgets(instr, MAXLEN, fp);
    payrec->rate=atoi(instr);
    fgets(instr, MAXLEN, fp);
    payrec->hours=atoi(instr);
    payrec++;
 }
 fclose(fp);
 return(count);
}
```

사용 함수

* fgets()

아래의 예에서는 payfile에서 레코드를 읽어 들일 때 주의하여야 할 점에 대해서 설명한다. 파일에 저장되어 있는 문자열 데이터들은 문자열의 끝에 newline 문자가 첨가되어 있다. 이를 메모리로 읽어 들여 사용할 때는 newline 문자 대신에 null 문자로 바꾸어 사용하여야 한다. 이 프로그램에서는 fgets() 함수를 사용하여 읽어 들인 문자열을 strlen() 함수를 사용하여 문자열의 끝을 구한 후 그 길이의 1을 빼서 newline이 들어 있는 위치에 null 문자로 대체한다.

```
.
.
.
main()
{
  struct payroll employee[MAXNAME]
.
.
.
   data_num = input_data(employee);
   print_table (employee, data_num);
   exit(0);
}
short int input_data(…)
{
.
.
  if(fets(payrec->name, MAXLEN,
payfile)==NULL)
     break;
  length=strlen(payrec-<name);
  payrec->name[--length]= '\0' ;
.
.
}
```

파일에서 문자열을 읽을 때 문자열 끝의 '\n'을 제거하고 '\0'을 삽입하여 문자열의 끝을 표시한다.

실행 결과

* 디스크상에 저장된 구조

임꺽정	2500	42	홍길동	3000	40

* input_data()실행 후 payrec의 구조

name	rate	hours
임꺽정	2500	42
홍길동	3000	40

12.4 예제

예제 1

하나의 File을 Copy하여 똑같은 File을 만드는 프로그램(비형식 입출력)을 작성하시오.
(File의 마지막을 찾는 함수 : int feof(FILE *fp) : 파일의 끝은 0이 아닌 값을 반환, 파일의 끝이 아닌 경우 : 0을 반환)

```
#include <stdio.h>
#include <process.h>

#define B_SIZE 256

main()
{
        char srcName[256],destName[256];
        FILE *srcfp, *destfp;
        char buff[B_SIZE];
        int r_size;

        printf("Input Source File Name : ");
        scanf("%s", srcName);
        printf("Input Destination File Name : ");
        scanf("%s", destName);

        if ((srcfp = fopen(srcName,"rb")) == NULL) {
                printf("Can not open File(%s)\n",srcName);
                exit(1);
        }

        if ((destfp = fopen(destName,"wb")) == NULL) {
                printf("Can not create File(%s)\n",srcName);
                exit(1);
        }

        while(r_size != 0) {
                r_size = fread(buff,B_SIZE,1,srcfp);
                printf("%d\n",r_size);
                fwrite(buff,B_SIZE,r_size,destfp);
        }

        fclose(srcfp);
        fclose(destfp);
}
```

결과

```
Input Source File Name : test.c
Input Destination File Name : myfile
0
```

예제2 이 예제는 먼저, 출력을 위해 temp.dat 파일을 열고, "This is a file system test."라는 문자열을 쓴다. 그 파일을 닫고, 읽기 위해 다시 연다. 마지막으로 파일의 내용을 화면에 출력하고 파일을 닫는다.

```
#include <stdio.h>
#include <stdlib.h>

char str[80] = "This is a file system test.";

void main(void)
{
        FILE *fp;
        char *p;
        int i;

        /* 출력을 위해 temp.dat을 연다. */
        if((fp = fopen("temp.dat", "w")) == NULL){
                printf("Cannot open file.\n");
                exit(1);
        }

        /* str을 디스크에 쓴다. */
        p = str;
        while(*p){
                if(fputc(*p, fp) == EOF){
                        printf("Error writing file.\n");
                        exit(1);
                }
                p++;
        }
        fclose(fp);

        /* 입력을 위해 temp.dat을 연다. */
        if((fp = fopen("temp.dat", "r")) == NULL){
                printf("Cannot open file.\n");
                exit(1);
        }

        /* 파일을 다시 읽는다. */
        for(;;){
                i = fgetc(fp);
                if(i == EOF) break;
                putchar(i);
        }
        fclose(fp);
}
```

결과

```
This is a file system test.
```

예제3 Text File을 받아들여서 16진수형으로 화면에 출력하는 프로그램을 작성하시오.

```
#include <stdio.h>
#include <stdlib.h>
#include <string.h>

void main(int argc, char *argv[])
{

        FILE *fp;
        char str[80];

        if(argc != 2){        /* 명령어 라인 인수를 확인한다. */
                printf("specify file name\n");
                exit(1);
        }
        /* 출력을 위해 파일을 연다. */
        if((fp = fopen(argv[1], "w"))==NULL){
                printf("Cannot open file\n");
                exit(1);
        }
        printf("Enter a blank line to stop\n");
        do{
                printf(": ");
                gets(str);
                strcat(str, "\n");  /* 뉴라인 문자를 추가한다. */
                if(*str!='\n') fputs(str, fp);
        } while(*str!='\n');
        fclose(fp);

        /* 입력을 위해 파일을 연다. */
        if((fp = fopen(argv[1], "r"))==NULL){
                printf("Cannot open file\n");
                exit(1);
        }
        /* 파일을 다시 읽는다. */
        do{
                fgets(str, 79, fp);
                if(!feof(fp)) printf(str);
        } while(!feof(fp));
        fclose(fp);
}
```

예제4 Text File의 끝부분부터 반대로 출력하는 프로그램을 작성하시오.

```
#include <stdio.h>
#include <stdlib.h>

main()
{
	FILE *fp;
	char fileName[32];
	long start, position, pos = 1L;
	char c;

	printf("Input File Name : ");
	scanf("%s",fileName);

	if ((fp = fopen(fileName,"r")) == NULL) {
		printf("Can not open File\n");
		exit(1);
	}

	start = ftell(fp);
	fseek(fp,0,SEEK_END);
	position = ftell(fp);
	rewind(fp);

	while(start < position) {
		fseek(fp,-pos,SEEK_END);
		start = ftell(fp);
		c = fgetc(fp);
		printf("%c",c);
		pos++;
	}
	fclose(fp);
}
```

결과

```
Input File Name : temp.dat
.tset metsys elif si sihT
```

예제5 파일 re2.txt에 A를 입력하는 프로그램을 작성하시오.

```
#include <stdio.h>

FILE  *fi;

main()
{
    char a='A';
    fi=fopen("c:re2.txt","w");
    fputc(a,fi);
    fclose(fi);
}
```

찾아보기

T

W

가

다

라

마

바

사

아

자

차

카

타

파

하

저자와의
협의에 의해
인지 생략

알기쉬운 C언어

3판 1쇄 2015년 1월 20일

저 자 한광록 / 김환구 / 한대현
발행인 송광헌
발행처 복두출판사
주 소 서울특별시 영등포구 경인로82길 3-4
센터플러스 807호 (우) 150-091
전 화 02-2164-2580
FAX 02-2164-2584
등 록 1993. 11. 22. 제 10-902 호

정가 : 22,000원
ISBN : 979-11-85880-97-6 93000

한국과학기술출판협회 회원사